日本の民主教育2023

みんなで21世紀の未来をひらく教育のつどい

教育研究全国集会2023報告集

【2023年8月18日〜20日 東京】

大月書店

日本の民主教育2023・目　次

カバー写真　東京都公立中学校3年　安藤紗季さん（制作時2年）作者のコメント（一部抜粋）左から
「戦争」：一人ひとりの未来が負の感情に押し潰され、自由が奪われる。
「対策」：権力者の考えた偽りの平和の舞台に気づき、みんなで対抗する。
「平和」：家族や大切な人がそばにいて、差別がない世界が本当の平和。

主催者あいさつ

保護者、教職員、研究者がもっとフラットにつながる教育のつどいへ
——安心して話し合える、仲間に出会う場に

実行委員会代表委員
西川香子
（子どもの権利・教育・文化 全国センター代表委員、新日本婦人の会副会長）

みなさんこんにちは。お元気ですか。4年ぶりの完全リアル開催となりました。

まず、はじめに東京実行委員会のみなさんが、猛暑の中、会場の内外で朝早くから行動していただいています。みなさんと感謝の拍手を送りたいと思います（拍手）。

先日、この10年間の教育分野の活動をふり返って、驚きました。大きくは３つ。１つ目はこの10年間が「安倍教育再生」とのたたかいであったことです。教育への政治介入は、とことん強められました。教科書検定の基準、道徳を教科に格上げし、教育委員会制度の改悪も強行、大学自治を壊す教授会の権限を奪う改悪もおこないました。

２つ目。２０１０年小学校、２０１１年中学校で学習指導要領が改訂され、教員定数を増やさないままに授業時間数だけが増加されました。２０１３年には、全国一斉学力テストが悉皆《しっかい》方式で復活、学校、自治体、都道府県が点数によって序列化され、競争が激化しました。特に大阪はひどかったと思います。大阪府独自のチャレンジテストが導入され、学校ごとの平均点が出されるなど教育がゆがめられました。子どもが学校の平均点を下げないために実施日に休むなどの事態も起こりました。全国でも90点以下の子どもをゼロになどの目標やテスト対策、宿題が増加し、小

中一貫校や統廃合によって、大規模広域化も進められ、〝ブラック校則〟と呼ばれる厳しいルールや規律が強められました。管理と競争に拍車がかかる中、子どもも先生も追いつめられ、不登校は安倍教育改革中の8年間で2倍になりました。国連子どもの権利委員会は、日本政府に対し、あまりにも競争的な制度を含む、ストレスフルな学校環境から子どもを開放することを目的とした措置を強化することと勧告しています。

3つ目。格差と貧困が拡大しました。世界最低水準の教育予算の下、教育費の自費負担が重くのしかかる中、アベノミクスの失策で実質賃金が下がり続け、子どもの貧困が悪化しました。その上、コロナ禍です。物価高、電気料金は値上げ、ガソリン代の高騰、私たちの暮らしを現在進行形で襲っています。自己責任ではもう乗り越えられません。生存権をも脅かされています。

この10年間をふり返ってみたら、私たちはこういった社会の中でよく生きてきた、よくがんばってきたと思います。希望はどこにあるのでしょうか。この国はさらに軍事費を値上げし、私たちの暮らしも、福祉も、教育も切り捨てていくでしょう。でも私たちはやられっぱなしではありません。

教科書は各地で育鵬社の教科書を跳ね返してきました。少人数学級は一部ですが前進を勝ちとりました。校則も制服も声をあげることで、変えることができています。教室にエアコンも設置させました。そして学校給食の無償化は驚くほど広がってきています。

国が動かなくても自治体から一歩ずつ、草の根から動かしてきました。そして教育関係有志のみなさんが、「先生の働き方を待ったなしで変えるんだ」と言って、署名の運動がはじまっています。

奪われたものを、公共を、公教育を取り戻したい。この流れをつくるのは今です。キーワードは〝一緒にやろう〟です。保護者同士、教職員、研究者、もっとフラットにつながっていきましょう。先生や学校、子どもたちが壊される前に声をあげる。そのための希望は安心して話せる場と仲間に出会うことです。

今日がその日の始まりです。今日、明日、明後日、ともに語ってまいりましょう。

開催地実行委員会代表あいさつ

新自由主義的教育改革の最大の対抗軸となる新しい参加と共同の一歩を踏み出そう

東京・現地実行委員会委員長
山本由美（和光大学教授）

みなさんこんにちは。現地実行委員会委員長の山本由美です。ようこそ東京へ。

コロナ禍を経てリアルの開会全体集会は4年ぶりです。この記念すべきつどいを東京で開催できて本当に光栄です。

実行委員会のメンバーは、次々と降りかかる問題や困難を乗り越えて、ようやく今日という日を迎えることができました。

もちろん、参加されたみなさんも直前の台風、猛暑、コロナ、日々のご苦労を乗り越えて今日ここに集まっておられると思います。この機会を新しい出会い、新しい参加と共同の一歩にしていただきたいと思っています。

ここ東京は自称〝グローバル都市〟。過去最高となる１４００万人の一極集中、人口増の稀有な都市です。70年代から80年代に産業構造の転換に成功して、財界が求める人材を育てるために２０００年ころから新自由主義的教育改革が先行してきました。高校が再編され、学校選択制で保護者や子どもが分断され、競争があおられました。教師は国旗国歌強制などで苦しめられ、それまで東京にゆたかに存在していた学校自治がターゲットになって、壊されていくようなこともありました。それが改革の最大の障害物だったからこそ、ターゲットになったのだと思っています。

みんなで21世紀の未来をひらく
教育のつどい
教育研究全国集会2023 in 東京
教え子を再び戦場に送るな

同じような改革最先端の都市、アメリカのシカゴ市では、公教育の民営化と学校統廃合に反対した教員組合の若い教師たちと住民組織が共同して、新しい対抗軸が生まれました。それが他の労働運動を牽引《けんいん》して、いまアメリカの労働運動は過去最大の高揚期を迎えていると言われています。その姿は未来の東京、未来の日本だと思っています。若い教師たちが教師の仕事にも、組合にも魅力を感じて集まってくる日がもうじき来ると思っています（拍手）。

いま都内の多くの場所で、地域の学校や学校プール、図書館などを守る運動が起きています。都立高校スピーキングテスト反対に多くの親たちが立ち上がりました。都内の給食費無償化は、選挙対策ということもありましたが、あっという間に23区中21区まで拡大しました。つい先日、府中市も無償化に踏み切ったということです。しかし、そんな地域の運動をつなぎ、「教育改革」が子どもたちに何をもたらしているのか、親や市民に正しい情報を与える、伝えることができるのは、みなさん方、教師にしかできないと思っています。ぜひ、地域の運動や親たち、市民、保護者、子どもたちをつないでいってほしいと思っています。

そして新自由主義的「教育改革」の最大の対抗軸は、子どもの権利です。昨日、高知県四万十市からこのままでは来年の3月に母校が廃校になってしまう、休校になってしまう中学校を守りたいと7人の小中学生が国会を訪れ、文科省やこども家庭庁の担当者に自分たちの言葉で訴えました。発言を聞いて大人たちの胸は詰まりました。紹介議員の方も泣いておられました。一番苦しめられている子どもの声から事態を変えていくことはできないでしょうか。

東京では都道府県の条例としては画期的な東京都子ども基本条例がつくられました。その条例の成立に寄与した故世取山洋介さんは、コロナ禍の一斉休校の前から日本の議論と政策の比較のために国連、ユネスコ、アメリカの議論をフォローしていました。それらがみな、「コロナの危機は、それ以前からあった構造的危機をあぶりだすチャンスだ、歴史をみんなの力で下からつくり直す大きなチャンスだと言っている。日本と違いすぎてあまりにもうらやましい」と言っていました。イメージされたのは、世界大恐慌後のニューディール政策でした。新しい危機、コロナ以後の新しい社会と国家を自分たちで想像してみる。Reimagine をキーワードに国連やユネスコは運動していました。それがいまの労働運動の高揚につながっています。

日本でも少人数学級の実現を国民的な運動で獲得した私たちは、新しい社会をイメージして、新しい一歩を踏み出していきましょう。3日間ともに学んでいきましょう。よろしくお願いいたします。

子どもたちや大人たちが希望をもって学び、生きていけるように、力を合わせよう

実行委員会事務局長
（全日本教職員組合教育文化局長）
波岡知朗

はじめに

２０１９年から世界規模で猛威をふるった新型コロナウイルス感染症は、4年経ったいま、医療体制や治療費負担等の整備が不十分なまま、季節性インフルエンザと同じ5類に移行されました。

この間すべての子どもたちが、学校生活を丸ごとコロナ禍のもとで過ごすことを余儀なくされました。だんだん学校生活がコロナ禍前に戻されていく中で、以前より強まる管理・統制や否応なく押しつけられる「ＧＩＧＡスクール構想」への適応が迫られ、苦しむ子どもたちや教職員が増えています。

保護者のみなさんや、学校の教職員、地域で子どもたちを支える方たちは、コロナ禍にあっても、子どもたちがいきいき、ゆたかな子ども時代をつくり大事にしていくよう力を合わせてきました。

教育のつどいは、この3年、オンラインを活用し開催してきました。いよいよ今年、２０２３年度は、完全対面による教育のつどいをおこなうことができます。参加者が顔を合わせ、熱気を感じ、語り合い学び合う、教育のつどいをおこなうことができる喜びをみなさんと共有したいと思います。

まず、厳しい条件のもとで準備をすすめていただいた現地実行委員会のみなさんに大きな感謝の意を示したいと思います。本当にありがとうございます。全国各地からの参加者のみなさん、教育フォーラム・分科会運営にあたる司会者・共同研究者・実行委員のみなさんにも感謝申し上げます。開会全体集会や教育フォーラムにオンラインで参加されるみなさんと会場参加のみなさんが交流を深めていただけると幸いです。

今日から始まる3日間の教育のつどいが、これからの教育研究全国集会のあり方に新風を吹かせることになると確信しています。参加者のみなさん、子どもと教育、学校、地域について大いに語り合いましょう（拍手）。

1　いまこそ戦争ではなく平和を世界に

5月の「G7広島サミット」は、被爆地・広島から世界に向けて核兵器のない平和な世界の実現をよびかけるとの期待を裏切って、核兵器の存在を前提に、アメリカの核の傘の下での安全保障を肯定し、核兵器禁止条約にも一切触れない「広島ビジョン」を採択しました。さらに、各国が競うようにウクライナへの武器支援増強を約束する場となり、戦争の平和的な解決が遠ざかることになったと言えるのではないでしょうか。

広島で「はだしのゲン」と「第五福竜丸」が教材から削除される事態が起こりました。「安保三文書」が閣議決定され大軍拡予算がつくられる情勢のもと、原爆投下の実相を描き、その非人道性を告発し、明確に反戦と核兵器廃絶を訴える教材が削除されることは、核兵器廃絶から核抑止力容認に大転換するもので、歴史に向き合おうとしない日本政府の姿勢と重なります。

2　子どもの意見を聴き、子どもの最善の利益を優先し、子どもの可能性を信じること

２０２１年度小中学校での不登校児童生徒が約24万９０００人と過去最多だったことが明らかにされました。コロナ禍を通して増加傾向が続いたことからも、コロナ禍の学校のあり方も問われています。

２０２２年の小中高生の自殺が過去最多の５１４人になったことも明らかにされました。いま「自殺」は子どもや若者の年齢階級別死亡原因の第1位となっており、日本が子どもや若者にとって生きづらい社会になっていることの表れと見ることができます。

しかし、子どもをめぐる厳しい情勢の中にあっても、声を上げる若者たちが増えています。生きづらさの中にあっても決してあきらめず、前を向いてすすもうとする若い人たちがいることに確信をもち、子どもたちとしっかり向き合い、その思いを受け止めることが大切です。

国連・子どもの権利委員会からくり返し、過度な競争的学校教育が子どもたちにいじめ、精神障害、不登校、中途退学、自殺を助長している可能性があると指摘され、極端に競争的な環境による悪影響を回避するため学校および教育制度を見直すよう勧告されてきたにもかかわらず、日本政府は見直すどころか、ＩＣＴ化による管理と競争を強め、いっそう子どもたちを苦しめようとしています。これに対し、権利の主体者である教職員・保護者・市民・子どもたちがいっしょに声を上げることが今ほど強く求められている時はないのではないでしょうか。

3　憲法・児童憲章と子どもの権利条約、障害者権利条約に則った子どもたちの権利と学びを保障しよう

4月からこども基本法が施行され、こども家庭庁がスタートしました。憲法と子どもの権利条約に則ることが明示され、子どもの意見の尊重、最善の利益の実現に力を発揮することが期待されます。ただ、子どもの権利を保障するための基本法に「家庭」を持ち込む点には強い違和感を覚えます。こども家庭庁におかれた有識者会議の議論が少子化・人口減少対策中心になりつつあり、子どもの権利が置き去りにされないか懸念されます。

「生徒指導提要」が12年ぶりに改訂され、理不尽な校則が社会問題となり、子どもたちを傷つけ苦しめてきた学校の管理・統制見直しの動きが広がっています。保護者や地域住民も参加し子どもたちの声に応える学校づくりも各地で見られるようになりました。教育のつどいのレポートにもそうした実践が紹介されています。子どもの人権を傷つける理不尽な校則や仕打ちを根絶するとりくみを広げましょう。

日本政府が子どもの権利条約を批准し発効してから、来年で30年となります。子どもたちの権利が保障されていない学校や社会を一日も早く改善していくことが急務となっています。

国連・障害者権利委員会が示した「総括所見」は、インクルーシブ教育を「場の統合」だけに置き換えず、「どの子も排除しない教育」「一人ひとりの子どもたちが最大限の発達を保障する教育」とおさえ、すべての学びの場の教育充実のために、国が具体的な目標をもち、十分な予算をつけるよう強く求めていると受け止めるべきです。

4 「GIGAスクール構想」を入り口にした「教育DX」

国はコロナ禍を「利用」し、一気に「GIGAスクール構想」による「一人一台端末」整備をすすめました。学習の形がコロナ禍以前とは大きく変質させられようとしています。社会全体のデジタル化を急ぐ政府により、「教育DX」が大波のように子どもたちや学校・教職員に襲いかかっています。国・大企業はグローバル競争で日本が諸外国から大きく後れをとっているとの危機感から競争力を高めるため、「デジタル活用」と「英語によるコミュニケーション」を早期から身につけさせようと、子どもたちと学校をターゲットにしていると考えられます。教員は教育委員会や管理職から「一人一台端末」の使用を強制され、子どもたちにとって必要かを考える以前に使わざるをえない状況になっています。「教育DX」が公教育を溶解する事態につながっています。

いま大切なことは、効率重視や「グローバル化」を優先した授業や学校教育ではなく、子どもたちがこれからを生きていくときに希望をもって成長・発達できるよう、子どもたちの声を聴き、語り合い、寄り添うことではないでしょうか。しっかり立ち止まって、学ぶとは何かを考え、じっくり時間と予算をかけてとりくみをすすめていくことが大切なのではないでしょうか。

5　教員不足は国の文教政策が招いた問題——教育予算を増やし教職員定数増が必要

いま、学校はどこも教職員が不足しています。教職員の働き方があまりにも長時間過密となり、採用試験の受験者数減少にも影響が出ています。教職員が不足で教職員の負担が強くなり、次々に休む教職員が出る現実もあります。

こうした事態は、きわめて子どもたちの教育の問題となっています。全教などの調査では今年度の教職員未配置は昨年度を大きく上回っています。抜本的な改革をおこなわないと学校が持ちません。子どもたちの学習権保障のためにもこうした実態を解消することが必要です。教職員の働き方をかえ、子どもたちに向き合い寄り添うことができるように人間らしい働き方としなければなりません。

6　教育のつどい2023で大事にしたいこと

教育のつどい2023の分科会には270本を超えるレポートが集まりました。2023年度から分科会再編成がおこなわれ、教科別11分科会、課題別7分科会、合計18分科会の教育のつどいに生まれ変わります。これまで分科会が積み上げてきた討論の到達点を確認し、新たな教育のつどいにつなげていくことが大事になります。分科会を再編し総合することで新たな課題にも対応できるようになります。学生や高校生、青年教職員や地域・保護者のみなさんに積極的に参加いただき、広がりと深まりをつくり出したいと考えています。

教育フォーラムは、教職員や保護者、子どもたち、研究者、教育関係者など、さまざまな立場の人が集まり、いまの教育課題をテーマに、率直に話し合うことができる場として、教育のつどいの中で大事にしてきたものです。今年も4つのテーマに現地企画を加え、5つのフォーラムが開会全体集会の後におこなわれます。ぜひ多くの方の参加を期待しています。

教育のつどいは、レポート発表と討論によって実践を深める教育研究の場です。同時に、参加者・司会者・共同研究者が語り合い、人間関係をつくり、励まし励まされ、その後の教育実践や子育てに勇気とヒントを得ることができます。参加者のみなさんにお願いしたいことは、みなさんの力で、参加者がそうした関係を結べるような「教育のつどい」にしていただければ幸いです。

今年は小学校教科書の採択の年です。見本本などから、子どもたちを国の求める「人材」に育成することがねらわれています。子どもたちにどのような教科書・教材を使って、どのような学びを実現するか、教育課程づくり・学校づくりが、いっそう大切になっています。

おわりに

いま、競争や管理で子どもを苦しめる学校、異常なほどの長時間過密労働で教職員を苦しめる学校、学校外からの声や目に過剰に反応し委縮している学校など、変えなければならないものがたくさんあります。同時に、社会も変えなければならないのではないでしょうか。

子どもたちは学校に、おとなたちは社会に、自身を無理矢理合わせようとしてもがき苦しんでいます。そこから降りてしまえば、苦しまずに済むのに、必死にしがみついているように見えます。このまま行ったら、子どもがこわれてしまう、おとなもこわれてしまう。今はそんな危機的な状況だと言えるのではないでしょうか。

学校や社会を変えることは大きな力がいることで、一人ではできません。なかまを増やして、みんなで立ち上がることで、変化を起こすことは可能です。子どもたちや大人たちが希望をもって学び、生きていけるように、力を合わせようではありませんか。

憲法と子どもの権利条約がいきて輝く学校とは、社会とはどんなものか、「こんな学校・地域をつくりたい」を語り合いましょう。

開会全体集会講演

子どもを大切にする教育実践と国のあり方を探究する
——子どもへの無関心の政治に抗して、私ができること

立教大学名誉教授
浅井春夫

はじめに

今日の講演では、教育現場や子どもの問題も踏まえながら、日本の全体的な状況について、何を大事にしてこの国の進路を考え、そして子どもを大切にする教育実践をどのようにつくっていくことができるか、私なりの問題意識をお伝えできればと思います。次の4点を中心にお話をします。

1つ目は、「子どもを大切にする教育実践とは何か」ということです。

2つ目に「国のあり方を探究する」ということ。経済力だけではなく軍事力もあるからこそ国を守ることができるという考えに則った国のあり方を求めているのが、自民党の憲法改正草案の骨格だと思います。これに対して私たちが求めているのは、日本国憲法の土台をなす思想だと思いますが、「一人ひとりの幸せが束になって国の幸せがある」という考え方です。13条の個人の尊厳は、その思想に立脚したものと言えます。

ところが戦後の歴史を見ると、子どもに無関心な政治が続いてきました。それが3つ目の「子どもへの無関心の政治に抗して」という問題意識です。残念ながら、この姿勢は戦後の自民党政治に一貫しています。今年（2023年）4月に

「こども」という言葉を冠した「こども家庭庁」が発足しましたが、私の身近な人たちの中にも、縦割りではなく文科省および厚労省、内閣府が一緒になって子どものことを考えるのはよいことだと考える人が当初はかなりいました。しかし、本当に子どものことを大切にする省庁として機能するのかどうか、慎重に見なければなりません。

省庁が統合しさえすれば、お互いのよいところを結集できるというわけではありません。厚生省と労働省が統合されてできた厚生労働省は、国民の労働や生活、健康で文化的な生活を保障するような省庁になったでしょうか？　あるいは環境という名前がついた環境省は、環境のことを本気で考える、気候変動のことも正面から考える省庁になっているでしょうか？

4つ目には「私ができること」です。私の中の可能性を発見する勇気と決意。その追求が人と人を結び、応援し、合流し、連帯する私たちを創るということについて述べたいと思います。最近注目されているChatGPTで「子どもを大切にする教育実践はどんなものですか？　今、ちゃんとやっていますか？」と質問してみたら、「日本では子どもを大切にする教育実践が積極的におこなわれています。ご参考までに」という答えでした。しかし、それは事実とは異なるという問題意識を持っていなければ、ChatGPTの活用の仕方を誤ってしまう可能性が大きい。教育実践の中でこういった生成AI機能をどのように使うことができるか、みなさんがまさに試行錯誤されているところだと思います。

以上の4つの点について、これから順にお話ししていきます。

1　「子どもを大切にする教育実践」を考える

注目すべき2つの国連の文書

「子どもを大切にする教育実践」を考える上では、国連子どもの権利委員会が日本政府の第4・5回統合定期報告書を審査して、2019年3月に公表した最終所見が重要です。その内容を、「子どもの権利条約市民・NGOの会」をはじめとして、私たちも大いに議論してきました。世取山洋介さん（「子どもの権利条約」をめぐる運動の先頭に立ち、理論的にもリードしてきたが、2021年急逝された）は、最終所見について3つの柱をあげています。

1つ目の柱は「子ども期」です。初めて「子ども期」という用語が使われました。子どもである期間をいかに大切にするかが、人間を大切にする大前提になると言っても過言ではないと思います。競争的な社会から「子ども期」を守り、子どもが「その子ども期を享受する」ことを確保し、そのために必要な措置をとることを、国連子どもの権利委員会は最終所見として打ち出しています。

そして2つ目の柱は「意見表明権」。子どもの権利条約第12条の問題です。意見表明を「可能にする環境」の保障、あらゆる育ちの場面で子どもの「力を伸ばすような」参加の促進が求められています。

3つ目の柱には、「子どもの保護に関する包括的な政策」を発展させることです。この点、私は学校単位でも実現できることは少なくないと考えています。例えば、内閣府が学校における性暴力や暴力の問題について調査をしていますが、とりわけ学校内での性暴力が非常に多い。これに対して、学校で具体的に子どもをどのように保護していくかが問われています。国が積極的にとりくまなくても、私たちはその学校に責任を持つ人間として、学校単位でできることがあります。

この国が本当に教育を大事にしているのかを考えると、この3つの柱のどの視点からも、大切にしているとは言えないというのが実際です。

次に注目したいのは、『世界人口白書2023』です。「今こそ、人口データ以外の問いに目を向けましょう。（少子化や合計特殊出生率のところだけではなく——筆者注）不平等こそが課題です。それは権利と選択の問題です。誰が享受することができていて、誰ができていないのでしょうか？」——そのことを問わなくてはいけないというのが、世界人口基金がまとめた最新版の白書の訴えなのです。これを私たちは受け止めなければなりません。

子どもをめぐる統計では、最悪の現実が現れています。不登校児童生徒数29万9048人（2022年度）は、東京都の池袋を抱える豊島区の人口30万3113人（2023年1月）とほぼ同じ数です。それだけ多くの子どもたちが不登校になっている。同時に、家庭の中で虐待を受けている子どもたちは20万人もいます。この国が子どもを本当に大切にしようとするなら、子どもの生存権や人権にかかわるさまざまなデータに対して国が真摯に向かい合っているのか、私たちは厳しく問わなくてはいけません。

子どもがおもしろがる視点や関係

「子どもを大切にする教育実践」とはいったいどのようなものか。私は次の3つの点をあげたいと思います。

1つ目は、今の時代の中であらためて憲法の理念に立脚した「教育実践とは何か」を考える必要があるということです。私はかつて北欧の旅でいろいろなことを教えられましたが、その旅の中で、教える側である教員が信念に基づいて、伝えたいことが伝えられ、楽しみに溢《あふ》れているものであること、それこそが教育実践ではないかという問いかけがありました。

2つ目は、「事実」「現実」「真実」という3つの「実」を語ることができる実践です。教員も、子どもに押しつけるのではなしに、自分の意見を「私はこう思う」と言えること。この点も、教育の自由という問題として問われる大事な視点だと思います。ただ、「信念」があればフェイクや嘘であってもいいとはならないことは注意しておかなくてはなりません。

そして3つ目に、困難な条件の中で生活している子どもが世界のあらゆる国や地域に存在していることを常に念頭に置く必要があります。このことは、子どもの権利条約の前文にも書かれています。学校やクラスにも、必ずそういう子どもたちがいるのです。

そして今、もうひとつ付け加えたいことは、誤解を恐れずに言えば、「子どもがおもしろがる視点」「子どもが教員をおもしろがる関係」が必要ではないのかという点です。

台湾に研修に行った時のことですが、小学校の朝礼に参加したところ、子どもの代表者である会長と副会長の男女の2人が壇上に上がって漫才をしました。小学校1年生から6年生までみんなが楽しめる題材で、わかりやすく笑いをとっていました。現地の先生は、「こういうことができる子が選挙で選ばれやすいんです」と言っていました。非常に驚きましたし、考えさせられることがたくさんありました。笑い合えるという感性や共感力は、そもそも人間にとって大切な能力です。笑い合える環境があり、笑い合うことができる。これは非常に重要なことではないでしょうか。

私の娘が小学校の時によく学校での出来事を話していました。1年生の視力検査を上級生としてお世話した時に、「おもしろいことがあったんだよ」と話してくれたことによると、1年生が右眼から視力検査をはじめて、先生が「はい、反対にして」と言ったら、目に当てているしゃもじみたいな器具を裏返したと言うのです（笑）。

日常生活の中で笑えることは、お互いが「おもしろいな」と思えることです。今、テレビなどで見かける笑いは、他人をバカにして貶める、そういう笑いになっています。この笑いの質を変えるようなユーモアのセンスが、私たちにも教育者の能力として問われているのではないかと思います。

また、児童養護施設に勤めていた時のことです。子どもたちと学習し、休憩の時にはいろいろと雑談をしました。「日本と中国大陸がくっついていた時代もあったんだ」と話をしたら、中学2年生の子が「あっ、そうなんだ」というような顔をして、「それでわかりました。中国残留孤児はそうやって離れ離れになったんだぁ」と言うのです。子どもというのはいろいろとおもしろい〝誤解〟をします。それを一緒に笑えることが大事ではないでしょうか。事実と真実はまじめに伝えましたがね。

児童養護施設では、寮の中で中高生がそれぞれの生活体験の中で考え悩んだテーマを書いて、順繰りにみんなが意見を言い合う「集団テーマ日記」という日記をつくっていたことがあります。その中で先ほどの中学2年生の彼は、「僕には6人のお父さんがいます」と書いていました。彼が中学1年生の時には、「映画というものを見てみたい。映画館へ行ってみたい」と言うので、「映画館でなくても、学校で見たんじゃないの？」と聞くと、「見てない。不登校の期間がけっこう多かったから」と。そういう子どもたちが一緒に笑えるような、笑いの質というものを私たちは考えてみる必要があると思うのです。教育とは、もちろん教科的な内容をまず軸にして、すべての子どもにわかるように伝えることが大事だと思いますが、語り合いながらお互いが交流していくことも大切なことだと思います。

「生命（いのち）の安全教育」にはない「いのち」の定義

次に、からだ観と「からだの権利」教育ということについて述べていきます。

文科省は2023年度から3か年計画で「生命（いのち）の安全教育」の集中強化期間と位置づけているのですが、肝心の「生命の安全教育」が教育委員会にも現場にもほとんど知られていないというのが現実です。「朝日新聞」もこの実態を調査して、「本気でとりくまれていない」と問題提起しています。

文科省の「生命の安全教育」では、「いのちとはそもそも何なのか」が明らかにされないまま、何か不可思議な、敬意を表さなくてはいけないものとして、いのちの大切さが語られている点が問題だと考えています。別件で内閣府の男女共同参画局に出向いた際、「内閣府は『生命の安全教育』の教材づくりをやってきた。それであれば、『いのち』とはなんぞやという定義を文科省の文書の中でも、教材のスライドの中でもきちんと書かれていなければおかしい。いのちをどうやって子どもに説明するのですか？」と尋ねたら、慌ててバタバタと資料を見て、「今は答えられません」という返事で、答えはありませんでした。また、政党のヒアリングに報告者として参加した時に文科省の人たちにも尋ねました。「『生命の安全教育』と言うけれど、『いのち』をどう定義されているのですか？」と。しかし並んでいる6人の官僚の誰も答えられませんでした。

では、私たちは答えられるのか。そのことも含めて、この問題を考える必要があります。

私は、「いのち」とは宙に浮いたような抽象的な何かではなく、長い年月をかけて進化してきた存在であり、現に動いている具体的な存在であって、そして究極的には、細胞分裂をしながら変化する存在だと考えます。そういう意味で、いのちは体の中に内在している。さらに言うと、その人のからだ総体と言えます。

憲法13条にも「生命」という言葉が出てきますが、生命が壊される「戦争」という問題と、特別の教科・道徳で強調される「生命」が両立しない現実があります。この道徳でのキーワードが「いのち」なのです。そのことに性教育が絡められてはいけないと考えています。〝人間と性〟教育研究協議会（性教協）のメンバーで翻訳した『国際セクシュアリティ教育ガイダンス』（明石書店）という本があります。これは、国連のユネスコが中心となって、包括的性教育を進めるための世界のスタンダードとしてまとめた手引き書です。その内容をさらに教育現場で活用してもらうために編集した『国際セクシュアリティ教育ガイダンス」活用ガイド』（明石書店）もぜひとも読んでいただきたいです。

国際セクシュアリティ教育ガイダンス【改訂版】
――科学的根拠に基づいたアプローチ
ユネスコ／編
浅井春夫・艮香織・田代美江子・福田和子・渡辺大輔／訳
明石書店
2020年

「国際セクシュアリティ教育ガイダンス」活用ガイド
――包括的性教育を教育・福祉・医療・保健の現場で実践するために
浅井春夫・谷村久美子・村末勇介・渡邉安衣子／編著
明石書店
2023年

絵本などで「生命の安全教育」について書かれているものを見ると、口、胸、性器、お尻の4つを「プライベートパーツ・ゾーン」と説明したりしていますが、私はそうではないと考えています。「プライベートパーツの集合体が、からだなのだ」と教えていかなければいけない。たとえ肩であっても、触られて嫌な時は嫌なのです。頭をなでられても嫌な人にとっては嫌です。自分のからだ全体がプライベートパーツであって、「ここだったら、許してもいいんだ」とはなりません。私は性教育実践の中でこのことを考えて、伝えていかなくてはいけないと思っています。

先ほど紹介したユネスコの『国際セクシュアリティ教育ガイダンス』にも「からだの権利」が出てきますが、「からだの権利」とはどういうものなのかについて、基本的な説明はありません。『国際セクシュアリティ教育ガイダンス』は世界のスタンダードだという性格による難しい面でもありますが、宗教的な影響力の強い国やそうでない国など、からだの捉え方やいのちの捉え方には国や地域によってさまざまな違いがあります。そういう世界中の国や地域に向かって発信しているガイダンスであるため、詳しくは説明されていないのです。

しかし、私たちが日本の中でこのガイダンスを活用するのであれば、詳しい活用ガイドが必要だと考え、自主ゼミで2年半をかけて研究して活用ガイドをつくりました。私も編者としてこの本をまとめましたが、専門職が集まって、自分の問題意識で読み解くという自主ゼミのとりくみは非常に勉強になりました。

「生命の安全教育」ではなく「からだの権利教育」を

それでは、「からだの権利」とはいったいどういうことでしょうか。次の六つの柱（構成要素）があると考えています。

①からだのそれぞれの器官・パーツの名前や機能について、十分に学ぶことができます。
〔子どもの権利条約第17条（適切な情報へのアクセス）、第28条（教育への権利）〕

②だれもが、自分のからだのどこを、どのようにふれるかを決めることができます。
〔同条約第16条（プライバシィ・通信・名誉の保護）〕

③親・おとな・子どもからの行為も含めて、虐待や搾取、性的搾取や性的虐待から守られます。
〔同条約第19条（親による虐待・放任・搾取からの保護）、第34条（性的搾取・虐待からの保護）〕

④からだが清潔に保たれて、けがや病気になったときには治療を受けることができます。
〔同条約第6条（生命への権利、生存・発達の確保）、同第24条（健康・医療への権利）〕

⑤こころとからだに不安や心配があるときには、相談ができるところがあり、サポートを受けることができます。
〔同条約同第24条（健康・医療への権利）〕

⑥ここまでのことが実現できないときは、「やって下さい！」「助けて下さい」と主張することができます。
〔同条約第12条（意見表明権）〕

①から⑥までのことを、子どもたちは十分に学ぶことができているでしょうか。私は「生命の安全教育」ではなく、「からだの権利教育」を子どもたちに伝える必要があると考えます。「いのち」を名目にした抽象的な教え込みや、道徳に絡みとられるような内容ではいけないという問題意識でもあります。

昨年（２０２２年）、『からだの権利教育入門』（子どもの未

表1 「生命の安全教育」と「からだの権利教育」の比較検討 浅井作成：2023.1.20

比較の項目	生命の安全教育	からだの権利教育（その発展を構想することを含めて）
名称の問題	生命は「いのち」とも読ませる熟字訓ですが、その定義については明示されないタイトルになっている。「ガイダンス」には生活を意味する「life」はあっても、生命：「life」という用語はない。	からだは「頭から足までをまとめていう語」です。具体的な存在としての「からだ」に着目して、実感を通しての選択や判断ができることを大切にする。「ガイダンス」では「body」という用語はキーワード。
基礎学習	からだ学習（その一歩でもあるからだの名称と機能の学び）もしないで、安全教育をすすめることになっている。 反対に「生命」の定義もないし、学習も皆無となっている。	からだ学習（性器の学習も含めて）を前提条件として位置づけて、からだの科学的な学びとともに感覚を大切にした学びを追究することで、からだの権利教育につなげることをめざしている。
からだ観	「自分のからだは自分だけのもので一番大切なものだよ」「ほかの人の体も、同じように大切なんだよ」（生命の安全教育教材 小学校〔高学年〕）という「大切」を強調するからだ観	からだはプライベートパーツの集合体として捉えるからだ観がベースにある。からだには「からだの権利」があり、その具体的権利の内容は6項目に整理することができる。からだを相対的に独自の権利主体として理解することの意味を考えてみたい。
プライベートゾーン・パーツ	「水着でかくれる部分は、自分だけの大切なところ」（小学校〔高学年〕）。性暴力防止教育や絵本で「水着でかくれる部分」は、口、胸、性器、おしりの4か所に特定されるのが一般的である。少なくとも口には水着を着けないし、男の子の場合には胸に水着は付けない。あえていえば、4か所以外は大切な所ではないの？　という疑問が生じる。	からだ全体がプライベートパーツと捉えて、どこに触られても、いやなときはその感覚を確認し、言語化できるようにする。性加害・暴力ははじめから口、胸、性器、おしりに侵襲するのではなく、ソフトタッチから行われることも多い。誘導、罠、“説得”嘘などによって性加害の条件づくりをすることも説明が必要である。
暴力への対応方法	「じぶんだけのたいせつなところをさわられていやなきもちになったら、『いやだ！』といおう。にげよう。あんしんできる大人におはなししよう」（小学校〔低・中学年〕）これだと「たいせつなところ」以外はさわられても拒否のメッセージを発しなくてもよいと受け止めてしまう問題がある。	いいタッチ、いやな・ダメなタッチという2つのパターンだけでなく、判断に迷う「はてなタッチ」の状況を具体的に説明し、それはダメな、NOT OK タッチであることを学び、その場から逃げて（離れて）、信頼できるおとなにすぐに伝える。とくに二人っきりになる空間には行かないことを原則にすることを伝える。

からだの
権利教育入門
幼児・学童編
生命の安全教育の課題を踏まえて
浅井春夫・艮 香織●編
子どもの未来社

からだの権利教育入門
──生命（いのち）の安全教育の課題を踏まえて
浅井春夫・艮香織／編
子どもの未来社
2022年

来社）という本を出しました。その中に掲載したＱＲコードから、私が作成したパワーポイントの資料をダウンロードできるようになっているので、ぜひ活用いただきたいと思います。文科省も「生命の安全教育」のためのパワーポイントの資料をつくっているのですが、私から見ると、その資料は非常に不完全なものだし、提示された内容で子どもが自分のからだを守る力が本当につくのかどうか、疑わしいと思っています。

からだの機能を学ぶことで自己肯定感を育む

さて私が「からだ」ということをあらためて考えたのは、1年前にインプラント手術をした時でした。歯科医師がねじ回しを私の口の中にポトッと落としてしまったのです。ちょうど上を向いていたため、ねじ回しは私の喉にスポッと落ちました。2、3時間のうちに胃まで到達してしまいます。「これはいけない」と近くの医院で診てもらい、大きな病院に連れて行かれ、レントゲンを撮ったら、胃の中にねじ回しがしっかりと写っていました。

すると、その大きな病院の担当医が所見用紙に「異物誤飲」と書いています。私は「自主的に飲んだような書き方をしないでほしいな」と言ったのですが、「これしかないんです」と彼は答えました。しかし、本来なら「異物落下」と書くべきこと。これからその病院にお世話になるので、そこまで異議を申し立てなかったですが、「異物誤飲」はないでしょう。まるで自分で飲んだみたいじゃないですか（笑）。

この時が人生で初めての入院でした。1日1回レントゲンを撮ると、ねじ回しが腸の中をまわっていくのが写っています。最後のレントゲンで、「この日に出そうだな」と私にもわかったし、担当医もだいたい想定していました。しかし、その日が土日だと医師が出勤しないので、月曜日まで待たされてしまいます。金曜日に「今日、出さないといけない」と必死になっていたら、ちゃんと出てきました。担当医も驚いていましたが、ねじ回しはそのままポンと出てくるわけではないのです。腸に穴を開けないように、ウンチでコーティングされた状態で排泄されました。胃腸の力ってすごいですね。担当医はきっと私の名前を忘れないでしょう（笑）。私は「異物誤飲」と書かれたことを忘れません。

そういうわけで入院したことから、腸のことも勉強しました。人間が胎芽から胎児になっていく過程で最初にできる内臓が腸なのです。腸がなかったら栄養補給できない、腸はすごく大事な器官だということを、日本の子どもたちはどれだけ勉強しているでしょうか。

私たち性教協では性器に関するテーマも重点的に研究や実践をおこなっていますが、その前提として、からだの機能についてもしっかり学ぶこと――こんなにすばらしい内臓のネットワークの中で、人間のからだは動いていることを学ぶことによって、自分に対する自己肯定感を育むことができるのではないかと考えています。

私は性教協の役員でもありますが、みなさんも自分の教育実践の中で性の問題を扱うことを難しく考えず、いろいろな場面でみなさんの口から性の学びの楽しさと大切さを子どもたちに伝えていただきたいと思います。

2　この国のあり方を問い続ける組合活動、教育研究運動、政治活動が子どもの未来を拓く

教職員自身が政治的教養を身につける

日本社会は現在、「新しい戦前」となる可能性の大きい時代を迎えています。そうした中で、教育基本法14条の「政治教育」について考えてみたいと思います。

政治とは何か。右や左といった二分法で区分けする人もときどきいますが、教育基本法14条では、「良識のある公務員として必要な政治的教養は、教育上尊重されなければならない」と明確に謳われています。私たち自身が必要な政治的教養を育んでいくことができるのかどうかが問われています。

吉野源三郎さんの『君たちはどう生きるか』という本がマンガ化されたことで、近年よく売れています。私の本もそのくらい売れたいなぁと思います（笑）。私から見ると、「君たちはどう生きるか」と問うとともに、今むしろ求められているのは、「私はどういうふうに生きているか」また「生きたいか」を語ることです。政治的に誘導することではなく、みなさん自身が生身の教職員として自らの生き方や考え方を率直に子どもたちに伝えていくことが大事だと考えています。

広島で育った自分の中学・高校時代をふり返ってみると、そういうことのほうがよく覚えています。先生方から自分の人生にとって少なくない影響を受けました。

私たちが政治的教養を育む上で大事だと思うことが3つあります。「①社会・歴史の大きな分岐点で、未来の展望を確信をもって」、「②学校現場で〝あきらめる〟ことの探求を」、「③個人としてさまざまなつながり・集まり・語り合いを」、です。

「②学校現場で〝あきらめる〟ことの探求を」については

あれっと思うかもしれませんが、「あきらめる」とは、仏教用語で「明らかに見極める」ことを「あきらめる」と言います。学校現場の中にはさまざまな力関係があります。しかし、「明らかに見極め」て、自分一人で、あるいは仲間と一緒に、何ができるのを探求しようとしなければ、できることもできないのではないかと思います。これは精神主義的に言っているのではありません。

今日（2023年8月18日）の「朝日新聞」の「折々のことば」で、鷲田清一さんが俳優のエマ・ワトソンの国連でのスピーチを紹介していました。「if not me, who, if not now, when.」という言葉です。「ジェンダー平等への当然の要求はなぜ、酷い誹謗中傷に遭うのかと訴えた。そしてそれを語るのが自分でいいのかと不安になるたび、こうつぶやいた。『私にはできない？　じゃあ、誰がするの。いまは無理？　じゃあ、いつするの』」に続けて、詩人の白井明大《あけひろ》さんの言葉を引きます。これは「普通の人間がたたかうための言葉だ」と。私たちはこの時代のこの局面で何をするかということを、常に問いかけなくてはなりません。

包括的性教育推進法の制定を

「右派が掲げる政策・運動方針等の共通項を踏まえて、私たちの教育運動は何を大切にしているか」ということであらためて考えてみると、「右派」という言葉を私たちはけっこう安易に使っているのではないでしょうか。右派の人たちも私たちのことを「左翼」と安易に呼び、八木秀次さんなどは「左翼崩れ」の人たちが性教育のことをやっているんだと言っていますが、私自身は「左翼」と言われるのはいいですけど、「左翼崩れ」と言われるのはまったく心外です（笑）。私は崩れていないつもりですから。他者から見てどう見えるかはわかりませんが、左翼として全うしてこの時代を生きたいと思っています。左翼や右翼というのは、フランス革命の時の国民議会で壇上に向かって議場のどちらに位置したかに由来する言葉で、右翼は旧体制に賛成の人、左翼は反対の人を意味することになりました。

表2にあげた、①憲法改正、②歴史認識、③学校教科書の記述内容、④ジェンダー平等の理念と政策化への消極的対応、⑤選択的夫婦別姓制度に反対、⑥同性婚の否定、は一貫して右派組織、右派団体の共通項です。⑥同性婚については現在法律で制限されていますが、愛する人と一緒に暮らしていきたいという思いが大事にされることを権利論としても確立していくたたかいです。

また、⑨ＬＧＢＴＱ＋権利保障法という点では、今年（2023年）6月に成立したＬＧＢＴ理解増進法は、私から見ればもともとの法律案からすれば後退した内容ですが、とりあえず成立したということで、今後の法改正のとりくみが求められます。

私たち性教協では現在、「包括的性教育推進法の制定をめざすネットワーク」準備会をつくっていて、11月25日に正式にネットワークを結成します（同日結成しました）。大きな目標であり、夢だと言われるかもしれませんが、私たちは、包括的性教育推進法をつくることで、包括的性教育の教育実践をすべての子ども・若者にプレゼントしたい、そのことを法律に位置づくようにとりくんでいきたいと考えています。

バッシングに対して「やるな！」と対抗する、あるいは「はどめ規定をなくせ！」と訴えるとともに、どういう内容の性教育をおこなっていくのか議論しながらつくっていく。問題提起をする。これに表《おもて》だって反対しているのは政党では自民党だけなのです。自民党には統一協会や宗教右派の団体、日本会議などからプレッシャーをかけられながら政治活動をしている政治家がいるということも確かな事実です。

ネットワーク発足を11月25日としたのは、みなさんの中でもご存知の方が多いと思いますが、２００３年7月に、東京都議会で自民党都議が七生養護学校の性教育について質問したことに端を発する七生養護学校事件がありました。自民党都議らと「産経新聞」の記者が乗り込んできて罵詈雑言《ばりぞうごん》をくり広げ、都教委も七生養護学校の教育に介入するというすさまじい〝弾圧〟へと発展した事件から、今年は20周年になります。七生の教員や保護者らが3人の都議、産経新聞社、都教委・東京都を被告として提訴した「こころとからだの学習」裁判では、東京地裁、東京高裁、最高裁と私たちはすべて勝利しました。最高裁が決定を下した2013年11月28日からちょうど10年という節目でもあります。そこで11月25日を発足の日にして、新しい性教育の歴史をつくっていく、そういう歩みをしようと問題提起をすることにしました。

アメリカの各州、北欧諸国や台湾などでは法律に基づいて教員養成課程にも性教育を位置づけて学ぶことになっています。性教育は単独の科目ということではなく、性（セクシュアリティの視点）はあらゆる子どもを見るために不可欠であり、すべての教員が学んでおくべきことです。それを国の法律で定め国の教育制度に位置づけることを、私にとっての〝終活〟としてがんばっていこうと思っています。1年や2年でできることはありませんが、粘り強くとりくんでいこうと決意しています。

政治の「セイ」と性教育の「セイ」＝ジェンダーは表裏一体

右派の共通項に話を戻すと、同性婚とは、あらためて言いますが、愛する人が愛する人と結婚して（結婚制度を利用するかどうかはいろいろな考えがあるとしても）、2人の愛情生活を、共同生活を営みたいということです。誰にも迷惑がかかるものではありません。同性婚制度をつくったら社会が解体する、社会が分断されるという反対意見は説得力のないものです。

世界にはイスラム圏など、同性愛が死刑の対象になる国が12か国、同性間の性的関係を犯罪としている国は70か国（認定NPO法人虹色ダイバーシティ作成「性的指向に関する世界地図」2020年1月時点、などを参照）あり、違法行為として監獄に行かざるをえない国もありますが、34の国・地域で同性婚が認められている現状があります（国際レズビアン・ゲイ協会、2023年4月公表）。また、パートナーシップを承認する制度を持っている国もあります。

表2の⑦家族の多様性の現実に向き合わない伝統的家族像への固執とそれを前提にした家庭教育の推進ということで言えば、「伝統的家族」とはどういうものかを議論する必要があります。父と母と子どもがいたら伝統的家族なのか、あるいはそこに祖父、祖母も含めるのか。父、母、子どものパターンがあるとして、現在ではそれに当てはまらない家庭がすごく多い。それぞれの事情があってそうなっています。それにもかかわらず、「家族とは本来、こういうものであるべき」と考えるのは、一人ひとりの幸せを大切にするという憲法13条に基づかない政治だから、そういう考えになるのです。国

表2　右派が掲げる政策・運動方針等の共通項

①憲法改正（主要な論点は9条、24条などや緊急事態条項の創設）
②歴史認識（アジア・太平洋戦争の反省の欠如、いわゆる「慰安婦問題」を認めないなど）
③学校教科書の記述内容（侵略戦争の認識の欠如、憲法、人権への消極的態度）
④ジェンダー平等の理念と政策化への消極的対応
⑤選択的夫婦別姓制度に反対
⑥同性婚の否定
⑦家族の多様性の現実に向き合わない伝統的家族像への固執とそれを前提にした家庭教育の推進
⑧人工妊娠中絶を女性の権利として認めない
⑨ LGBTQ+ 権利保障法の否定・攻撃（とりわけトランスジェンダーへのフェイク情報の発信）
⑩包括的性教育に対する無理解（理解しようとする意思の欠如）と否定的評価
⑪ジェンダー教育に対する無理解と否定的評価
⑫国際条約や国連の報告書に対する否定的評価
⑬核兵器禁止条約（2021年1月22日発効）への後ろ向きの態度

家のもとに、人々の考えも暮らし方も同じようなかたちに統一していく。これでは号令一下で動くような国民をつくることになるというのが、これまでの歴史が示しています。

⑧人工妊娠中絶を女性の権利として認めない、そして、⑨ＬＧＢＴＱ＋権利保障法の否定・攻撃。ＬＧＢＴＱ＋では、特にトランスジェンダーをめぐる攻撃が焦眉の課題です。性の自己認識は男性だけれども性器が女性、またその反対という人たちに対するバッシングが非常に強まっています。「性自認を本人の判断にまるっきり委ねてしまったら、ペニスを持った男が女だと言って女湯に入ってくるじゃないか」という言説が広まっていますが、この間、痴漢行為などがあれば警察に通報すればよいことを、ことさら大げさに取り上げて、人々に恐怖や不安のシャワーを振りかける宣伝がおこなわれてきました。

それぞれの年齢、発達段階、あるいは性的発達段階であっても、暮らしの中のどのような場面でも、性にかかわる問題について判断ができるような学びをしていくということが、包括的性教育の「包括的」＝コンプリヘンシブ（comprehensive）という意味です。これまでは「結婚まではセックスしちゃいけない」という教え込み・説教でおとなたちは何とかなると思っていたことが（どうにかやってこられたようには私には見えませんが）、現在はそういう時代ではありません。子どもたちがあらゆる場面で対応できる力をどのように育んでいくのか、それを教育の中で伝えていく。教育のさまざまな場面で伝えていくことが大事だと思います。

それに対して右派の共通項には、⑩包括的性教育に対する無理解と否定的評価、⑪ジェンダー教育に対する無理解と否定的評価、そして⑫国際条約や国連の報告書に対する否定的評価があります。国際的な流れに対しては、一貫して後ろ向きの姿勢をとっています。そして最後は、⑬核兵器禁止条約への後ろ向きの態度。これらの点についても、私たちは反対の立場を貫いてきたと考えています。

そういう意味で、私たちが人間を大切にするために必要だと考えていることとは反対のスタンスを、自民党政治は戦後一貫して押しつけてきたというのが現実の状況です。政治のあり方として、そのほうがコントロールしやすいということでもあります。政治の「セイ」と性教育の「セイ」＝ジェンダーというものは表裏一体のものです。そういう関係にあるということについても、私たちの運動や研究の中で考えていく必要があると思います。

「新しい戦前」から子どもたちの未来を守る

ご存知の方も多いと思いますが、防衛省の『はじめての防衛白書』の最新版は2023年に出された第3版です。ここには「効果的な外交には裏付けとなる防衛力が必要です。十分な力を持たない相手であると思われてしまうと、外交上、不利であり、ロシアによるウクライナ侵略のように国に攻め込まれてしまうことがあります。軍事的には、ウクライナは、ロシアから『国を守るために十分な力を持っていない』と思われたため、ロシアによる侵略を思いとどまらせることができなかったということなのです。戦争を未然に防ぐためには、自分たちの国を守りぬく意思と能力があることを周りに示し、日本から何かを奪うのは難しいとほかの国に思わせることが必要です」（2ページ）と、まさに抑止論が書かれています。

いったん戦争体制に入ったら、すぐには後戻りができません。大事なのは「新しい戦前」とも言われるこの時代に、私たちがきちんとたたかわなくてはいけないということです。子どもたちの未来を守るためには、もっとも身近な専門職である教職員のみなさん、保護者の人たち、研究者も、みんなで本気でたたかわないと、戦争ができる状況に持っていかれる可能性もあると思っています。

住民基本台帳に記載されている18歳と22歳の男女の4情報（住所・氏名・生年月日・性別）を電子媒体で提供した自治体は、２０２２年度では全国１７４７市町村中の１０６８自治体となり、60％を超えています。何の躊躇《ちゅうちょ》もなく、４情報が自衛隊の自衛官募集のために提供されています。この点に

はじめての防衛白書

【第１版】2021年

【第２版】2022年

【第３版】2023年

表３　戦争における軍人と民間人の被害の割合

戦争の名称と戦闘期間	軍人・兵士	民間人
第一次世界大戦（1914年〜18年）	92（合計97）	5
第二次世界大戦（1939年〜45年）	52	48
朝鮮戦争（1950年〜53年）	15	85
ベトナム戦争（1964年〜75年）	5	95

出典：杉江栄一・樅木貞雄編『国際関係資料集』（法律文化社、1999年、99ページ）。

ついても、私たちは自治体との交渉で、本人の了解もなく、個人情報を自衛隊に提供することに異議申し立てをする必要があると考えます。

先ほど『はじめての防衛白書』の「抑止論」を紹介しましたが、アメリカなど自衛を理由に銃を所持することのできる国では、1年間で600件以上、銃による死亡事故が起きているのが現実です。「戦争とは何か」と言えば、現代においては市民を殺す殺戮戦です。現在ではすでに国家の正規軍同士がやり合うような戦争ではなくなってきています。私たちはこの現実を直視しなければいけません。第一次世界大戦では、死者の9割以上は軍人でした。第二次世界大戦では軍人と民間人が半々。ベトナム戦争に至っては死者の95%が民間人です（表3）。現在のパレスチナ・イスラエル戦争に見るイスラエルのガザ地区へのジェノサイド（集団殺害）の矛先は民間人であり、女性と子どもたちが犠牲者の多くを占めているのが実際です。

『昭和財政史　第4巻　臨時軍事費』（大蔵省昭和財政史編集室編、東洋経済新報社、1955年）という分厚い本があります。当時の大蔵省が日本の財政の歴史的な展開を整理している本で、第4巻では軍事費についてまとめられています。この本によると、日清戦争（1894～95年）ではだいたい60％台後半が軍事費に使われている。日露戦争（1904～05年）は80％台前半。満州事変（1931年）は31％ですが、太平洋戦争中の1944年には85・5％が軍事費に充てられています。残りは14％足らず。この本の本文の最後のページに、「今次の戦争のための直接的戦費は、現在（昭和28年、1953年平均）の物価にしておよそ89兆円、すなわち今日の予算規模で90年度分が9か年足らずの戦争のために消費されたのである」とあります。これが戦争というものの現実です。

3　子どもへの無関心の政治に抗して

「その国が子どもたちに対してどれほどの関心を払っているか」

私は、ユニセフ・イノチェンティ研究所の『Report Cord7』研究報告書「先進国における子どもの幸せ――生活と福祉の総合的評価」（原文：2007年、邦訳2010年）を引用することが多いのですが、その表紙には、「国の状態を示す本物の目安とは、その国が子どもたちに対してどれほどの関心を払っているかである（The true measure of a nation's standing is how well it attends to its children.）」と書いてあります。まさにその通りではないでしょうか。だから、「子どもへの無関心の政治に抗して」なのです。

私は歴史の方面で、戦争孤児に関する書籍を全国の仲間と協力して出版してきましたけれども（『戦争孤児たちの戦後史（全3巻）』）、今度は単著で『子どもたちへの無関心の政治と戦争孤児』というタイトルで書く予定でいます。「子どもたちへの無関心」というのが、残念ながらそれが日本の現実ではないでしょうか。

戦後、日本政府が最初におこなった施策が、戦争孤児・寡婦・障害者のケアよりも、性売買を国家管理でおこなう「特殊慰安施設」（RAA：Recreation and Amusement Association）をつくることでした。ひとつの資料によれば、総計5万3000人～5万5000人もの人たちが、そこに従事したと言われています。RAAは7か月あまりで解散になり、そこに雇われていた人たちは野に放たれました。その人たちがその後どう生きていこうが何の保障もありませんでした。そういう現実の下で暮らした子どもたちもいたということを強調しておきたいと思います。

また、戦争孤児の問題で「一番つらかったことは何ですか」と当事者にインタビュー調査した時に、ある大きなデパートの重役だった方は「履歴書を書くときが一番つらかった」と言いました。食べ物とかいろいろなことで苦労したこともあったが、「あまりにも空白が多い」、そういう履歴書しか書けない。それが一番つらかったと言うのです。私たちは、「戦

戦争孤児たちの戦後史　吉川弘文館

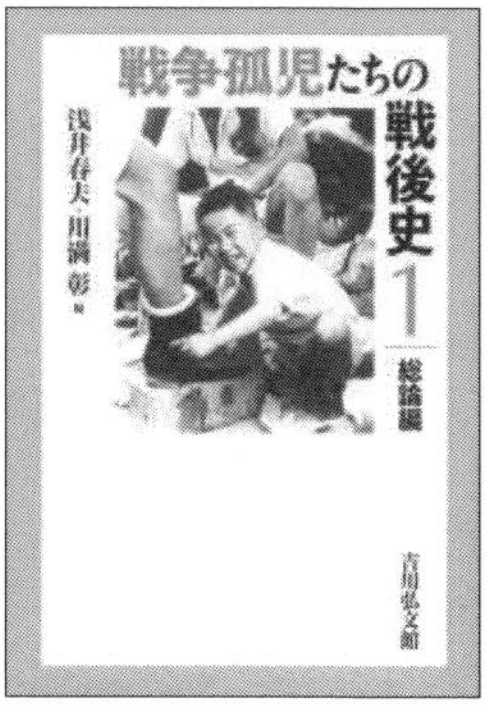

〈1〉総論編
浅井春夫・川満彰／編
2020年

〈2〉西日本編
平井美津子・本庄豊／編
2020年

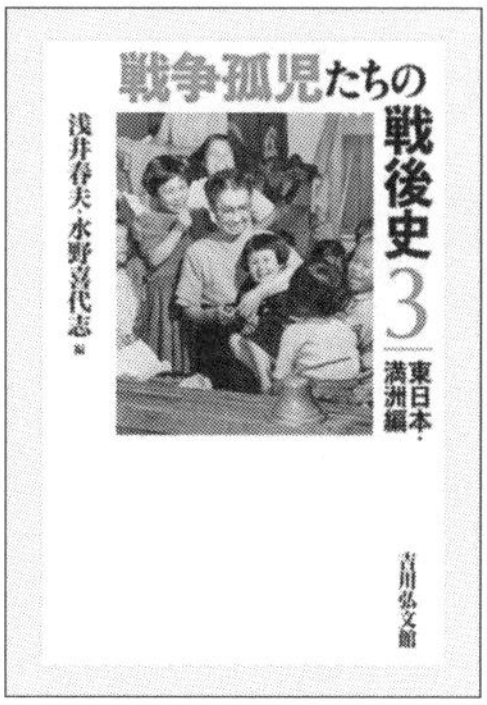

〈3〉東日本・満州編
浅井春夫・水野喜代志／編
2021年

争孤児たちの戦後史」という視点で、その時だけの苦労だけではなく、その後の長い人生で私たちが想像もできない道を歩まざるをえなかった人たちがいる、ということを知っておきたいものです。

こういう子どもたちにも目を向けて

今まで私が早口でしゃべっているのを聞いて、みなさん、ちょっとお疲れでしょう。私はカラオケはそんなに好きじゃないのですが、ちょっと歌ってみようと思います。よろしいですか（拍手）。

ちょっと暗い歌に思えるかもしれませんけど、こういう子どもたちがみなさんのクラスや学校にもいるということを想っていただきたいと思います。児童養護施設の職場の尊敬する先輩がつくった歌で、よくみんなで口ずさんだ歌でした。「タンポポの花が咲く頃に」という歌です。

「タンポポの花が咲く頃に」　加藤 浩／作詞・作曲

1　学園のかたすみに　タンポポの花が咲く頃に
おみやげたくさんもって　母さんに来てほしい
たっちゃんの母さんは　ひと月に一度はやってくるし
みっちゃんの父さんは　きのう遊びに来た

どうして　ボクだけ　誰も来ないのか

2　学園のかたすみに　コオロギの声がする頃に
おみやげちょっぴりもって　じいちゃんがやってきた
父さんは情けないろくでなしだとなげいていたし
母さんはあわれな女だと泣いていた
そんなのうそだよ　ボクは信じない

3　学園のかたすみに　つもってた雪がとける頃に
じいちゃんがなくなったって手紙が届いたよ
父さんも母さんも　どこかで　このことを知るだろう
父さんと母さんが仲直りするだろう
きっと会えるね　タンポポが咲く頃に
きっと会えるね　タンポポが咲く頃に

こういう歌です。ありがとうございます（拍手）。今日はみなさんのために特別に歌いました（笑）。

4　私ができること、私がかかわること、私が学び続けること

児童福祉を専攻したきっかけ

非常に感銘を受けた本があります。私たちのように社会運動に携わっている人たちが考えてみなければいけないことだと思ったのですが、次のようなことが書かれています。

「人を動かす新しい体験をつくろうとするとき、人は『動かされた自分』の体験を基準にしてしか、それをつくることができない」。この文章に続けて、「未来を切り開くことと『自分が心を動かされたなにか』を継承し伝えることは同義だろう、とぼくは思っている」（『さよなら未来――エディターズ・クロニクル２０１０―２０１７』若林恵著、岩波書店、２０１８年）。

私はもともと法律を勉強していたのですが、法律から児童福祉のほうに専攻を変えたのは、夏休みにボランティアサークルでキャラバンと称して全国各地の施設に行き、その中でも兵庫県中南部の青野ヶ原という山奥（自衛隊の駐屯地があるところで、ときどき自衛隊員が迷子になってヘリコプターで「〇〇くん」と叫ぶようなところ）にある「重症心身障害児施設」で実習をしたことがきっかけでした。

全体は准看護師の人たちがケアするのですけど、ひとりだけ保育士がいました。その保育士さんはこれまでに3回も入院したことがあり、「もうこれ以上入院するようなことがあったら、子どもが産めない身体になりますよ」と言われて退院し、職場に復帰したという初日に、彼女は私たちに「（入院する）１日手前までがんばってやりたい」と言うのです。

私は社会福祉労働論について修士論文やその他で書いてきました。そのテーマはやっぱり大事にしたいと思いました。みなさんの教育労働もそうであるように、労働とはそもそも何なのか、どういう条件が保障されなければいけないのかという労働論をもっと研究しないといけない、とその時に思ったのです。

それからその施設で、年長の障がい児同士が喧嘩した場面がありました。ずっと寝たきりで一生自力では立てないかもしれない年長の2人が、足で蹴り合って喧嘩するのです。看護師さんが「あの子たちは仲が悪いんですよ」と、ケラケラと笑って私に言われたのです。私は、「あっ、この子たち、ケンカをするんだ」と安心したというか、「あぁ、そうか」と納得したというか。障害をもつ人たちがこうやって生きているんだな、と学ばされました。そういう体験もあって、児童福祉の分野に行ってみようと思い、児童養護施設に就職しました。

たたかう人たちが歴史を切り拓く

さて、「私ができること」とは、言うことは非常に簡単だけど、実行するにはそう簡単ではありません。下の写真は、私が何度も励まされている写真です。夫の別居配転に続いて、1969年、長男出産を理由に解雇された東洋鋼板の立中修

夫の別居配転につづいて、1969年、
長男出産を理由に解雇された東洋鋼鈑の立中修子。
出勤を阻む同僚に必死の訴え。

「女が、人の妻になり、母になる。
このごくあたりまえのことに、なぜ会社は、
社会は、固い扉を閉ざしてしまうので
あろうか……」

（第1回公判での訴え、1969年）

『写真集 女たちの昭和史』
（大月書店、1986年）

子さんが、出勤を阻む同僚に必死の訴えをしている姿です。立中さんは第1回の公判で「女が、人の妻になり、母になる。このごくあたりまえのことに、なぜ会社は、社会は、固い扉を閉ざしてしまうのであろうか……」と述べています。

社会に存在するさまざまな閉ざされたままの扉が開かれてきた。女性参政権もそうですし、女性が働き続けるということもそうです。いろいろな人たちが歴史の中でたたかって切り拓いてきたものです。立中さんのこの凛とした背中。そして立中さんを阻む男たちも家族をもっているでしょうし、男たちの立場も最初からこういうものであったとは思いたくありません。でも、立中さんに目も合わせられないというのが彼らの実際の姿です。こうやって立ち向かっていった人たちが、現在の私たちの条件や環境や歴史をつくってきたということを、私たちは忘れてはならないと思うのです。

次の写真は、戦時中の空襲被害によって親と別れ、あるいは親が亡くなって孤児として生きてきた人たちが、「国にこれだけは認めてもらいたい」と訴えている院内集会の様子です。国は元軍人とその遺族にはこれまで60兆円にのぼる恩給を出している一方で、民間人には何の補償もしていません。原爆被害者である被爆者には、訴訟で国が一定の譲歩をして補償する対応をとっていますが、東京大空襲など全国の空襲被害者については、現在までまともな対応を一切していない。

全国空襲被害者連絡協議会の院内集会「今通常国会の閉会を前に空襲被害者の切なる声を訴える！」(2021年6月8日、衆議院第二議員会館)。

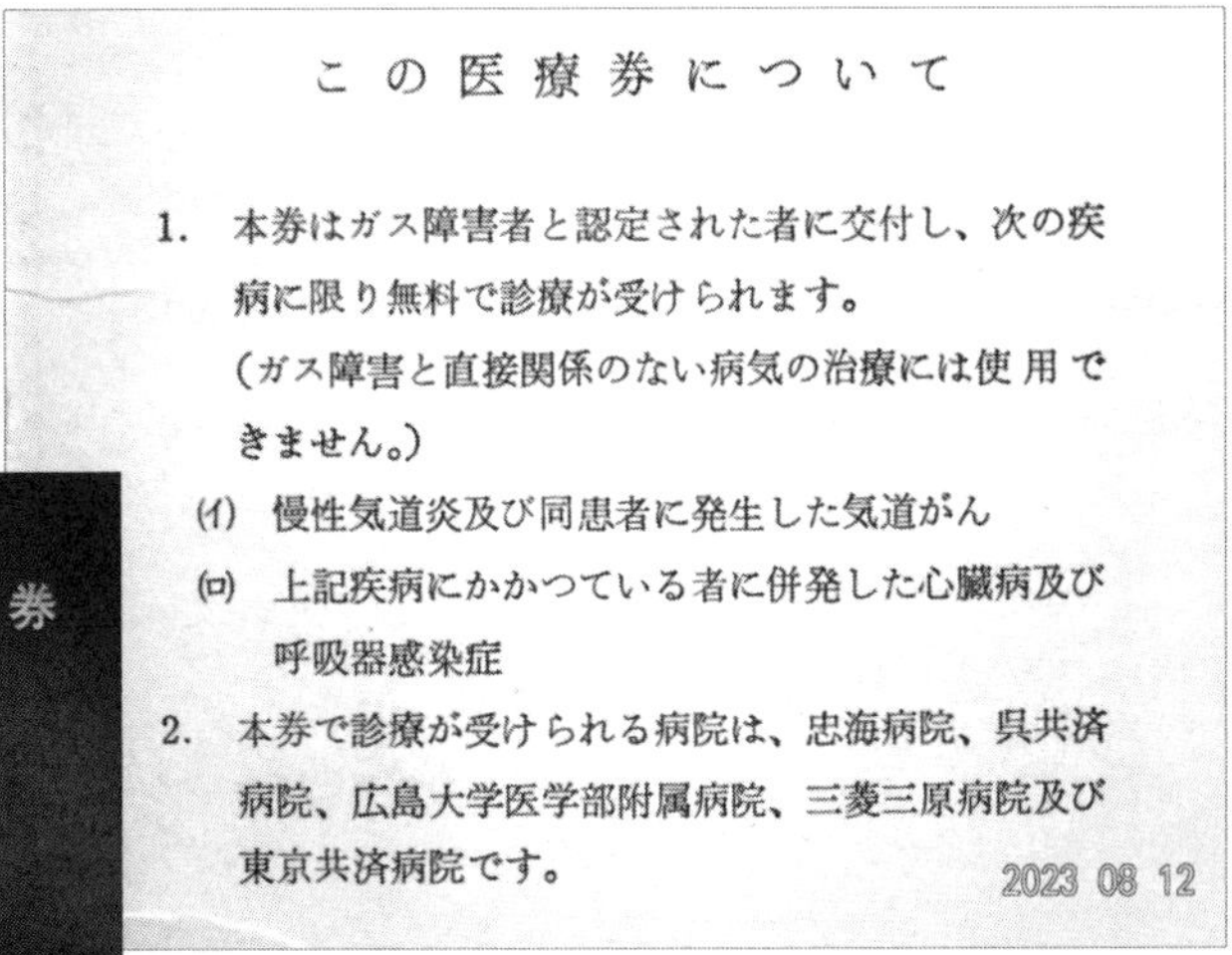

この医療券について

1. 本券はガス障害者と認定された者に交付し、次の疾病に限り無料で診療が受けられます。
（ガス障害と直接関係のない病気の治療には使用できません。）
(イ) 慢性気道炎及び同患者に発生した気道がん
(ロ) 上記疾病にかかつている者に併発した心臓病及び呼吸器感染症
2. 本券で診療が受けられる病院は、忠海病院、呉共済病院、広島大学医学部附属病院、三菱三原病院及び東京共済病院です。

2023 08 12

ガス障害者医療券。第二次大戦中に大久野島などで毒ガス製造に従事していた者に健康被害が多く見られることから、その対策として、健康診断および相談指導の実施、医療費、各種手当の支給等がおこなわれている。

国は「この人たちはもう高齢なのだから」と死ぬのを待っているとしか思えません。そういう国の姿勢に抗してたたかっている人がいることに励まされますし、被害者の方々のインタビューで教えられることが多々あります。

さらに、「ガス障害医療券」という写真を見てください。みなさん、今まで見たことも聞いたこともないかもしれません。金の文字で「ガス障害医療券」と書いてあります。瀬戸内海にある大久野《おおくの》島《しま》（広島県竹原市）では、１９２９年から45年の終戦まで、日本軍によって秘密裏に毒ガスが製造されていました。そのことが旧軍関係者以外に知られるようになったのは１９８４年のことでした。ここで毒ガス製造に従事していた人たちは、ほぼ肺ガン、肺気腫で死亡しています。実は私の父親もそうです。私の父親――私の血縁上の父親ではないのですけれど、ずっと「実の父だ」と言って死んでいきました――が死ぬ3、4日前に、「春夫、私が死んだら、これをちゃんと開けなさいね」と、ベッドのところに括りつけている手提げバッグの中を見るよう言いました。私はてっきりこの中には貯金通帳があって、それを私の責任で開けろということなのかな思いましたが、出てきたのは家族のことを細かく書いている手帳と、「ガス障害医療券」の2つだけでした。決してがっくりしたわけではありません。「これを形見として残してくれたんだな」と思いました。

手帳には私がどこで生まれて育ったのかが記してありました。京都府の現在の南丹市《なんたん》というところです。水を落としたら太平洋と日本海に分かれるような、分水嶺のある山奥の開拓村で私は生まれました。17歳の母親が私を産みました。何かわからない所番地と名前が書いてありました。もう50年近く経っていたので行っても会えないなと思いましたが、私のパートナーが「行こう！」と言ってくれ、実際に行ってみることにしました。現地でいろいろ話をしていたら、「あぁ、わかった」と家に入れてくれた人がいました。その人は「自分が父親だ」と教えてくれました。

家族のことを記した手帳と「ガス障害医療券」の2つ残して亡くなった父親に、「お前は福祉のことでいろいろ偉そうに言っているけれども、戦後、こういうことで苦しんでいる人たちがまだまだいるということを知らないだろう」と突きつけられたような気がしました。

みなさん、「ガス障害者」という言葉が使われているのです。戦争は、戦争孤児の方々もそうですが、戦争の時期だけではなく、その後の人生もずっとトラウマを抱えながら苦しんでいる人がいる。戦争孤児の方々にインタビューをして最後に言われることは、みなさん「戦争だけは絶対ダメだ！」ということです。そのことを私たちは自らの使命として次世代に継承していきたいものです。

「5つのC」の対抗戦略

ルート・ヴォダックの『右翼ポピュリズムのディスコース（第2版）』（石部尚登／訳、明石書店、２０２３年）という書籍があります。これはヨーロッパ諸国の政治動向を整理したもので、著者のヴォダックは、歴史の現局面を「恥知らずな常態化」という一言でまとめています。shameless ＝恥のない、恥を全然受け止めようとしない、normalization（ノーマライゼーション）＝常態化がある、ということです。「恥知らずな常態化」は、日本でもその通りではないでしょうか。恥知らずなフェイクで攻撃をするような人たちを応援団にして、安倍晋三元首相の清和会は自民党内では少数派だったにもかかわらず、30年のうちに衆参で99人の議員が所属する主流派にのし上がっている。アメリカと同じようなやり方をとっているということを、私はこの本からも学びました。

こういう現状の中で「5つのC」という対抗戦略について考えてみたいと思います。「5つのC」とは、①Choice、②Comprehensive、③Claim、④Care、⑤Change の5つです。

①Choice（チョイス）は、理論的に検討した選択肢があることへの提起です。私たちは理論的に「こういう選択肢があるんじゃないか」ということを私たちの運動の中で提起していく。先ほどの波岡知朗事務局長の「討論のよびかけ」でも、そういう運動のあり方が語られていました。そのことは

非常に大事なことだと思います。私たちはそもそも〝反対〟だけを言っているわけではありません。対抗軸や対案を提起をしているけれども、それを一顧だにしない人たちがいるということです。

②Comprehensive（コンプリヘンシブ）は、包括的な見方、考え方を持つことです。一局面だけを見て、本質がぼやけるような捉え方ではなく、解決策も含めて、「事実」「現実」「真実」を見る力を私たちが持つこと。世界と比較して日本の動向には、もう格段の差が生まれている。しかし、日本でもとりくんでいけば変わっていく、それも現実です。そういうことを私たちは考え続けていかなくてはなりません。「東京新聞」の記事で、「パートの女性が、労働組合に入り団体交渉したところ、パートら約5000人の基本時給が平均6％上がった」「一人で声を上げたのがきっかけだ」とあります。また、宗教2世の人が「私ができること」としていろいろなことを書き発信しています。「一人でできることは大きくはないけれども少なくはないと思います。ぜひともとりくみたい」と。

③Claim（クレーム）。これは、正当だと申し立てる、権利を主張できること。文句を言うだけではなく、権利を主張することが大切です。

④Care（ケア）は、関心を持ち続けること。あきらめずに勉強するということです。今日のこの講演が終わったあと、ホールの外に出られると書籍売り場があります。私の本に限らず、みなさん、広範囲のさまざまな本をここで買っておけば、どこかできっと読む機会があると思います。ぜひ勉強のためにお買い上げいただきたい。

⑤Change（チェンジ）は、変化をつくるということです。ここで詳しく説明する時間がないのですが、私たちには「抵抗権」があります。「抵抗権」とは、「公権力の濫用により、立憲主義的憲法秩序や人権保障体系が破壊されようとしている、あるいは破壊された場合に、これに対抗し、国民が憲法秩序と人権保障体系の擁護、回復を図る権利」だと言われています。日本国憲法には直接「抵抗権」を規定した条文はないのですが、憲法全体を通して見れば、憲法17条で国家賠償請求権が認められていることからしても、私たちには権利が侵害されていたら抵抗する権利があるということが読み取れます。私たちには抵抗権があるということに確信をもって、この時代を切り拓いていきたいと思います。

最後に、私は詩をつくったりもしているので、それを読んで結びとします。

「戦う覚悟」は持たない、闘うことを続けるだけ
～抵抗権の旗を掲げて、小さな一歩、そして一歩～

台湾まで行って「戦う覚悟」を私たちに求める政治家がいる
「戦い」を闘うことで拒否する
戦いは相手の死を積み上げる
闘いは心を込めた握手と抱擁、人間の尊厳を希求する行動である
子ども・若者・自分を含めた人間のために私は闘う

戦争の兵器は人間のからだをバラバラにする
一瞬のうちに人間が消滅する核兵器は1万2520発が地球の懐にある
「核の抑止論」という虚構の論理など信用できるものか
核兵器は人間破壊の道具、平和を押しのける武器でしかない
子どもたちを殺させはしない
戦場に赴かせはしない
闘うことで社会からの圧力がかかる
私の自由が侵害される
迷い、揺らぐ、閉じこもる
だが私はそんな空気に同調しない
闘う人間の姿は凛として美しい
それは人間の尊厳を
かけた姿がそこにあるからだ

私は教員として闘う
子どもの足元を照らすロウソクのように
私と保護者が満面の笑みでいられるように
永遠の戦後を子どもたちと生き続けられるように

闘うということばを恐る恐る使う
私は想う　闘いという用語は使い慣れていないが　使うことで自らを励まし勇気づけることもあると
闘う者は歴史を学ぶ　科学を思考する　人権を探求する
長い歴史の一瞬に過ぎない人生を　確かな一点として生きる
それが私の決意

以上で終わります。ありがとうございました（拍手）。

現地企画

子どもの声、願いを大切にする公教育を共同の力で

司会　開会全体集会も中盤となり、ここからは現地企画です。今、日本全国の教育現場に押し寄せている過度な競争の教育や教育DX、学校現場の市場化、トップダウン型の学校運営などに、教職員も保護者も、そして何より子どもたちも大きく翻弄されています。しかし、こうした流れに抗い、憲法や子どもの権利条約を生かした公教育を取り戻すためのとりくみについて、5つの報告をリレートークのかたちで受けたいと思います。

最初は東京総合教育センター所長の児玉洋介さんです。よろしくお願いします（拍手）。

子どもの権利条約批准から30周年
新たな段階での日本の子どもの実像を国連リポートに
――子どもの権利を掲げる子ども条例が複数の市区で成立

東京総合教育センター所長　**児玉洋介**

東京総合教育センターの児玉です。併せて今、子どもの権利の実現をめざして国連に報告書を届ける「子どもの権利条約市民・NGOの会」の事務局長をしています。

子どもの権利条約を日本政府が1994年に批准・発効して、来年は30周年を迎えます。しかし、この30年、政府の子ども施策は子どもの権利実現を正面に掲げることを避けて、自助や共助、民間の市場に委ねる子育て支援策や子ども若者

児玉洋介さん

支援策を押しつけるものでした。各自治体の子ども条例もこれらの施策推進条例がほとんどで、子どもの権利条例と呼べるものは、限られた地域での実現にとどまってきました。そしてこの30年で、日本の子どもの権利状況は悪化の一途を辿ったわけです。学校での校内暴力・いじめ・不登校・自殺の各指標、家庭でも子どもの貧困率や虐待など、子どもの発達と成長の困難が拡大してきました。

　私たちはこうした事態を「日本における子どもの貧困」と題するレポートとして国連に届け、それを受けた国連子どもの権利委員会は２０１９年3月に画期的な勧告を日本政府に対しておこないました。勧告の主な内容は３つです。①日本社会の競争的な性格から、子どもの発達と子ども期を守る、②子どもの意見が尊重され、受け止めてもらえる機会を保障する、③子どもの権利に関する包括的な法律を制定して、今の日本の子ども法制を子どもの権利条約と整合させなさい、というものです。

　①の競争主義の問題を依然として政府は無視し続けていますが、②と③の内容については、その後の運動によって、子ども行政を大きく動かし始めています。

　この4月からスタートしたこども基本法も、こども家庭庁も、国連から迫られたことによる法整備と、自公政権のねらう新たな子ども施策の戦略との融合の産物と見ることができます。各自治体でもこの対策は焦点になってきました。東京都では２０２１年2月に突然、一会派からの議員立法というかたちで「東京都こども基本条例」が提案されました。その内容は子どもの権利条例としては不十分な中身でした。しかし、都議会での各会派の討論や複数会派共同の勉強会が開かれ、私たちのＮＧＯの会も呼ばれて意見を述べる中で、最終的には全会派が一致できる条例案へとかたちを変え、子どもの権利条例としての内容を備えたものとすることができました。

　第3条で、子ども権利の実現のための条例であることが明確になったこと、第4条の修正で都の子ども施策の方向が子

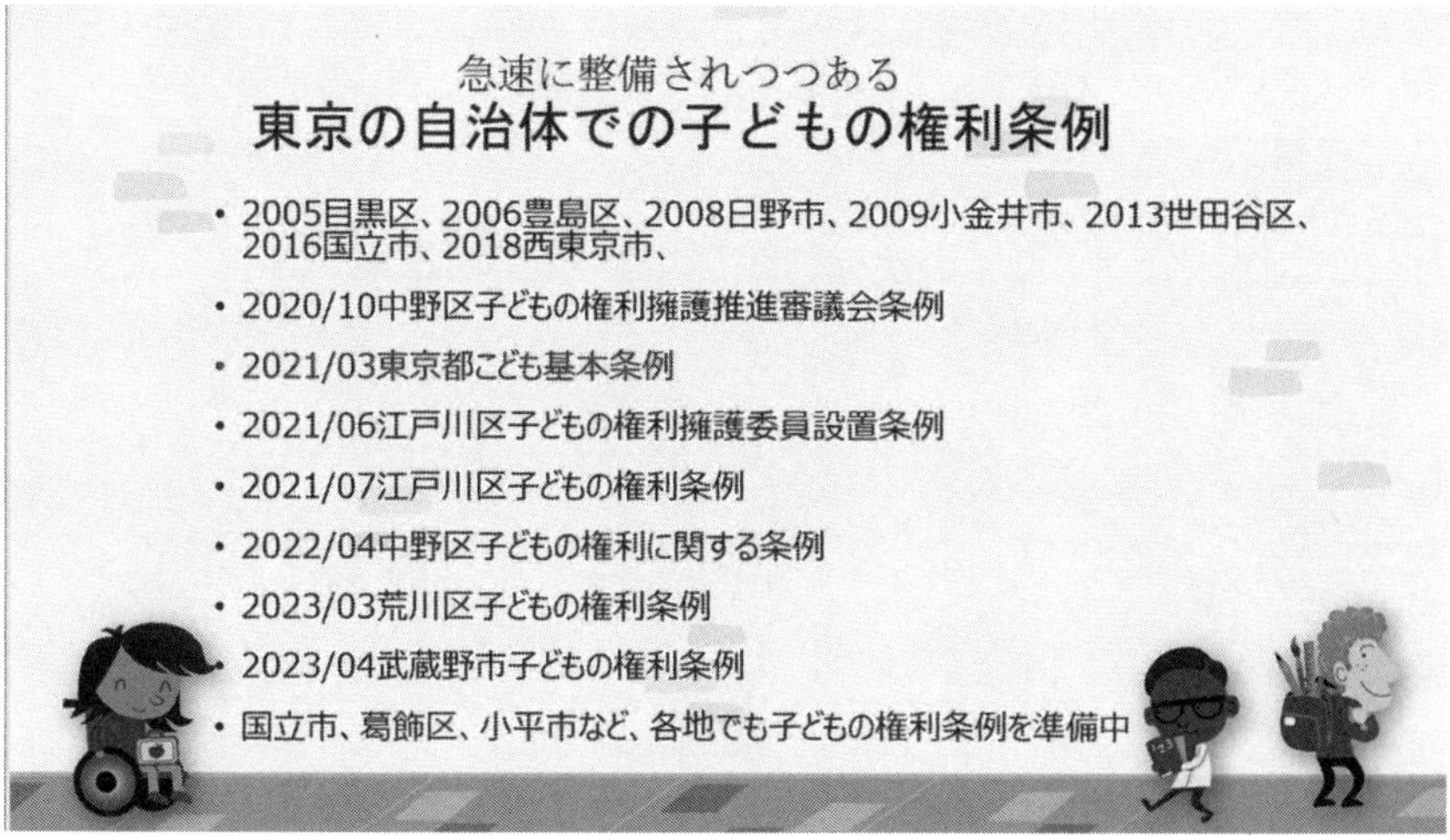
急速に整備されつつある
東京の自治体での子どもの権利条例
• 2005目黒区、2006豊島区、2008日野市、2009小金井市、2013世田谷区、2016国立市、2018西東京市、
• 2020/10中野区子どもの権利擁護推進審議会条例
• 2021/03東京都こども基本条例
• 2021/06江戸川区子どもの権利擁護委員設置条例
• 2021/07江戸川区子どもの権利条例
• 2022/04中野区子どもの権利に関する条例
• 2023/03荒川区子どもの権利条例
• 2023/04武蔵野市子どもの権利条例
• 国立市、葛飾区、小平市など、各地でも子どもの権利条例を準備中

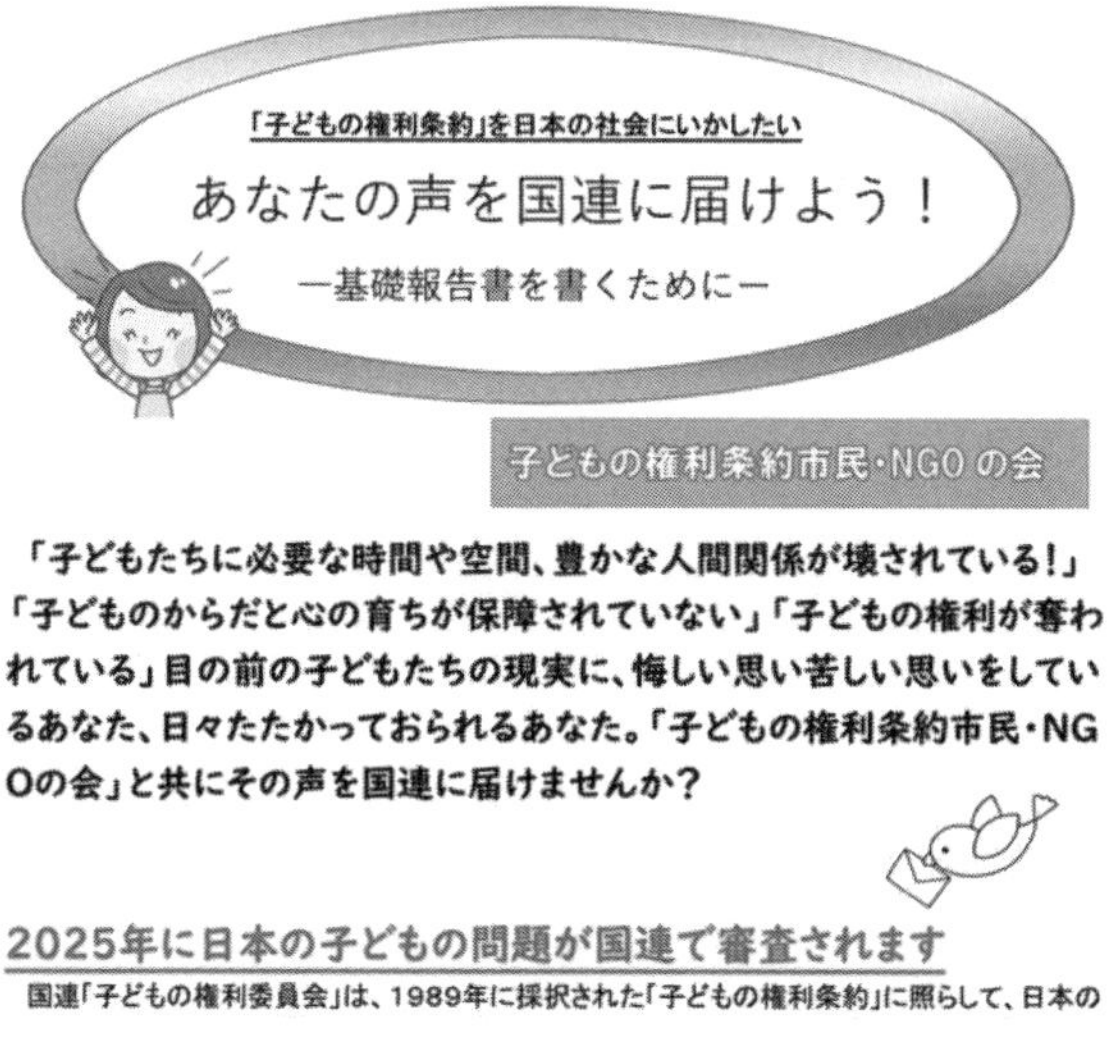
「子どもの権利条約」を日本の社会にいかしたい
あなたの声を国連に届けよう！
ー基礎報告書を書くためにー
子どもの権利条約市民・NGOの会
「子どもたちに必要な時間や空間、豊かな人間関係が壊されている！」「子どものからだと心の育ちが保障されていない」「子どもの権利が奪われている」目の前の子どもたちの現実に、悔しい思い苦しい思いをしているあなた、日々たたかっておられるあなた。「子どもの権利条約市民・NGOの会」と共にその声を国連に届けませんか？
2025年に日本の子どもの問題が国連で審査されます
国連「子どもの権利委員会」は、1989年に採択された「子どもの権利条約」に照らして、日本の

どもの権利を尊重し、擁護するための施策であると明確にされたこと、そして権利を侵害された子どもの救済や、子どもの参加を明記するなどの改正がおこなわれて、全会派が共同で修正を提案するかたちで、２０２１年に東京都こども基本条例は成立しました。

条例の成立は、都の子ども施策に直接影響を与えます。条例制定直後の21年4月、東京都教育委員会は都立学校に対し、生徒の頭髪や髪型、下着の色まで定めた校則について自己点検と見直しを求める通知を発しました。この通知の中で見直しにあたっては、3月に制定された東京都こども基本条例を踏まえ、生徒が話し合うなどの機会を設けるように求めています。

都のこども基本条例を経て、今、東京都の基礎自治体で新たな子ども条例をつくる際、子どもの権利を掲げることは当たり前となっています。最近も江戸川区、中野区、荒川区、武蔵野市と多くの基礎自治体が子ども条例を成立させていますが、その名称もすべて子どもの権利条例となりました。しかし、子どもの権利を掲げても、権利の実現の責任を行政が果たすことを曖昧にして、こども家庭庁やこども大綱に対応する新たな施策推進の受け皿づくりをねらう動きも依然として強まっています。

子どもの権利条約批准30年となる来年２０２４年、私たちは新たな段階での日本の子どもの実像を国連にレポートする報告書づくりのとりくみを全国に呼びかけています。

お手元の配布資料の中にリーフレット「あなたの声を国連に届けよう！」があります。ぜひお読みいただいて、各地域、全国各地から、あるいは各分野から報告書づくりにご参加いただけるよう呼びかけて、東京の報告といたします。ありがとうございました（拍手）。

司会　児玉さん、ありがとうございました。続いては現場からの報告です。東京都障害児学校教職員組合の品川典子さん、よろしくお願いいたします。

七生養護学校事件から20年、判決から10年――保護者と連帯し、地域や都民の共同に確信を持って　すべての障害児にいのちと瞳輝く教育を

東京都障害児学校教職員組合　**品川典子**

１９７４年、東京は全国に先駆け、障害がある子どもの希望者全員就学を実現しました。保護者や当事者、教職員、組合員だけでなく、全障研（全国障害者問題研究会）などの民間教育研究団体やさまざまな障害者団体、運動を呼びかけた障都連（障害者と家族の生活と権利を守る都民連絡会）が力を合わせ、革新都政のもとで実現しました。

国に先駆けての希望者全員就学は、まさに権利としての教育の実現であり、その後の障害者の権利保障への道を切り開くとともに、１９７９年の養護学校義務制完全実施に大きな影響を与えました。そして、来年50周年を迎えます。

こうした歴史がある東京の障害児教育ですが、石原都政誕生5年前の１９９４年から「教育改革」がじわじわと始まり、石原都政誕生後はそれまで積み上げてきた学校運営、教育課程づくりが大きく変えられるなど、現場はズタズタにされました。

東京都教育委員会はまず、学校運営を改悪しました。学校運営連絡協議会の設置、外部評価の導入、校内内規の見直しにより、職員会議が職員連絡会となり、指示伝達の場になりました。校内組織の人事委員会や予算委員会を廃止し、異動要綱の改悪、人事考課制度の導入、主幹の制度化等々、管理強化が図られ、教職員の分断がねらわれます。

障害児学校では、特別支援教育の推進という名目で統廃合がおこなわれました。それまで肢体不自由児と知的障害児と分けていた隣同士の学校を1つにしました。これは学校が大規模になるだけでなく、保健室の教員や事務室の職員が減らされるなど人員削減につながりました。また、寄宿舎の入舎基準を改悪し、入舎生が減少したという口実で統廃合を推進しました。13舎あった寄宿舎が、現在では5舎となっています。

品川典子さん

東京都教育委員会は、「児童・生徒1人につき、いくらかかるのか都民に説明できるのか」という攻撃をかけてきました。その後、「タックスペイヤー」を育てるという謳い文句で開校したのが、知的高等部の職業科です。高等部の教育課程を二分化し、障害が重い子にはお金をかけないという構図がここで生まれました。肢体不自由の学校では教員を減らして学校介護職員制度を導入するなど、ここでもコストダウンを図ってきました。

厳しい時代は続いています。先ほどの講演にもありました七生養護学校事件の頃から保護者との共同の運動がやりにくくなり、保護者と教職員が分断されていることを感じます。こうした中ですが、つながれる糸口を見出して、保護者と連帯して、地域や都民の共同に確信を持って運動を続けています。七生養護学校事件の「こころとからだの学習」裁判は今年で事件から20年、判決から10年を迎えます。裁判では、原告に保護者も入り、地域からの支援も得ながらたたかってきました。

寄宿舎を守り、充実、発展を求めるとりくみでは、すべての寄宿舎から保護者が参加している寄宿舎連絡会が改善要求運動を続けています。また、寄宿舎連絡会は、今年39年を迎えます。

２０１４年に開催した東京の全員就学から40年の記念集会をきっかけに発足した「障害のある子どもたちの教育・生活をゆたかにする東京の会」は、保護者との共同のとりくみを進めています。２０１６年の教室不足の解消を求める請願は、全都議会、全会派一致で採択されました。教員不足、学校不足、教室不足を解消するにはどうしたらいいのか、学習と研究を重ねながら運動を続けています。

障害児学校の設置基準は長い運動のすえ、策定され、今年から施行となりました。策定された設置基準はまだまだ課題がありますが、学校の大規模化、過密・過大化は現場が我慢していることではない、おかしいことなのだ、とこの運動を通して全国の仲間から勇気をもらい、私たちも発言しています。

この間、公教育壊しの流れを学び、東京の障害児学校はその先駆けのように「改革」がおこなわれたのだとあらためて怒りが湧いています。分断されても「子どもを真ん中に」という保護者の思い、教職員の思いは変わらないと思います。子どもにとってどうなのかを考えていくことを軸足に、みんなで一緒に歩んでいきたいと思います。

「全ての障害児にいのちとひとみ輝く教育を」――これは私たちの組合のスローガンです。私たちは子どもから出発する実践をつくることができるということに確信をもってたたかっていきたいと思います。ともにがんばりましょう（拍手）。

司会　品川さん、ありがとうございました。続いては高校生からの発言です。大東学園高校のみなさん、よろしくお願い致します。

親に迷惑かけているとの悲しい思いする子を減らしたい
大東学園高校の「23区プロジェクト」
――活動に誇りと責任感を持って私学助成署名にとりくむ

大東学園高校のみなさん

みなさん、こんにちは（拍手）。私たちは大東学園から来ました。生徒会執行部の2年・佐藤玲奈と3年・小島悠汰と1年の代表委員会委員長を務めている川島美羽です。よろしくお願いします（拍手）。

＊

私学助成金の「23区プロジェクト」という署名活動を毎年おこなっていますが、困ることがあります。私学助成を知らない人から怪しいと思われて署名してもらえないことです。非常に悲しいです。そのため私学助成署名を世の中に知ってもらえるようにとりくんだのが、この「23区プロジェクト」です。２０２２年度の活動報告と２０２３年度の現在、何をおこなっているかについて述べたいと思います。

２０２２年度第１回目は７月23日、経堂からスタートして、その後、八幡山、千歳船橋、荻窪の３か所に分かれて署名活動をおこないました。合わせて２２９筆を集めることができました（拍手）。そして第２回の署名活動は、六本木と後楽園チーム、大崎と代々木上原チームに分かれておこなった結果、合計１２９筆集めることができました。続いて第３回目は９月18日におこなう予定でしたが、台風の接近に伴い中止になってしまいました。非常に残念です。それで第３回をあらためて10月22日に毎年おこなっている「秋の署名祭」とコラボして経堂でおこないました。その後、新宿と大塚に分かれておこなったのですが、その３か所でやった結果、99筆集めることができました（拍手）。

大東学園のみなさん

続く12月17日には最終回ということもあって全員張り切っていました。最初は亀有、豊洲、蒲田、この３チームに分かれておこないました。その後、亀有チームが押上へ、豊洲チームが銀座へ、蒲田チームが自由が丘へ行きました。その結果、第３回と同じ99筆を集めることができました。合計、14区に回り、５５６筆を集めることができました。

*

続いて２０２３年度の活動報告をしたいと思います。まず、大東学園高等学校の２０２２年の23区プロジェクトとその他の個人で集めた署名数は１万３５６４筆でした。これは、２０２１年と比べて４６６筆増えています。２０２３年度は２万筆の目標を達成したいという思いから、「23区プロジェクト」をスタートしました。第１回目は４月８日に実施し、他校の生徒も含む合計23名の参加で72筆を集めることができました。２回目は８月５日、こちらも他校の生徒や飛び入り参加も含めて合計14名の参加で85筆集めることができました。

うれしかったことは、応援の声をもらったことです。暑い中、一所懸命署名活動をしているので、「えらいね」とか「が

2022年の23区プロジェクト
みんなで21世紀の未来をひらく
教育のつどい
教育研究全国集会2023 in 東京

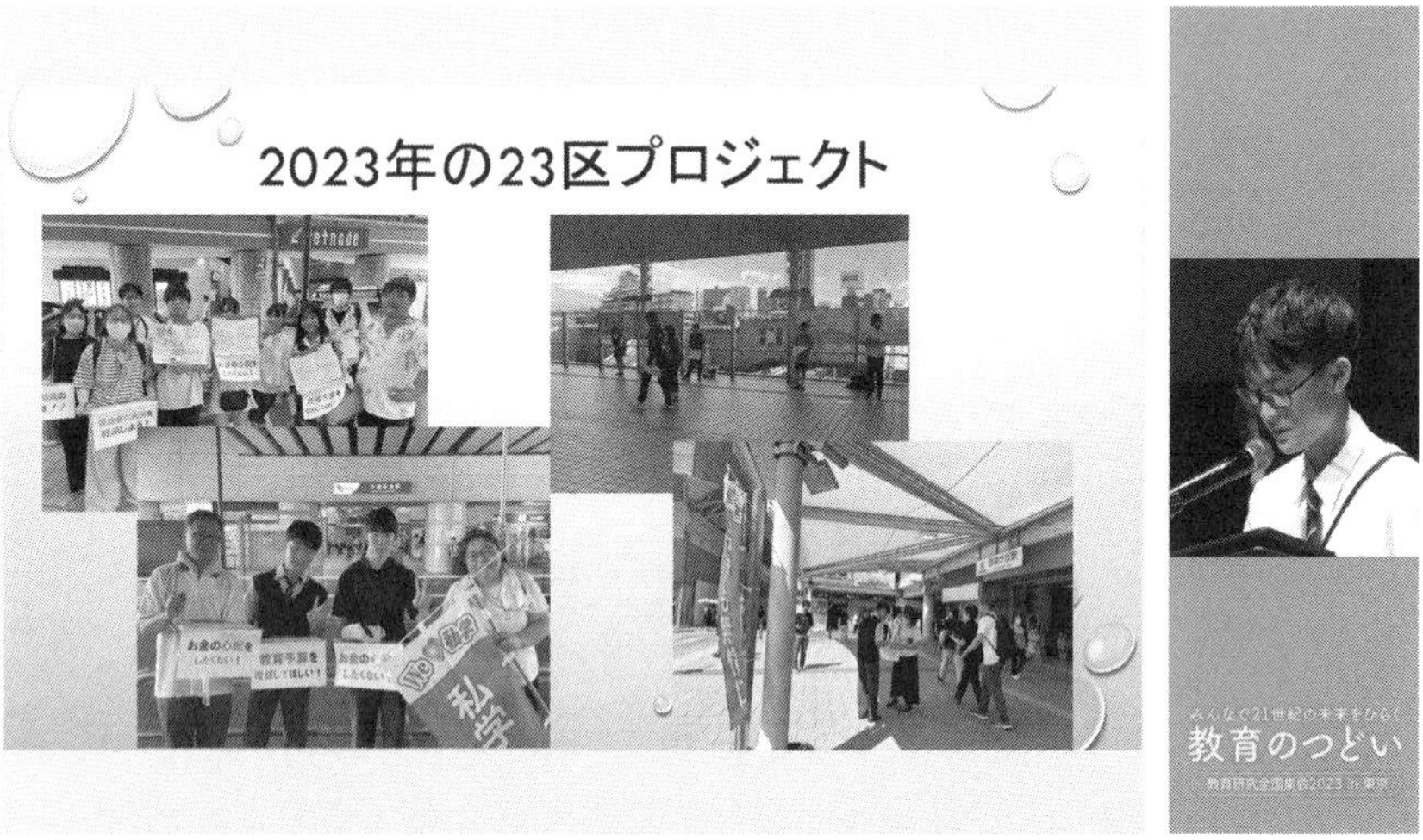
2023年の23区プロジェクト
みんなで21世紀の未来をひらく
教育のつどい
教育研究全国集会2023 in 東京

んばってね」とか、そういう声かけに励まされます。もう少しがんばろうと思えるからです（拍手）。

＊

私が署名活動に初めて参加した時の話をしたいと思います。

署名に協力してくれたおねえさんのエピソードです。署名へ協力を求めたことから、「署名活動ってなんですか？」「集まった署名はどこに持っていくのですか？」「私学助成署名活動って政治にかかわるじゃないですか？」「学校側としては参加させていいんですか？」などの疑問がおねえさんから発せられました。それらに応える中で、最後の質問に先生が「積極的に参加させています」と答えたのです。するとそのおねえさんは「すごい！　大東学園っていうんですか。いい学校ですね」と言ってくれました（笑）。

この言葉を聞いて、私は署名活動に関して、ぶっちゃけ、誇りや責任がなかったのですけど、おねえさんの意見が私を変えてくれました。自分たちのおこなっている活動をもっと誇りに思い、責任感を持ち、胸を張って活動していこう、そう思った、そう感じた活動でした。

これを機に、私は「私学助成ってなんだろう」「私学助成の目的とは」ということについて自分なりに調べて考えてみました。まず子どもが学びたい環境で学ぶため、保護者の経済的負担を減らすため、あとは学校経営、教育環境の維持向上をめざすためにおこなっている。

では、「なぜ私学の学費は高いのか」――公立学校にかかわる教育費は税金で賄われています。私立学校では多くを学費で賄わなきゃいけないのですけど、高い学費を払う私学の保護者は公立の保護者と同じように税金を払っています。私学ってみなさんが知っている通り、学費がとても高いんですよ。それで行きたいけれど学校に行けない子がとても多いのです。「親の負担を減らしたい」と私学をあきらめる子たちを私は見てきました。

まわりから見たら私の家庭は裕福なのかもしれないけど、私は小さい頃から親のお金の負担をとても見てきました。兄も私学に行って、私も私学へ行ったら、お金の負担をかけて、親に苦労させちゃうんじゃないかな～という思いがあります。だから私は今、バイトをしていて、部活の部費や学費に充てるために「少ないけど私の学校生活、これでお願いします」という思いで親にバイト代を渡しています。子どもとしても、やっぱり親に迷惑かけるのは本当につらいんですよ。

親に悲しい思いをさせたくないから、それに親が悲しんでいるところを見るのが本当に子どもとしてはつらくて、大好きな母親だからあまり迷惑かけたくなくて、私はバイトをして、代表委員と両立してやっているんですけど、なかなかうまくいかなくて……。

高校生だからあまり稼げないのですけど、ある程度のことはがんばっているつもりです。今、バイトを2つ掛け持ちして、ちょっとは親に渡しています。

やっぱり、ここまで育ててくれたし、学費がなくて学校やめるとかになると、本当に親にも悲しくつらい思いをさらにかけてしまうと思って、死に物狂いで働いています。

私みたいな思いをする子を増やしたくありません。今、私立に通っている子たちにも、学費の面で保護者にすごく迷惑かけているって悩んでいる子がいっぱいいます。そのために私たちは私学署名活動をして、少しでもそういう人たちを減らすために活動しています。だから少しでもいいので、もしそういう活動を見かけた際は、署名活動してくれたり、「そういう活動があるんだよ」ってまわりに教えてくれたらとてもうれしいです。そういうみんなの行動が、こうやって私たちみたいな悲しい思いする子たちを少しでも減らせると思うのです。よろしくお願いします。

これで大東学園高等学校の発表を終わります。ご清聴ありがとうございました（拍手）。

司会　大東学園高校のみなさん、ありがとうございました。私たちも大いに勇気づけられる報告でした。次は、市民・保護者の立場から岡田尚子さんです。よろしくお願いします。

東京さらに国へ　運動が声を広げる学校給食の無償化の実現を

新日本婦人の会東京都本部　**岡田尚子**

新日本婦人の会（新婦人）東京都本部の岡田尚子です。よろしくお願いします。

新婦人は、5つの目的を掲げ活動している女性団体です。目的のひとつに、「生活の向上、女性の権利、子どもの幸せのために力を合わせます」を掲げています。今、女性・子どもの貧困が広がり、そして物価高の続く深刻な状況の中、学校給食の無償化はすべての地域で早急に実現の求められる、私たちの会をあげてとりくんでいる運動のひとつです。私たちは、全国どこでも多くのみなさんと運動を広げて使えるよう、タペストリーをつくりました。私が絵を描きました（55ページ下段の左上の画像に写っているのが、そのタペストリーです）。

私たちは学校給食無償化ＴＯＫＹＯ ＭＡＰを作成しています（53ページ）。上の小さいのは今年の2月の状況、そして下が8月6日現在、さらにこの資料をつくった後、目黒や府中などで無償化が発表されて、真ん中に少しブルーが入っています。こちらが8月16日の最新マップです。

今、都内25自治体で学校給食の完全無償化が決定、実施されています。期限付きや第2子、3子での実施をも含めると、29自治体へと広がっています。多くの自治体で学校給食無償化を公約に掲げておこなわれた選挙のビフォー・アフターがよく表れています。

新婦人東京都本部は10年前の２０１３年から東京都へ学校給食無償化の運動を始めました。運動し続けて当たり前のことに変えてきたと実感しています。多くの支部も運動を重ねてきました。

学校給食の無償化
TOKYO MAP
2023 年 8 月現在
2023 年 2 月現在
学校給食の無償化 TOKYO ＭＡＰ 2023 年 8 月 6 日現在
2023 年 8 月現在までの報道や支部からの報告により新婦人都本部が作成
以前から無償化している自治体 奥多摩町、檜原村、利島村、三宅村、御蔵島村
2023 年 4 月から無償化 葛飾区、台東区（1 月から当面）、品川区、北区、荒川区、中央区、世田谷区、足立区
（※足立区は小学校は 1 0 月から）
9 月以降から実施予定などで予算等検討中 千代田区、港区、大田区、杉並区、板橋区、豊島区、文京区、墨田区、江東区、江戸川区
一部対象期間での実施 新宿区（第二子）練馬区（第二子）狛江市（4 月から第三子）武蔵村山市（6 月～9 月）
青は小中学校の給食無償化
緑色は第 2 子、3 子から、または期間限定など

新婦人東京都本部
Posts 返信 ハイライト メディア いいね
新婦人東京都本部 @nj... · 2023/02/08
返信先: @njwa_tokyo さん
今日の昼間には
さっそく荒川支部の新婦人が報告宣伝
#給食無償化 実現しました
新婦人東京都本部 @nj... · 2023/02/07
東京中央区も！#給食無償化
NHKニュース · 2023/02/07
23 区で次々無償化実現！
SNS でも共有

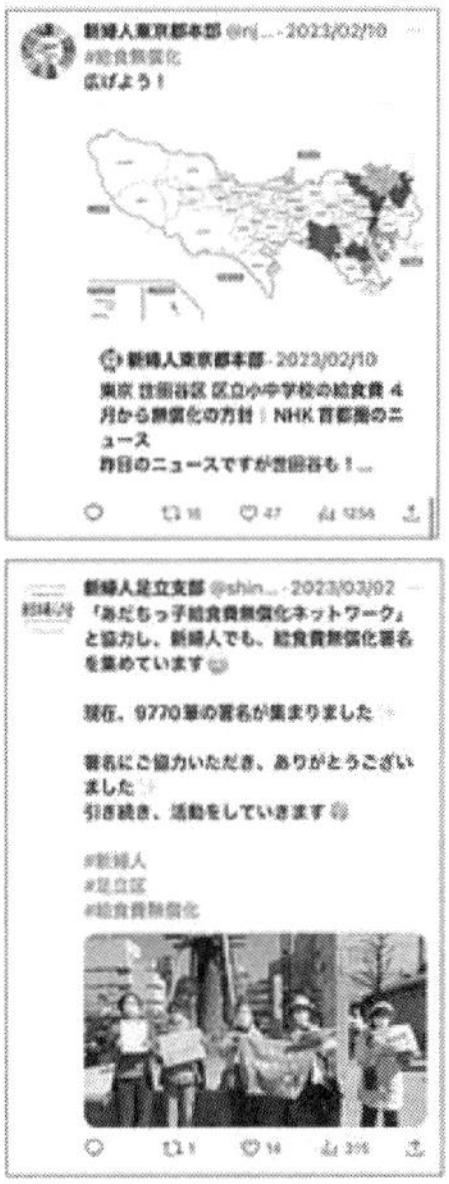
新婦人東京都本部 @nj... · 2023/02/10
#給食無償化
広げよう！
新婦人東京都本部 · 2023/02/10
東京 世田谷区 区立小中学校の給食費 4 月から無償化の方針 | NHK 首都圏のニュース
昨日のニュースですが世田谷も！...
新婦人足立支部 @shin... · 2023/03/02
「あだちっ子給食費無償化ネットワーク」と協力し、新婦人でも、給食費無償化署名を集めています
現在、9770 筆の署名が集まりました
署名にご協力いただき、ありがとうございました
引き続き、活動をしていきます
#新婦人
#足立区
#給食費無償化

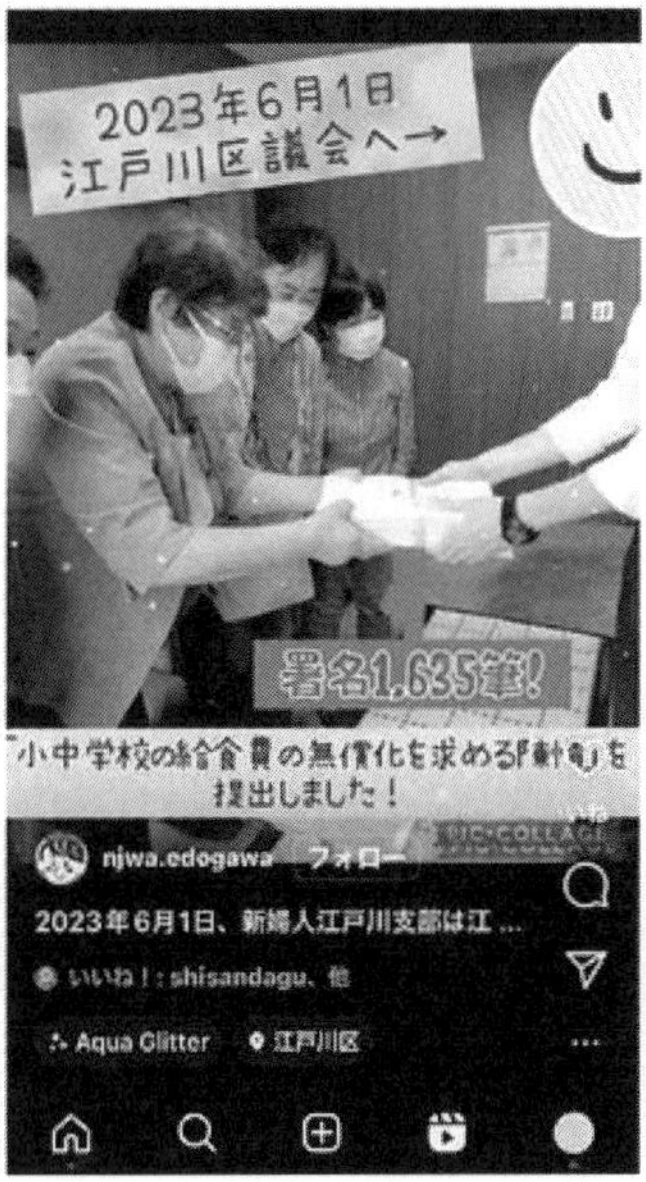
2023年6月1日
江戸川区議会へ→
署名1,635筆！
「小中学校の給食費の無償化を求める陳情」を
提出しました！
njwa.edogawa フォロー
2023年6月1日、新婦人江戸川支部は江 ...
いいね！: shisandagu、他
Aqua Glitter
江戸川区

岡田尚子さん

江戸川支部では何年もくり返し署名にとりくみ、新婦人から各PTAに送った署名が次々と届きました。中には学校の運動会で広げて、100人を超える署名が届いたなど、運動が声を広げ、無償化実現につながりました。その様子をインスタでも紹介しています（53ページ）。

杉並支部では区長と直接懇談し、給食無償化へ向けて署名でも動きを加速し、実現しました。荒川区では実現が発表されたその日にも、さっそく宣伝にも出ました。足立区でも共同で署名にとりくみ、中学校での実現後も議会傍聴や運動を広げ、選挙をへて小学校での無償化も実現しました。

2月には私たち新婦人東京都本部は全都で26か所以上で学校給食無償化と医療費無料化を進める一斉宣伝にとりくみました。選挙の前に運動を各地域で広げ、都議会への各会派へのはたらきかけや署名提出などの様子をSNSであげながら、都政の見える化も意識しています。2月の請願は否決されましたが、12月議会に提出予定の新しい署名に、今、とりくんでいます。

来年は都知事選、再来年は都議会議員選挙もあり、選挙は要求実現のチャンスです。先ほどのMAPでもわかるように、無償化は23区内で主に進んでいます。そんな中、請願が全会派で採択されていた府中市では、つい数日前、学校給食無償化のうれしいニュースがありました。早速SNSで発信すると、今、たくさん拡散されています。多摩地域でもこれにぜひ続いてほしいです。

東京都は4月から9月までのあいだ、緊急の対策として、特別支援学校・都立学校などで給食をおこなっている学校に対して1食あたり30円の補助をすることを決め、実施されています。しかし、これは都立学校のみの話であり、しかも期間限定の緊急措置です。一方で、都内でもまだ3自治体、東久留米・東大和・東村山市は弁当か注文式ランチボックスで、中学校給食が完全実施されていません。アンケートなどで寄せられた実態の中では、注文忘れや弁当を忘れた子が給食の時間、何も食べずに水道水を飲んで廊下で待っていた、午後

活動推進ニュース

No.55 【部内資料】 2023年2月20日

小・中学校給食無償化の運動が都内で 11 自治体で実現！

「学校給食無償化請願」共産・立憲・みらい賛成

「子ども医療費 18 才まで無料化請願」共産のみ賛成で否決

2月の仲間づくり

【東村山】学校給食の運動で次世代が入会！4名3部

支部大会までに前大会測勢を回復して迎えたいと行動。学校給食の取り組みで次世代にｓｎｓ発信を手伝って欲しいと訴えて入会。元会員や読者に声かけて入会続々！

2月全都いっせい宣伝デー現在 26 支部から実施

中央支部3年ぶり総勢32名参加学校給食無償化運動を一緒に行動してくれた次世代会員が参加。

新婦人東京都本部 @nj... · 2023/02/10
小中学校の給食費の無償化に関する請願は本日の文教委員会で否決となりましたが
また運動広げましょう！
委員会で賛成して頂いた 共産党 とや英津子都議 アオヤギ有希子都議 ミライ 桐山ひとみ都議 立憲 斉藤りえ都議 阿部祐美子都議 そして署名にご協力頂いたみなさん
ありがとうございました
2 122 278 8039
#都政見える化作戦
都議会へのはたらきかけ

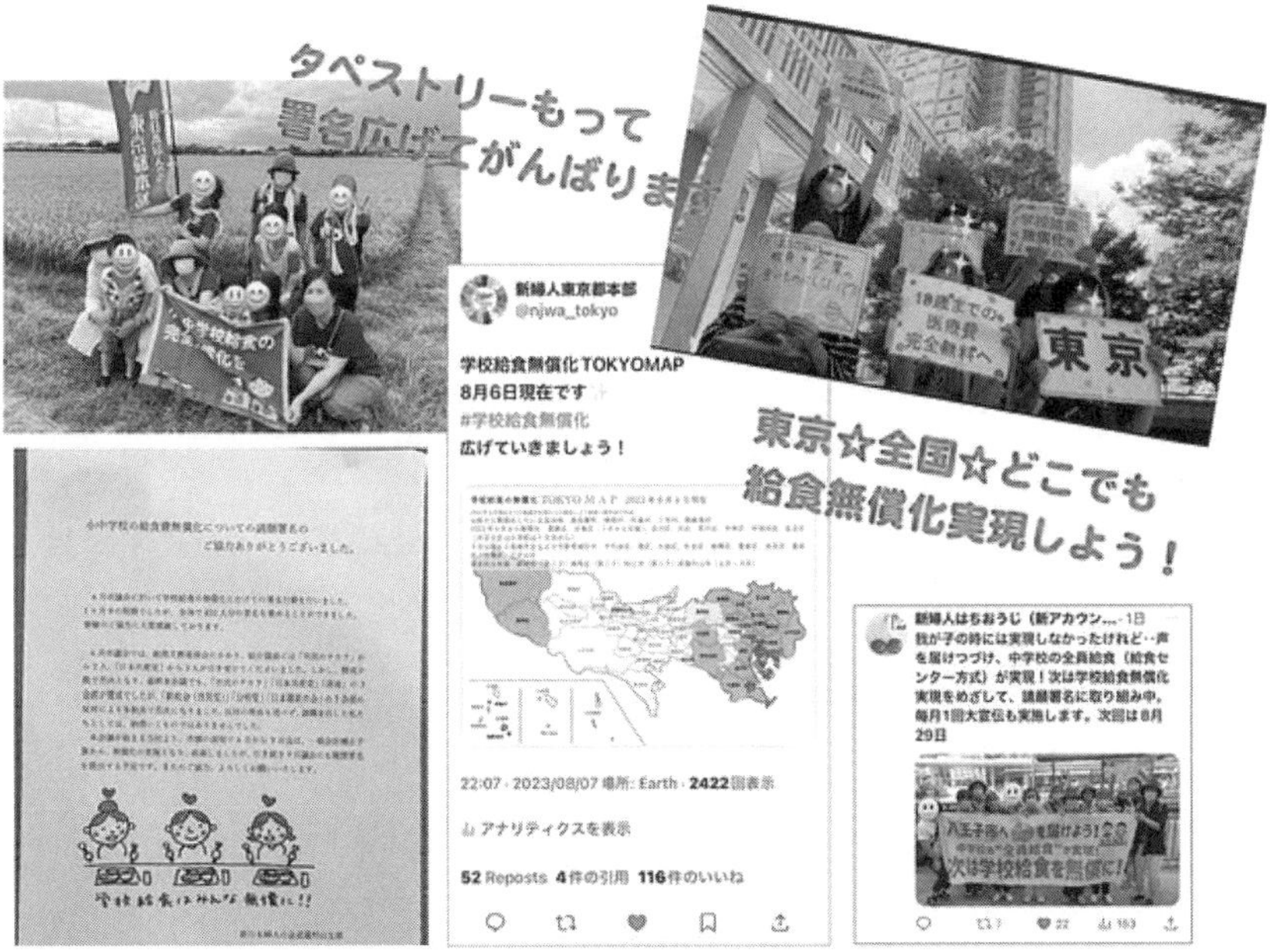

タペストリーもって
署名広げてがんばります
新婦人東京都本部
@njwa_tokyo
学校給食無償化TOKYOMAP
8月6日現在です
#学校給食無償化
広げていきましょう！
22:07 · 2023/08/07 場所: Earth · 2422回表示
アナリティクスを表示
52 Reposts 4件の引用 116件のいいね
18歳までの医療費完全無料へ
東京
東京☆全国☆どこでも
給食無償化実現しよう！
小中学校の給食費無償化についての請願署名のご協力ありがとうございました。
学校給食はみんな無償に!!
新婦人はちおうじ（新アカウン... · 1日
我が子の時には実現しなかったけれど…声を届けつづけ、中学校の全員給食（給食センター方式）が実現！次は学校給食無償化実現をめざして、請願署名に取り組み中。毎月1回大宣伝も実施します。次回は8月29日
次は学校給食を無償に！

の授業は集中できずに寝てしまったなどの声が寄せられました。全都での給食の完全実施と無償化の実現で、このようなことを早くなくしたいです。

給食費の無償化をめぐっては、都・市長会が7月31日に都に対して来年度の都予算編成に関する最重点事項のひとつとして、補助制度の創設や国へのはたらきかけを要望しています。無償化に踏み出している区長からも国の制度を求める発言が続いています。すべての子どもたちに給食を無償で届けるために、東京都での運動をさらに広げるとともに、国の制度として一刻も早く実現を願い、全国のみなさんと運動を広げていきたいと思います。

新婦人は全都と全国でがんばっています。ぜひ一緒に運動しませんか。どこに住んでいても、子どもが安心して給食を食べて、生き生き学べる社会にしましょう。子どもの権利に、住んでいる場所は関係ありません。ご一緒にがんばりましょう（拍手）。

司会　岡田さん、ありがとうございました。次がリレートークの最後になります。東京都立大学の小林喜平さん、よろしくお願いいたします。

下関市立大学の自治破壊――裁判への支援を――国立大学でも自治破壊や学長の権限強化すすむ教育と研究の基盤となる大学自治の回復を

東京都立大学　**小林喜平**

東京都立大学の小林です。最初に、今まさに、下関市立大学で起こっていることについてお話をします。２０１９年に安倍晋三氏の元秘書である下関市長が大学の教員の採用や学科新設のルールを無視して、３人の教員の採用と新学科設置を大学に要請し、学長や理事会は教授会や教育研究審議会の反対を無視して強行したという事件です。市長の要請からわずか１週間で起こりました。文部科学省は8月に規定に従った手続きをとるように助言しますが、大学はこれを無視します。それどころか、下関市は教員の人事や懲戒を理事会の審議のみで決定できるという内容の定款改正を市議会に提案し、9月26日に可決されました。

理事であった経済学部長は、翌２０２０年10月に大分大学で開かれた大学の自治に関するシンポジウムで、下関市立大学の自治破壊について報告します。これが職務上の義務違反として理事を解任されます。経済学部長はこれを不当として

下関市立大学で起こっていること

- 市長（安倍晋三元首相の秘書だった）が大学幹部を呼びつけ、大学の正規の手続きによらず、教員採用を大学に要求
- 教授会（教員）が反発
- 文部科学省も正規の手続きをとるよう助言
- 下関市は定款を変更
- 人事や懲戒について、理事会の審議のみで決定を可能とするもの
- 元経済学部長が学外のシンポジウムで下関市立大学の大学自治破壊について発言
- 法人は、職務上の義務違反として、元経済学部長の理事解任
- 2021年7月　I経済学部長は理事解任の無効と損害賠償を求めて、提訴。

- 2019年5月30日　前田晋太郎市長が大学幹部を呼び出す。
- 6月4日　市長が理事長（元副市長）に特別支援教育の専攻科設置を要請。
- 6月6日　学内説明会で専攻科を2021年4月に設置、H氏ら3名の教員採用を発表
  学長が教育研究審議会を招集するも、必要な審議がされていないと大半の教員が欠席し、3度流会
- 6月28日　経営審議会が専攻科設置と3名の教員採用を決定
  定款や学内規程に違反していると9割の専任教員が決定の白紙撤回を求める署名提出
- 8月7日　文部科学省が「規程に沿った適切な手続きをとるよう」助言
- 9月2日　市長が議会に定款の変更を提案
- 9月26日　市議会が提案変更を可決（賛成25、反対7、棄権1）
  人事や懲戒について、理事会の審議のみで決定を可能とするもの
- 2020年1月　H氏が教授就任に先駆けて、理事に就任
- 4月　H氏とS事務局長(市職員OB)が副理事長に就任
  H氏が副学長就任、教員人事評価委員会委員長と教員懲戒委員会委員長に就任
- 2020年10月　I経済学部長が大分大学で開かれたシンポジウムで報告
- 2020年10月　I経済学部長の理事解任
- 2021年4月　大学院に教育経済領域を新設　H氏の後輩教員2名を採用
  大学院に特別支援教育の専攻科開設　定員10名に対して4人入学
  教授会の定例開催がなくなる
- 2022年4月　学長選考の意向投票を廃止し、H氏が学長就任
- S元事務局長(市職員OB)が特命教授に就任
- K前学長が特別招聘教授就任

裁判を起こし、今年の4月11日に地裁で理事解任は無効という全面勝利判決が出されました。判決は、理事の「忠実義務にも公益性がある」という画期的なものです。ただ、大学は控訴しています。今後この裁判を注目し、ぜひ支援をしていただきたいと思います。

下関市立大学で起こったことは、東京都立大学で石原知事が起こした大学破壊をも上回るもので、国立大学でも大学の自治の破壊や学長の権限強化、国や文部科学省への忖度《そんたく》が進んでいます。

菅政権の日本学術会議会員任命拒否問題について、2020年12月24日の「毎日新聞」が86ある国立大学の学長に対してアンケートをおこなっています。驚くことに6割を超す学長が回答をせず、回答があった33大学のうち22大学の学長は匿名を条件とし、3名からは「大学名を出せ

ば国の制裁的措置が心配」と回答したと報道されています。これは見過ごすことのできない回答です。

国立大学の運営費交付金は国が求める改革の実績や教育・研究の実績に応じて配分する仕組みがとられています。

ひとつの例ですけど、国は今年6月9日にマイナンバーの利用促進のための重点計画を閣議決定しました。その中で国立大学については、2026年度から制定された中期目標や中期計画に基づき、マイナカードの活用を含めた業務実績について評価を開始し、運営費交付金の配分に反映するとされています。2026年からとされていますが、すでにある国立大学では図書館の入退館とか、授業の出席にも利用されて

小林喜平さん

います。ご承知の通り、マイナンバーカードというのは、取得は任意なのですけれども、これは事実上の強制です。どちらも学生証で代用できるものです。図書の貸し出し記録などはマイナンバーに紐付けされるものではありませんが、その記録を抜き出すことは不可能ではありません。大学では卒業時にその記録を消去するように学生に促しているようですが、学生証のように卒業時に廃棄されませんから、そうした作業を怠れば記録は残ってしまいます。

良い学長というのは、国からより多くの予算を獲得できる人、国や文部科学省の政策に忖度したり忠実であること、結果としてそうした学長がいる大学に競争的資金を多く配分されるというのが、今の政府のやり方です。公立大学には基準財政需要額に基づいて地方交付税の交付金という形で一括して国の助成があり、私立大学も額は少ないのですけれども、私学助成という形で国の予算は使われています。地方創生事業など、国の政策に協力的な大学向けの競争的資金も準備されています。

大学は真理を探求する場であり、いかなる政治的、経済的、社会的圧力や権力からも自由にこれをおこなうことが保障されているわけですけども、そのためにはそうした自由や権利を権力や圧力から擁護するという姿勢を持たなくてはなりません。時の権力が間違っていれば、否定することが必要なの

東京新聞2023年6月16日

こちら特報部

国立大にもマイナ押し付け

26年度 カード利用実績 交付金に反映

出欠確認

図書館利用

時間外入棟

デジタル化推進 国の重点計画

「侮辱している」

エサでつる

大学の自治 踏みにじる

思い上がり

です。憲法では「学問の自由」が保障されています。しかし、競争的資金という名の政策誘導によって研究費が削られているばかりか、教育学部や人文系の学部の縮小も押し進められています。

今日はみなさんに資料*としてお配りしましたけれども、今年の3月に国立大学、公立大学、私立大学の組合が協同して、教育と研究の基盤となる大学の自治の回復をめざして、学校教育法の改正の提案をおこないました。この提案を大学の中だけの議論ではなくて、今日ここに参加されているみなさんをはじめ、多くの方たちと意見を交換し、理解を得て、実現したいと思っています（拍手）。

司会　小林さん、ありがとうございました。リレートークは以上になります。あらためまして、リレートークで発言されたみなさんに大きな拍手をお願いいたします（拍手）。

【*】資料は次のURLでご覧になれます。
https://x.gd/peiNR

教育フォーラム

教育フォーラムA

子ども時代をデザインする

「子ども時代」とは?

第4回・第5回政府報告書に対する国連子どもの権利委員会の総括所見（2019年3月）では、「社会の競争的な性格により、子ども時代と発達が害されることなく、子どもがその子ども時代を享受することを確保するための措置をとること」が勧告されました。

この勧告は「生命、生存および発達に関する権利」という見出しの下に置かれています。「子ども時代」という言葉は、大人のノスタルジーではなく、この瞬間に生きている子どもたちの「いのち」にかかわる喫緊の課題だということです。

「子ども時代」とはどういう時代なのでしょうか?

フォーラムの冒頭、神代洋一さん（明星大学）は、基調提案の中で、小説「モモ」の一説を読み上げ、たっぷりの自由な時間・空間、異年齢・異世代の自由な交流と、心から楽しむことができる遊びがあることが「子ども時代」をゆたかにする要素であり、「子どもたちが道路や緑地で自由に遊ぶことを禁止し、安全のため、社会の有能な人間として、将来の人的資源として教育するために施設に通わせる*」ことは、心といのちを貧しくし、発達を阻害するのではないかと問いかけました。

基調提案を受け、薮内恵さん（小）、川島啓一さん（高）、小島祐輔さん（少年少女センター・学童保育支援員）の3人が実践報告をおこないました。

デジタル環境での「子ども時代」

2人のお子さんを育てている薮内さんは、学校現場や家庭のリアルを次のように語ってくれました。

・一人一台端末が配布され、学校でも家庭でもオンラインの世界に自然に触れられるようになっている。
・「デジタル世界」では、簡単で、わくわくした世界が子どもの興味を誘っているが、「子ども時代」が簡単に過ぎて

しまうことに、どんな価値があるのか。「子ども時代」に「デジタル環境」がなくてはならないわけではない。

・「夏休み何したい？」と聞いたら「ＹｏｕＴｕｂｅ見たい！」と娘に言われた。子どもたちの中で「デジタル環境」が一番となってしまうことが怖い。大事な「子どもの時間」を奪ってしまっているのではないか。

・「ゆっくり、のんびり、じっくり、わくわく」という価値観の共有と、自分自身が「幸せに感じられているか」を問うことを大切に、我が子や教え子たちの今しかない「子ども時代」を共に過ごしていきたい。

コロナ禍の生徒会活動で気づいたこと

川島さんが勤務する高校では、コロナ禍で学校行事は大きな制約を受け、遠足や体育祭は中止となり、文化祭も、「一般公開ＮＧ」「調理飲食ＮＧ」「お化け屋敷ＮＧ」「歌・大声ＮＧ」と「できないこと」が多くなってしまいました。そんな中、「文化祭だけはやりたい！」という生徒たちの声を受けて、「できることはなにか」にフォーカスし、それまでの「お祭り型」の文化祭から、「ＴｉｃＴｏｋ動画」「映画」「黒板チョークアート」「川柳」というように「プロジェクト型」の文化祭へと転換させました。初体験でやり方がわからないので、プロを招いてのワークショップもおこない、「できること」を増やしていきました。地域の匠・職人・専門家の人と技に触れて学ぶ機会にもなりました。

高校生の元気を多くの人に知ってもらおうと、テーマを「Ａｒｔ＆ＰＥＡＣＥ　世界の平和と未来」とし、黒板アート・川柳は「甲子園」に、映画は市民映画祭にエントリーしました。

川島さんはこうしたとりくみのなかで気づいたことを次の3点にまとめています。

①友だちとのコミュニケーション

クラス替えで「はじめまして」の人が多く、不安が大きかったけど、友だちの新しい面を発見し、クラスに「居場所感」を持てるようになった。

②多様性への気づき

「高校生ってすごいな！」って思える「自己肯定感」と多様な個性の存在への気づきがあった。

③自治活動の広がり

「もっと楽しくするのにはどうしたらいいのか」「やる気のない子をどうひっぱればいいのか」など、授業ではできない「学び」がたくさんあった。

生徒会主導の「生活改善要求活動」も活発となり、自動販売機の飲料選定では、ヨーロッパのプロサッカーチームも公式飲料としていることを調べ上げて、多くの生徒が希望する「炭酸飲料」を入れることを実現。小さな要求でも実現させた成功体験の積み重ねが、「運動によって社会を変えることができる」というモチベーションにつながっていくのだと思う。

「いばしょ」と感じられる環境を

小学校内学童保育の支援員で、少年少女センターの子ども会活動にも参加している小島さんは、「おとなの都合でやめない、あきらめない」かかわりができる「いばしょ」をつくることが必要であると考え、２０２１年４月、一軒家を購入、子どもたちのフリースペース「ひだまりの家」をオープンすることにしました。コロナ禍の学童保育での子ども・親との生活をふり返り、「いばしょ」づくりの一歩を踏みだした経緯を次のように語ってくれました。

・学校は休校になったのに学童保育はオープンする。来られるのはエッセンシャルワーカーの子どもだけで、仕事を休めない保護者の子の通所を断らざるをえない。
・新年度、１回も学校に行っていないのに、学校から出された課題をさせることに。
・「子どもの体験の機会」と「子どものコミュニケーション」

に関する制限に心が痛む。「離れて遊びなさい」「おやつは向かい合わずに黙って」など、群れて密着して遊び暮らす子どもたちの育ちと逆行する指導がくり返された。
・友だちとの距離感がつかめなくなり、トラブルやケンカが多くなる。
・成功体験や失敗体験が少なく、問題を自分たちで解決できない。
・親たちのコミュニケーション、コミュニティも崩れてしまった。子どもが「友だちと遊びたい」と言っても「親のことを知らないからダメ」と。
・大人の都合で子どもの遊び、体験を制限したり、選択肢を狭めてしまったりすることは、「子どもの生きる力、発達する権利」を阻害することになる。
・子どもの権利を尊重し、「自由に過ごせる場」「こうしたい、あーしたいが言い合えて実現できる場」「楽しいと感じられる場」「子ども自身が『いばしょ』と感じられる場」をつくることが「子ども時代」を保障することにつながるのではないか。

基調提案と3人のレポート報告を受けて、7人の会場発言がありました。

・なぜ勉強するのか、勉強も遊びも同じように楽しいもの。
・多様な子どもたちがインクルーシブにつながれる場としてプレイパークのようなものが必要。そのための組織づくりのあり方や具体的なとりくみを知りたい。
・公立小学校よりオルタナティブスクールのほうがのびのび育つのではないか。
・大学生もオンライン授業でかかわる機会が少なかった。失敗体験が少ない大学生も多く、指摘することが難しい。教員になったときに子どもたちのトラブルにアプローチする方法を知りたい。
・コロナで感じたことは、「いのち」とは何かを子どもたちに伝えたいということ。自分のからだを信じること、私たちってすごいねって言い合いたい。

最後に、コーディネーターより以下のようなまとめがありました。

子ども時代に必要なのは、安心と憧れが育つ環境＝「ひと・もの・こと」があることです。子どもの権利を大切にする「ひと」がいて、多様な他者（ひと）への「あこがれ」が育つ場をつくらなければなりません。学校・学童保育・子ども会少年団・ひだまりの家のようなフィールド（もの）が子どもの権利と発達にかなうことが必須であることは言うまでもないでしょう。「ゆっくり、のんびり、じっくり、わくわくする生活づくり」や生徒会を軸とした自治的活動、「こうしたい、あーしたい」を実現する活動（こと）がゆたかに展開されることが主体者・主権者として子ども時代をつくっていくことにつながります。

〔神代洋一〕

参加者：会場35名、ウェビナー13名、サテライト2会場10名、計58名

【＊】ミヒャエル・エンデ『モモ』大島かおり訳、岩波少年文庫、2005年。

教育フォーラムB

どうする？ 教育DX

はじめに、コーディネーターの児美川孝一郎さん（法政大学）から基調報告がありました。教育DXは、Society5.0という財界の欲望がアベノミクスと融合し、経産省による周到な準備の上にコロナ禍がビジネスチャンスとして機能し、GIGAスクール構想として展開したもの。教育ICTは巨大な成長産業で、この市場に参入することは財界の悲願、それを後押ししたのが経産省・内閣府・首相官邸という構造であると説明されました。つまり、公教育を「市場」として開放するとともに、企業による営利活動を自由におこなうこと、学校を縮小・解体して社会全体を「未来の教室」にしていくことを目的とし、「新しい戦前」を支える力ともドッキングした「デジタル統治社会」へと突き進んでいくことを指摘しました。

そもそも教育課程の編成権は学校にあり、ICTが学校現場と教師の理想とする学びを実現するために有効であれば、積極的に活用すればよいこと。活用の強制、内容の強制には反対していくべき。教育DXは、学校は何のためにあるのかが問われている問題。教育をサービスだと認めると、教育DXが流行っていく。本来の公教育には、ともにつくりあげていく参加と共同の学校づくりの視点が大切であり、そのことに教育DXは取って代わることはできない、と希望が語られました。

峠綾香さん（大阪・小）は小学校で担任をしています。1人1台端末の整備によって、教員が端末の設定・修理・環境整備等に日夜追われ、多忙化に拍車がかかったこと。ICTを使って何か力がついたという実感が持てない。学習につまずきがある子どもほどICTに固執し依存度が高く、本来の学びの時間が奪われていること。教師の成績処理等の業務効率化のためのICTではなく、子どもの成長・発達のために使うことが大切であること。ICTを使うときは、子どもたちと一緒に考えながら使うことを通して、自分をコントロールして依存しないことが大事で、使われるのではなく使う力

をつけていきたい、と報告がありました。

滝川洋二さん（ガリレオ工房）は、討論のある授業で、学生の考えをつかみ、どう討論を組み立てるかを考えるためにＩＣＴを使っています。「折り紙の銀紙は電気をよく通すか」の課題に対して、自然科学の基本的事項にもかかわらず、東京大学の理科教育法という理系の学生でさえも半分近くが誤答。ＡＩは知識は教えてくれるが、考えることはできない。概念は押しつけても形成することはできない。「知りたくなって使いたくなる」ことが必要。子どもたちの知りたい心に働きかけることこそ教員の仕事である。ＡＩの時代だからこそ、ＡＩにはできない教員の仕事をしていこう、と呼びかけました。

岡田尚子さん（新日本婦人の会・東京）は、高校生と大学生の保護者です。先生たちが多忙で余裕がない中でのオンライン授業で、子どもたちがストレスをためている実態。さまざまな教科にわたり、膨大なプレゼンテーション資料を作成している高校生は、まるで企業戦士のよう。アプリの不具合のために英語の発音テストでＡＩの判定では何度やっても合格できず、先生に直接聞いてほしいと申し出たが、受け入れてもらえなかった事例から、ＩＣＴでは先生と子どもが向き合うことが阻害され、信頼関係が築けないこと。都立高校入試のスピーキングテストにおいて、自分の個人情報のゆくえも最後まで開示されなかった実態を報告しました。

吉田典裕さん（出版労連）は、デジタル教科書の問題点を報告。教育現場がデジタル教科書の長所・短所、紙の教科書との使い分けがなどの習熟が不十分なまま、使用を押しつけるのは問題。文部科学省のデジタル教科書使用状況調査によれば、英語は１００％としながらも、2位3位の数学・算数は30％台という実態。しかも検定のあり方がまったくわからないまま、政府はメリットばかりを強調。ＶＲ・ＡＲ等の商品化という、財界の要求を背負った経産省は制度整備を焦っている。デジタル教科書が急速に広がっているが、紙の教科書と同様に不当に安い価格設定がおこなわれれば、教科書発行者の淘汰《とうた》につながりかねない、と指摘しています。

会場に１４０人、オンラインを合わせて１７４人が参加しました。以下、討論の概要です。

○学級崩壊クラスのＩＣＴの使用率が高い。ＩＣＴを使うと一見静かになる。学級崩壊とＩＣＴ使用に関連性があるのではないか。デジタル教科書については、共通化しているものしかデジタル教科書にならない。『女工哀史』など取り上げられない。教材研究はしなくてもよくなる。教師の力が落ちていく。

○ＩＣＴを使いこなす力とは何を指すのか。企業がつくった教材を選択することが教材研究か、ただコンテンツを消費すればいいのか。子どもたちの成長・発達を考えて使うか、使わないかも含めて決めていくべき。

○ＥＤＩＸ東京（教育関連ＩＣＴ商品の展示会）で、アマゾンが、教育データ一元化や、職員会議も録音してデジタル化することを宣伝。一方、ユネスコは今年7月、グローバルエデュケーションモニタリングレポート２０２３「教育におけるテクノロジー」を発表し、学校でのスマホの禁止を呼びかけている。プライバシー保護の問題も重要。指導要録は5年で廃棄なのに、吸い取られた個人情報は一生残っていく。

○情報処理能力はＩＣＴだけを指すわけではない。板書の力は、論理的な過程を示す情報処理能力である。

○バイタルデータ等が計器で何でも測れて、評価できるとされていることに危機感を持っている。

○ＧＩＧＡスクールが始まり、Ｗｉ-Ｆｉやタブレットで頭痛や吐き気、めまい、思考の低下、いらいら、眼の痛み、心臓の痛みで苦しむ子どもや教員が、登校できなかったり、仕事を辞めざるをえなかったりしている。（チャットでの投稿）

等、活発な意見が交流されました。

抑えつけられている教育現場で、物言えぬ教師がつくられていることが教育ＤＸの背景にあるのではないか、教師が脱専門家化させられていくプロセスをどう考えていくか、一斉授業は本当にだめなのか、これまでの教育運動の優れた教育実践、日本の教育遺産はどれだけゆたかなことをおこなってきたか、自信を持ってよいのではないかと確認し、フォーラムを閉じました。

〔金井裕子〕

教育フォーラムC

多様性を尊重する社会と教育とは

「多様性を尊重するとはどういうことか」という昨年から引き継いだテーマについて、はじめにコーディネーターの中村雅子さん（桜美林大学）から説明がありました。さらに、本フォーラムで話し合いたいこととして、○不登校や自殺の増加など危機的状況にある子どもたちのいのちと発達を保障する教育とは、○国連障害者権利委員会の総括所見を、多様性を尊重する教育につなげるには、○多様性、共生をどう学ぶか、の3点が提示されました。そして、画一化による子どもの排除や、習熟度別編制など子どもを「分ける」教育がおこなわれている現状の中で、一緒に学ぶことの意味やそれを保障する教育条件を考え合おうという提起もありました。続いて3人のシンポジストの発言をもとに、会場とオンラインをあわせて161人の参加者で活発な討論をしました。

荻野悦子さん（登校拒否・不登校を考える東京の会世話人）は、生きにくさを抱えた子どもたちや家族の苦しさに向き合う経験から、学校や教職員に求められることは何かと問いかけました。大人が「学校に行かせたい」と思っているとき、学校に行きたくないという子どもは命がけの問いを発していることに気づかなければならない。行きたくないなら学校に行かなくてもいいと親が腹をくくれたときに、子どもは安心して自分で登校するかどうかを決めていけるようになる。今の学校は、子どもも親も不安を抱えざるをえない場所になっているのではないか。必要なのは、対症療法的な不登校対策ではなく、学校や社会のあり方を変えることで、学習指導要領にしばられ受験制度に子どもをかりたてる社会こそを変えるべきで、子どもたちのあるがままの姿や一人ひとり違う子どもを認めることが大事だと語りました。

高野慎太郎さん（自由学園）は、多様性をどう捉えるかを自身の実践やとりくみをもとに体系的に整理しました。それぞれにバラバラな違う人たちがいると認識するだけでは多様性を尊重したことにならない。それぞれの人を社会的な文脈

の中で捉えることができているのかが問われる。学校現場で多様性をゆたかさに変えるためには、教師の「構え」が重要になる。マニュアルやルールの話になりがちだが、生活綴方教育のように、学校空間を「書き言葉」ではなく「話し言葉」の世界でつくっていくことが大事になる。教員の自治がある学校は、最後まで子どもの抱えている問題などに対応できる。マニュアルがなくても、教員の自主性が尊重される学校では、情報をキャッチした教員によって、子どもたちの多様性への対応ができているのではないかと語りました。

石和淳雄さん（滋賀・小）は、子どもはまさに多様であり、毎日、子どもたちの姿に触れることができることはそもそも楽しいことであるはずなのに、行きたくない学校になってしまうのはなぜだろうか、と問いかけました。教育政策として、学力テストを悉皆《しっかい》実施に戻したこと、改定された教育基本法が「教育振興基本計画」の策定を規定し、国の「指標」が示されるようになったことなどにより、教育や教員の画一化が進行したことをその要因として指摘しました。しかし、例えば「１００％の子があいさつする」などの数値目標にしばられる学校になってしまった中でも、そのような目標を果たすために教員になったのではないはずという信頼を同僚に寄せていきたいと、子どもの気持ちの背景を職員で共有することを大事にしていると語りました。そして、多様性を尊重すると1つの教室に複数の教育課程が存在することになることと、子どもと向き合っている教員に光があたらない現状を指摘して、ひとりひとりの子どもを大事にする教育条件をどう保障するかをていねいに議論して、つながりをつくっていきたいと語りました。

フロアーやオンラインの参加者からは、たくさんの質問や発言が寄せられました。

生徒の多様性を受け入れていくには、職場の同僚間で多様性を受け入れる下地があることが前提になることが指摘されました。また誰一人排除せずすべての生徒を受け入れる学校教育を進めている現場から、子どもにも教員にも自由を保障することが必要であり、どの子も大事にしたいという気持ちで大人が子どもたちと向き合えることが、教育条件整備とともに欠かせないこととして語られました。

障害児教育の立場からは、多様な子ども同士がかかわり合う中で、集団の力で子どもが成長することが、実践とともに語られました。また、社会から排除されて権利を侵害されてきた人たちの権利の回復のために力を合わることが求められる。そのためにも、それぞれの学びの場で、一人ひとりの子どもの発達に必要な特別な教育課程を用意し、教育を発展させてきた事実を確認しようと呼びかけられました。

発言を受けて、子どもたちの願いを知ろうとすることや、そのために職場の同僚性を高め合うことを大事にしたいという思いも語られました。子どもそれぞれのニーズや発達課題に応じた実践を、主体的・自主的につくっていける学校づくりが求められること。さらに、子どもと保護者に寄り添えるゆとりのある教育条件を保障することが重要であることなど、ゆたかな討論が展開されました。

〔村田信子〕

教育フォーラムD

戦争ではなく平和の準備を

～子ども・若者とつくる平和～

ロシアのウクライナ侵攻から1年半、武力に寄らない解決を求める世界の人々の声にもかかわらず、いまだにその道すじは見えていません。国内では「安保3文書」による大軍拡など、岸田政権による「戦争する国」づくりが強行されています。

教育フォーラムDでは、情勢の本質をつかむとともに、平和をつくるための、子どもたちや青年層を含めたすべての世代の〝共同〟をどのように進めていくのかを語り合いました。

〈第1部〉戦争ではなく平和を求めて

まず、小川款弁護士（自由法曹団）が「安保三文書から見る社会のあり方と教育への影響」について報告しました。「反撃能力」とは敵基地攻撃能力のことであり、それは、敵国が攻撃に着手した段階で可能であるとされていること、これらに対する「国民の理解と協力」を得るために、教育へのはたらきかけが重視されていることを明らかにしました。

こうした情勢の具体的な例として、「21世紀に子どもたちを戦場に送らない連絡会（あきる野）」の滝川恵津子さんが、中学3年男子の自宅に陸上自衛隊高等工科学校の募集案内や自衛隊の宣伝チラシが送付されていたと報告しました。開会全体集会の講演で、全国の60％を超える自治体が18歳、22歳の情報を自衛隊に提供しているとの指摘がありましたが、15歳の情報まで提供した自治体があったということです。ただちに対市要請をおこない、反対の声を上げた、あきる野市民のとりくみが紹介されました。

その後は、戦争へとつながるさまざまな動きを高校生がどのように捉え、行動したのかが報告されました。

最初は「愛知県高校生フェスティバル」生徒実行委員長の坂田千紗さん。学校の垣根を越えて高校生が集まり、学費のことや環境、貧困・格差の問題について学び、行動してきました。ロシアのウクライナ侵攻が起こったとき、あちこちで戦争に反対するとりくみがおこなわれたのを見て、「高校生

フェス」として街に出て高校生緊急平和行動をおこないました。手を振って応援してくれる人々の姿に励まされました。

次は、大東学園高校卒業生で東京高校生平和ゼミナールOGの住田萌恵さん。沖縄修学旅行で、「沖縄の高校生は米軍基地絶対反対ではない」ことを知ったと言います。保護者が基地内で働いている子がいることや「基地があることで恩恵がある」という意見を聞いて考えたり、東日本大震災の被災地の見学やボランティアをしたりしたことが、今の自分の生き方につながっていると語りました。

〈第2部〉教育に求められていることは？

まず、コーディネーターの佐貫浩さん（法政大学名誉教授）は、「現代の危機の中核には『政治』の危機がある」と切り出し、支配階級による支配のための「政治」を、人々の共同によって、主権者の要求と意思を実現するための政治に変えていく必要があること、その力を子どもたちに保障するための教育の役割は何か、と問題提起しました。

それに応答する形で、寺本透さん（広島・小）が実践報告をしました。5年生と一緒にG7サミットの「閉幕宣言」と「広島ビジョン」を読み比べ、疑問に思ったことを出し合って討論。平和公園の碑をめぐり、佐々木禎子さんの同級生でもある被爆者のお話を聞いて学んだことをまとめて「私たちの平和宣言」をつくりました。その第一は「核兵器禁止条約へのすべての国の支持、参加を求める」でした。

高校生平和ゼミの世話人を40数年間続けている沖村民雄さんは、「高校生には2つの壁があった」と話しました。ひとつは学校の中の「政治的無関心」や「同調圧力」、もうひとつは「核抑止力論」です。そして、「学校で署名を集めて思うことは、『政治の話をすることにためらいを持つ必要はないんだな』ということ。意見が衝突することは正直面倒だし、もつれた糸を解くことは大変だけれど、大切なのは意見が違ってもいいから対話をすること。そして皆で考えつづけること」という高校生の言葉を紹介しました。

最後に、教職志望で大学院生の竹澤佑未さんが、全国の高校生との交流を通して「受験勉強に勤しんでいた」自分を見つめ直し、私学助成や平和、ジェンダーなどを「ジブンゴト」として考え、とりくむようになった経過を語りました。「学びとは、正解が与えられることであると考えていた」が、「本当の学びとは、他者との対話によって生み出され、そこでぶつかった問題に真剣に問い、向き合っていくこと」であり、「自分自身に内在化されたさまざまな問題を問うことも大事」だと述べ、教育現場から子どもたちとともに学び合っていくことが平和を希求する一歩になると結びました。

■討論とまとめ

「平和や憲法について、若者にどう話したら関心を寄せてもらえるか」など質疑応答の後、佐貫さんが、①人類は、憲法や国連憲章など、解決の方途をすでに発見しており、その学習を深め、実現していくことの重要性、②声を出す・表現することは、世界を変える最も根本的な方法であり、教育は、その力を引き出すことが求められている。1人の声を多数の声に広げていく方法論をさぐっていこうとまとめました。

オンラインを含め105人が参加しました。

〔糀谷陽子〕

教育フォーラムE

地域の学校を守る共同の力
～統廃合、民営化ストップ～

東京で強引に進められようとしている新自由主義的教育改革、多くの区市で強引に進められようとしている学校統廃合、英語スピーキングテスト等の市場化・民間委託、私学や障害児教育の現状を共有し、改革への対抗軸として、私学を含めた公教育を拡充させる共同の可能性について展望していこう、という目的でこのフォーラムはおこなわれました。

コーディネーターは、山本由美さん（和光大学、東京自治問題研究所）、5名のシンポジストの方が報告をおこない、司会は吉田孝則さん（事務局・東京私教連）が担当しました。

産業構造の転換に対応した「改革」

東京都では、大企業が求める「人材」育成のために、全国で最も先行的に新自由主義的教育改革がおこなわれてきました。その背景には、１９７０～80年代に製造業、小売業からサービス・情報・金融業などへの劇的な産業構造の転換がおこなわれ、必要な「人材」とそのための教育システムに大きな改革が求められたことがありました。１９９０年代後半から、誰にでも平等な教育サービスを提供する公教育制度が掘り崩され、同時に、公教育に新たな民間の「市場」がつくられてきました。特にエリート養成に重点的に資源配分するために、非エリート層の子どもたち、障害を持つ子どもたちなどの条件整備は劣悪なものにされてきたのです。

学校統廃合は、経済効率性から地域の小規模校を再編する意味を持ちますが、それだけでなく、学校自治、および小学校区を中心に形成されてきた住民自治を破壊します。それが「改革」の最大の障害物になるからです。

公共施設再編に押される学校統廃合

さらに２０１４年からスタートした「地方創生」政策のもと、総務省に自治体が計画を「要請」された「公共施設等総合管理計画」により、多くの学校や教育施設が再編のターゲットになっています。対抗軸として公教育を守る運動の可能

性を見ていく際に、まず学校統廃合に反対する保護者、住民、教職員、そして何より子どもたちの共同が挙げられます。

町田市の新井利行さん（町田市民、元保護者）の報告では、従来「12〜18学級」だった町田市独自の学校「適正規模」を勝手に「18〜24学級」に拡大し、市内3分の1の学校を廃校にしようとする子ども不在の統廃合計画の非合理性と、それに対する市民の反対運動について報告がおこなわれました。この背景にある、町田市が積極的に進める公共施設等総合管理計画に基づいた施設再編には、民営化のＰＦＩ（パブリック・ファイナンス・イニシアチブ）の手法が多用されています。荒井さんの住む本町田地区では3校の決して小規模ではない小学校（４００人規模の学校を含む）が、校舎の老朽化と独自の統合基準を下回る学校があることなどを理由に、統合されようとしています。このままいくと２０２４年度にＰＦＩの企業が選定されてしまう危険性があります。市民と教職員組合が共同して、対象校になった各地で運動を進める姿が紹介されました。

さらに特別企画として、高知県四万十市から、前日に、文科省と子ども家庭庁に中学校統合に反対する意見を述べるためにやってきた、子どもたち7名と保護者2名によるフロア発言がおこなわれました。現在、生徒数11名の中学を、津波被害を受けない安全な高台に上げて存続させるために「子どもの意見表明」が行使されたケースです。

「グローバル人材」の中身は

財界が求める「グローバル人材」の要件を薄っぺらな「英語力」ととらえ、生徒に強制するとともに、新たな市場を開拓しようとする都立高校スピーキングテストに対して、「都立高校入試へのスピーキングテスト導入の中止を求める会」の沖浜真治さんから「都ですすめられている企業による英語スピーキングテストの問題点と中止に向けた運動」の報告がおこなわれました。

都教委はベネッセ・コーポレーションと協定を結び、2022年度に全公立中学3年生を対象に中学校英語スピーキングテスト（ESAT－J）を実施し、その結果を2023年度に都立高校合否判定に活用しました。それは、①得点の内実がわからない、②不受験者につけられる「見込み点」には統計的根拠がない、③音漏れがあった、④出題範囲が指導要領を超える、⑤情報が民間企業のもとへ集約される、といった多くの問題点を持つものでした。さらに、事前に生徒が民間企業を利用して試験準備できる家庭か、そうでないか、といった経済格差をも反映することは明らかです。それに対して、保護者を含む多くの市民による反対運動が起きました。沖浜さんは、今年度のテストから、ベネッセが撤退したことは昨年までの市民の運動のひとつの成果であるととらえ、さらに広い共同を求める運動の方向性を示しました。しかし同時に、次の委託先となったイギリスの公的な国際文化交流機関とされる「ブリテイッシュ・カウンシル」に対しては、他地域に委託・導入が波及する可能性もあるとして警戒を示してもいます。

東京都は「未来の東京戦略2023」でも、この間変わらず「グローバル人材」の養成を掲げていますが、その内実として「英語」と「起業家精神」などをあげているのみで具体的なビジョンが示されていないのが現状です。

教育の「公共性」を守るために

私立高校、大東学園の保護者である、日向祐子さんと鈴木晴美さんからは、生徒たちが積極的に23区内で私学助成を進める署名を集めるとともに、その重要性を訴える「23区プロジェクト」について、紹介がありました。私立高校が「公教育」の大きな部分を担っているのは東京の特色です。階層の高い家庭の子どもたちだけでなく、公立高校に行けなかった、あるいは行く選択をしなかった子どもたちのための「公的」な教育機関であることに代わりはありません。午後におこなわれた全体会では、大東学園の生徒たちが同プロジェクトについてリレートークに参加して、親に学費で負担をかけてしまう気持ちを率直に語っていましたが、保護者からも私学助成制度の重要性と社会的認知を広め、共同を深めることの重要性が語られました。

　最後に、「障がいのある子ども達の教育・生活をゆたかにする東京の会」の三原瑞穂さんから、「都の障害児教育の現状と、その条件拡充を求める運動」というテーマで報告がおこなわれました。

　東京の障害児教育の教室不足、施設の整備が年々悪化していること、さらに他県に比べ重度重複学級の設置率が低い、といった問題点が指摘されました。さらに近年の、東京都全体の教員不足など条件整備の課題が紹介されました。「改革」で、エリート向け「グローバル人材」養成にかかわらないところは限りなく「安上がり」に進めていく東京都の方向性が見て取れます。

　討論では、各地で学校統廃合問題に直面している教師たち、特に高校再編を抱える県の教師からの意見が出されました。また、改革が子どもにとってどのような意味を持つのか、という視点から、対抗軸の共同をつくっていこうとする方向性が見えました。

　東京では、例えば杉並区に代表されるような一部の自治体で、公共施設、例えば児童館の廃止に反対する市民の運動が新しい連帯を生み出し、保守系の首長を破って勝利するケースが複数生まれています。学校を守る地域の運動も、このような大きな流れの中に位置づけられるのではないでしょうか。

〔山本由美〕

分 科 会 報 告

＊分科会共同研究者・司会者一覧

（順不同、２０２３年8月19日現在）

分科会	共同研究者	司会者　幼・小・中・団体	司会者　高校・障害児学校
1　国語教育	九野里信夫・得丸　浩一 山中　吾郎	千葉　政典（宮城）・鈴木　康子（埼玉） 清田　和幸（山口）	上野　剛志（和歌山）
2　外国語教育	江利川春雄・久保野雅史 根岸　恒雄	堀之内麻美（千葉）・井深　晴夫（岐阜）	鈴木　裕子（和歌山）・立石　斉（佐賀）
3　社会科教育	浅井　義弘・岩本　賢治 菅澤　康雄・藤田　康郎 吉本　健一	村田紀代美（東京）・高野　毅（東京民研） 西村　徹（奈良）	加藤　健児（新潟）・田澤　秀子（長野） 谷口　春夫（兵庫）
4　数学教育	伊禮　三之・佐藤　一 林　和人・山本　佐江	中村　潤（埼玉）・門間　裕史（千葉） 北見　真弥（東京）・覺道　幸久（和歌山）	槌賀　稔（兵庫）
5　理科教育	石渡　正志・鈴木　邦夫 谷　哲弥	森山和津雄（埼玉）・伊藤　浩史（東京） 國貞　圭佑（東京）・岡林　耕平（高知）	
6　美術教育	柏倉　俊一・柳沼　宏寿 山室　光生	國枝　渉（大阪）	森内　謙（岡山）
7　音楽教育	小村　公次・中林　均 毛利　幸子	山田　慶子（東京）・大西　新吾（京都）	
8　書写・書教育	押谷　達彦・野坂　武秀		磯角　広一（北海道）・藤居　孝弘（滋賀） 井関　紗織（香川）

9	技術・職業・情報教育	阿部英之助・内田　康彦	新村　彰英（東京）	三上　賢一（青森）・谷口　行弘（大阪）
10	家庭科教育	大矢　英世・伏島　礼子	筧　敏子（東京）	辻　聖佳（大阪）
11	体育・健康・食教育	石田　智巳・金井多恵子 鎌田　克信・澤　豊治 中村　好子・野井　真吾 森　敏生	渡辺　孝之（宮城）・黒須　勝枝（埼玉） 松本　恭子（東京）・大味　祥恵（京都） 川野　朋子（大阪）	稲毛　倫世（埼玉）
A	参加と共同の学校づくり	新井　秀明・石井　拓児 土屋　直人・宮下　聡 山岡　雅博・山田　哲也 山本　由美	山田勘太郎（岐阜）・漆山　晶博（滋賀） 荻野佳津子（登校拒否・不登校問題全国連絡会） 宮本　陽子（登校拒否・不登校問題全国連絡会） 鷲海　まや（新婦人）	近江　裕之（京都）・天野　剛（山口）
B	発達・学力、教育課程づくり	植田　健男・川地亜弥子 小林　桂子・富田　充保 中妻　雅彦・中村　清二 馬場　久志・深澤　英雄 船越　勝・本田　伊克 山崎　雄介・和田　仁 渡辺　雅之	内藤　修司（北海道）・鈴木　隆（東京） 中河原良子（東京）・笹ヶ瀬浩人（静岡） 石垣　雅也（滋賀）・根無　信行（大阪） 山本　宏充（愛媛）・中川喜久子（北九州）	
C	主権者の教育と生活指導・自治活動	上森さくら・小川　京子 春日井敏之・鎌倉　博 木村　哲郎・三村　和則	中村　哲也（北海道）・津川　正洋（東京） 三野　紀子（京都）	松倉　英幸（富山）・吉井　啓介（山口）

D	子ども・青年たちの生きたい社会づくり ——平和・環境・ジェンダー平等と性を手掛かりとして	安藤 聡彦・久保田 貢 杉田 真衣・関口 久志 中嶋みさき・長屋 勝彦 前田 浪江	関本かおる（東京）・平井美津子（大阪） 畑山 和則（高知）	米家 直子（北海道）・小池 正久（山梨） 塚本 徹（静岡）
E	子どもの人権と学校・地域・家庭・文化活動	生田 周二・齋藤 史夫 塩崎 美穂・増田 修治 森田 満夫	櫻井真由美（東京）・高津 純子（北九州）	浜口 尚子（埼玉）
F	障害児教育	荒川 智・河合 隆平 木全 和巳・越野 和之 高木 尚・三木 裕和 山﨑由可里	金坂 美穂（東京）・白根 里美（東京） 文珠四郎悦子（大阪）	村井 文（北海道）・竹脇 真悟（埼玉） 野田 洋美（東京）・横尾 初美（神奈川） 松本 陵子（愛知）・櫻井 千栄（愛知） 阪倉 季子（滋賀）・荒瀬 耕輔（京都） 村上 雄一（山口）
G	青年期の学びと大学づくり	丹羽 徹・光本 滋		加藤 栄一（富山）・椎野 寿之（愛知）

分科会報告 *1*

国語教育

九野里信夫
得丸　浩一
山中　吾郎

1 課題提起　人間的成長を支える国語教育の創造
——実学化とデジタル化をのりこえるために

実学化とデジタル化

２０２２年度の課題提起で指摘した「実学化とデジタル化」という国語教育の変質状況は現在も進行しています。

高校国語の科目再編に顕著に現れている文学の軽視／実用的文章の重視は、国語教育の実学化、すなわち「役に立つ」国語の台頭を象徴しています。小中高を通じて、日常生活の文脈の中でことばを扱う活動中心の学習が推奨され、国語科で育てる力を指導要領に列挙されている「資質・能力」に抽象化・矮小化し、それ以上のことは求められていません。実学化された国語教育には、すべてのことば・表現を「情報」として一元化する貧弱な言語観しかないのです。なぜならば、そこで求められているのは、実社会で有用な「役に立つ」人材の育成だけだからです。

一方のデジタル化の進行は、小中学校においてＧＩＧＡ端末を授業で使う光景が当たり前になってきていることからも明らかです。ＩＣＴ機器使用の強制は目に余るほどで、本来は学びの手段であるはずの「ＩＣＴの活用」が目的化しています。教師が授業を構想する際、「この教材でどんな授業をしようか」と考える前に、「タブレット端末の使用場面をどこに入れようか」と思案することが常態化しており、これは本来的な意味での「教材研究」の機会が失われた状態です。さらに、既定のデジタル教材の使用によって学びが規格化・

画一化されていき、国語科で育てるのは「情報処理力」「デジタル読解力」「プレゼンテーション力」だけということになってしまいます。

このまま実学化とデジタル化が進行すれば、デジタル社会で活躍する「有能」な人材確保を目論む経産省の「学校不要論」「教師不要論」に与することにもなりかねません。

「個別最適な学び」の問題点

文科省は、経産省ほど極端な教育DX政策を打ち出しているわけではありません。しかし、文科省が推し進めようとしている「個別最適な学び」はICTの活用で実現するということが前提となっていて、デジタル化技術を教育現場に持ち込むことを至上命題としています。

バーチャル体験だけで済ませてしまう学びの貧しさと、AI的確率論で規格化することを「最適」と呼んでしまう軽薄さが、文科省の「個別最適な学び」の正体です。データ駆動型の教育により、これまでとは比較にならない精度の習熟度別学習が可能となりますが、それは「教育の個人化」であり、能力主義秩序の徹底につながります。同時に、緻密な評価システムも組み込まれており、教育格差の拡大も正当化されていきます。個別最適化論の教育観は、「能力主義競争の純化・先鋭化」をもたらすものです（中西新太郎・谷口聡・世取山洋介『教育DXは何をもたらすか』大月書店、2023年）。

文科省は、「個別最適な学び」が「孤立した学び」になるという批判をかわすために「協働的な学び」との「一体的な充実」をアリバイ的に主張しています。

しかし、そもそも学校は「協働的な学び」の場であり、同時に個別の学びを内包します。子どもたち一人ひとりは違った存在なので、「指導の個別化」と「学習の個性化」が必要だというのが「個別最適な学び」の基調となる考え方のようですが、それは的外れと言ってよいでしょう。一人ひとりが違っているからこそ、「ともに学ぶ」ことに価値があるのです。学びは常に他者に開かれていなければなりません。

ブラックボックス化

2023年7月に文科省は「生成AIの利用に関する暫定的なガイドライン」を発表しました。著作権や個人情報の保護、フェイク情報の拡散などのさまざまな問題があり、安易に使用すると子どもたちの主体的な思考を奪うデメリットもあることから、十分な対策を講じ、慎重に対応するという姿勢が示されています。今後、法整備やリテラシーの向上が進み、AIとの上手な付き合い方がわかってくれば、学校で生成AIを活用していく可能性があることも同時に示されました。

たしかに生成AIは便利です。道具として使うのは決して悪いことではありません。しかし、たとえ予想されるリスクを回避する方策が研究されたとしても、原理的に解消できない懸念が残ります。それは、もっともらしいＡＩの回答が真実なのか嘘なのかユーザーには判断できないという点にあります。なぜＡＩがそのような回答に至ったのかわからない、つまり、ＡＩの思考過程は常にブラックボックスの中にあるということです。ＡＩは私たちの生活の至るところで利用され始め、学校でも「ＡＩドリル」と呼ばれるデジタル教材が普及しつつあります。このＡＩドリルには、生成ＡＩに抱く懸念と同じものを感じます。ドリル問題の解答の正誤はＡＩが判断してくれて、その結果に応じて類題が用意されたり既習単元に遡行した問題が示されたりするのですが、そのレコメンドは子どもの応答に即しているように見えても決して内面にまで迫ることはできません。確率的に応答するのみです。教科学習がＡＩドリルやＡＩ教材に依存するようになれば、授業の形式のみならず、教科内容までブラックボックス化してしまうでしょう。

教師は一人の子どもの1回きりの発言、ふるまい、応答から、それを学級集団の課題へと意味づけなおして授業を「創造」しますが、ＡＩはビッグデータの解析から確率的に一人の子どもへの対応を「選択」するだけです。教科内容をブラックボックス化しないようにするためには、ＡＩドリル・教材を使うか使わないか、いつ、どのように使うかという選択の権利も含めた、教師の自律性と専門性が重要となります。

国語教育の空洞化＝ブラックボックス化

教科内容のブラックボックス化は、ＡＩドリル・教材が登場するはるか以前から進行していました。

１９９０年代における関心・意欲・態度を重視した「新学力観」から、２０１０年代の「アクティブ・ラーニング」につながる授業実践の系譜は、活動中心の学習観を学校現場に蔓延《まんえん》させ、教科内容を空疎なものにしていきました。国語科でも「単元を貫く言語活動を位置付けた授業」の隆盛を経て、言語活動そのものをゴールに据えた授業がスタンダードとなってしまっています。これは本分科会でも問題視してきた、国語教育の空洞化の歴史です。

現行の学習指導要領は「何を学ぶか」ではなく「何ができるようになるか」という資質・能力観で貫かれています。結果として「できるようになる」ことだけが求められれば、学びはますます空虚なものとなるでしょう。実生活の中で「役に立つ」ことばの力を身につけられれば、そこに至るプロセスは文学や作文である必要はなく、他のもの（例えば実用的な文章）でもよいということになり、「読まない文学教育」「書かない作文教育」が、さらに進行していくことになります。

実学化を伴った国語の教科内容の空洞化は、ＡＩ教材によるブラックボックス化と本質的に同じ問題を含んでいるのです。

本分科会で議論したいこと

実学化とデジタル化をのりこえるために本分科会で議論すべきことをまとめると次のようになります。

１つは、国語科は何を学ぶ教科か（教科内容）を明らかにすることです。ブラックボックスのままにせず、何のために国語を学ぶのかという根本から議論する必要があります。

２つは、自明のこと（と思っていること）をあらためて確認することです。本分科会では、国語科の学びを「言語の教育」と「言語活動の教育」の２本柱の構造として捉え、「文学を文学として読む」「書きたいことを書きたいように書く」ということを大切にしてきました。方向性には確信を持ちつつも、それらの内実を明らかにし、現代的な意義を明確にする議論が求められます。

３つは、教師の自律性をしたたかに発揮して子どもの現実に根ざした実践を追求することです。画一化・規格化された教育を打破するためには、子どもたちの生活を見つめる教師の目が必要です。国語教育の実学化・デジタル化は、ある種の人格を上からつくる教育に行きつきます。私たちは、社会に有用なデジタル人材の育成ではなく、人間的な成長を支える国語教育の継承と発展をめざさなければいけません。そのように呼びかけて、分科会冒頭の課題提起としました。

2 教科書問題

山田桂吾報告（出版労連）「いま教科書に何が起こっているか、私たちはそれにどうとりくんでいるか」は、教科書採択をめぐる贈収賄《ぞうしゅうわい》事件に対して出版労連が出した「提言」を土台にした問題提起と、事件の背景にある教科書価格の問題について報告されました。また、教科書の「慰安婦」の記述について国連から批判的な勧告が出されたことも紹介されました。

3 言語・説明文・評論分教材の実践・その他

大澤信哉報告（北海道・高）「言語活動としての『民主主義』――評論『政治の基本は民主主義』をめぐって」では、論説文「政治の基本は民主主義」（山口二郎）を、高校3年生の教室で読んでいったことが報告されました。段落ごとに、「民主主義」の本来の意味やその歴史を読み合い、「民主主義にとって『選挙』が重要な役割を持ち、『代表民主主義を機能させる鍵』」であるという主張にたどり着きます。読み取りの後、役場の方からの講演を通して「民主主義の鍵」である「選挙」について具体的に学び、模擬投票にもとりくみます。さらに「SDGsと民主主義」「世界の女性リーダー」「世界の選挙と投票率」「参議院選挙争点と公約」などについて、視聴覚教材で学びます。そして、18歳としての実際の選挙投票を通じても、「民主主義を支えるのは選挙である」ことが、どのぐらい具体化されているかを学んでいきました。

議論の中では、「生徒たちがさまざまな活動を通して『民主主義』とは何かを問い続ける実践である」「『日本では危機的に投票率が低いこと』や、『女性議員の割合は世界的に見て下から数えたほうが早い』ことなどを、具体的に学んでいる」という意見が出されました。同時に、「言葉の力」や、「論理的な文章を読む力」を、国語の授業を通して生徒たちがどのように身につけているかということについては課題が残る、という意見も出されました。

山口佳代子報告（埼玉・小）「一人ひとりの読みをいかした説明文の授業――2年生　説明文『どうぶつ園のじゅうい』」では、「どうぶつ園のじゅうい」（植田美弥）の日常生活、動物の治療などについて語られた文章を、子どもたちが主体的に読み取っていく様子が報告されました。小学2年生の子どもたちは、言葉を手がかりにしながら、ゆたかに読み合っていきます。例えば、「どうぶつがつらいところやいたいところをかくす」理由については、「かくすのは見せたくないから」「なにをされるかわからないから」「てきにひどいところをさらにひどくされないため」なのではないかと、考え合っていきます。また、「毎日の日記をつけること」が、「早めに治療にとりかかれ」「スピード速く治療できる」ことにつながる、『じゅういのだいじなしごと』なのではないかと、日記の意味を読み深めていきました。

議論の中では、小学2年生の子どもたちが、説明的な文章をていねいに読み合う実践であるという意見が出されました。同時に、各段落の内容を総合して読んでいくことの重要性についても指摘されました。筆者が説明文全体を通して語ろうとしたことは何か、その主張の中心は何かということを子どもたちが読んでいくことが、説明的文章の読み取りでは重要になってくるのではないか、という意見も出されました。

松山幸路報告（大阪・小）「説明文は題材か？教材か？」では、『『弱いロボット』だから出来ること』「固有種が教えてくれること」という説明的文章についての小学校5年生の授業が報告されました。『『弱いロボット』だから出来ること』（岡田美智男）の授業の中では、「赤ちゃん」と「弱いロボット」の共通点を比べ読みしながら、子どもたちが、「弱いからこそ人々とのかかわりをつくり出す力がある」「弱いからこそ、たがいにささえあう心地よい関係」をつくり出すことができることを読んでいきます。また、「固有種が教えてくれること」（今泉忠明）では、「固有種の存在と環境との関係」を読み深めていく様子が報告されました。

議論の中では、子どもたちが積極的に発言しながら、説明文の中の言葉や例や筆者の主張を深く読み解いていく授業のすばらしさが指摘されました。同時に、説明文の授業を通して、子どもたちがどのような力をつけていくことが重要なのか、そのことがさらに明らかにされる必要がある、という意見も出されました。

田代裕也報告（兵庫・高）「教科書文脈を離れた授業の一提案――実践報告をもとにして」では、短歌や、論説文「生命テクノロジーの甘い罠」（森岡正博）の読解、論文づくりについての高校3年生の授業がレポートされました。夏休み明けの最初の授業では、「天声人語」（朝日新聞）でとりあげられた、戦争と平和を語った短歌を読み、空欄にされた4文字を考え合います。さらに、「ヒロシマ」「ナガサキ」とカタカナで書かれることの意味についても考えていきます。疑問や謎について考え合うことが、一番の魅力であると考える田代さんの授業は、「生命テクノロジーの甘い罠」（森岡正博）に続きます。論説文を読み、「いのちの選別が出来るようになっている現実」に対して高校3年生は、さまざまに語り出します。普段あまり自分を出すことのない生徒が、「『モノ』として扱われる受精卵と、『ヒト』として扱われる胎児～私自身は、この『モノ』と『ヒト』との違いを心の有無で区分しているのですが～産まれてくるはずだった命をこちらの都合だけで絶ってしまうのは心苦しいものを感じます」と記し、他の生徒が驚き、今までとは違う評価をされるようになります。また普段はつまらなそうな顔をして授業を受けていたある生徒が、「この話を読んでなぜか体がジーンとしました。子どもを産むのは女性です。今回のこの授業は将来のことを考える良い機会にもなりました。次もしてほしいです」と記しています。

議論の中では、高校3年生が、平和や生命科学について、自分の問題として主体的に考え表現していることの素晴らしさが指摘されました。同時に、論説文の読みや論文づくりを通して、筆者の主張や論理を読み取り、検証し、論理的に考え、発信していける力を生徒たちがさらに身につけて行くことが大事なのではないかという意見も出されました。

木村恵子報告（青森・中）「古典に親しむ指導の工夫――『故事成語』を用いたスピーチ活動を通して」では、中学1年生の漢文学習の導入において、故事成語と表現領域を複合した言語活動（1分間スピーチ）を取り入れることにより、古典により親しむことができることを明らかにしようとした報告でした。中学1年生の生徒たちは、「矛盾」の書き下し文を何度も音読しながら内容を理解し、つづけて、グループごとに「温故知新」「五十歩百歩」「蛇足」などをタブレットで調べます。さらに故事成語を入れた「市長選挙の立候補演説」づくりにとりくみ、グループ内で発表し、アドバイスを受け、一人ひとりの生徒が300字程度の1分間スピーチの原稿を完成させていきました。

議論の中では、中学生や高校生にとって古典に親しむことが大きなハードルであり、故事成語などの漢文学習と、表現領域を複合した言語活動は魅力的であるという意見が出されました。同時に、「市長選挙の立候補演説」では、「故事成語」を深く読み直す契機にはなりにくく、さらに工夫する必要があるのではないかという意見が出されました。また、古語や漢字を学ぶ意味についてさらに掘り下げて考えていく必要があるのではないかという意見も出されました。

4 文学教材の実践

石川義人報告（私学・東京・小）「『たくさんの意見で、どんどんこのお話が分かってきてうれしいよ。』（あん）――集団で読む意味を考える。2年生『スーホの白い馬』の実践」で紹介されたのは、教科書教材である「スーホの白い馬」を、あえて絵本を用いて授業した実践記録です。絵本に表現されたことばと絵から引き出される、子どもたちの思いや意見を中心に据え、子どもたち相互のやりとりで授業が進んでいきます。「いやしいひつじかいのくせに」という殿様のことば（教科書では「ただのひつじかい」）にこだわった子どもたちの語り合いは作品の思想に迫るものでした。

参加者からは「語り合いのあり方が民主的であることが重要。その意味で、これは民主主義の実践である」という感想が出されました。国語の授業において、集団で文学を読むことの価値を示唆するレポートでした。

白石昴報告（和歌山・小）「音読でわかる！読解でわかる！――子どもがいきいきと取り組む授業を目指して」は、音読を中心にした2年生「お手紙」の実践報告です。教材の特質を生かし、子どもたちが音読を工夫することと、作品を読み深めることの関連をめざした授業です。

参加者から「ぜひ子どもたちの音読を聞かせてほしかった」という意見があったように、レポートの内容に合わせて分科会報告の方法を工夫することも今後は重要になるでしょう。白石さんは3年連続で本分科会にレポートを出していますが、その実践スタイルは毎回違っています。「自分の立ち位置を探しながら実践している」とのこと。来年のレポートが楽しみです。

入澤佳菜報告（奈良・小）「ごんぎつね（4年生）」では、学級の仲間とともに、文学を文学として読むことを貫いた実践が示されました。一人の読みでは到達できないことを授業でやりたいと入澤さんが願ったように、子どもたちは互いの意見に触発され、みんなで語り合うことで作品を読み深めていきました。「ごんと兵十の物語が村落共同体で語り継がれてきたことの意味を考えるのが到達点」という入澤さんの解釈に対して、参加者からは「語り継がれてきた内容を読むことこそが重要」という意見も出されたのですが、協議の時間が十分ではなくて、それ以上深めることはできませんでした。半世紀以上も教科書に掲載されている定番教材の「ごんぎつね」であっても、その解釈について未だに議論の余地があるという事実は、文学の授業そのものが真に「深い学び」であることの証左であるようにも思われます。

市野司報告（愛知・中）『『国語嫌い』を作らない授業実践——中学校国語科の現状と課題　授業を　ラクに　楽しく　面白く」には、「中学校国語科の現状と課題　授業を　ラクに　楽しく　面白く」という副題が付されています。まず述べられたのは、中学校現場のリアルな状況でした。本分科会で中学校のレポートが少ないことの背景にあるのは、授業準備すら十分にできない多忙さや、創造的な実践を封じ込める厳しい管理体制です。副題に込められた真意は、多難な中学校現場で目の前の子どもたちとの応答を大切にした実践を積み上げていくためには、「ラクにできる」ことから始め、「楽しく面白い」授業を重ねていくしかないという思いだと言います。そうであれば、GIGA端末を学習の道具として使って生徒の興味を引き出し、楽しく効率的に授業することも選択肢の1つとなるでしょう。しかし、レポートで報告された生徒たちのゆたかな表現は、タブレット端末を使ったから生まれたわけではなく、テキストとなる作品の持つことばの力と、市野さんの授業づくりの成果にちがいありません。

荻野浩毅報告（東京・小）「いま、教室で文学を読む——いぬいとみこ『川とノリオ』（6年　学校図書）」では、一読総合法による授業が詳細に報告されているのですが、それは形式的な授業記録ではなく、授業者としての荻野さんのコメントが各所に付け加えられています。授業後に子どもたちの発言をふり返り、意味づけし直すコメントは、子どもとともに学ぶ教師の真摯な態度の表れと言えます。6年生にもなると授業中にあまり発言しない子も増えてきて、そのことを指摘する参加者の意見もありました。しかし感想文を見れば、発言が苦手な子も仲間の意見を聞きながら作品と本気で向き合っていたことがわかります。荻野さんは、「川とノリオ」の授業で「自分のことば」を獲得していった明さんの姿に特に注目し、彼の言語獲得は仲間との「関係性」の構築があったからこそだと分析しています。「教室で文学を読む」ことの意味を正面から問うレポートでした。

南部真実報告（高知・小）「ニャーゴ——楽しいね　思いを自由に表現すると」は、レポーターが欠席だったため、討議しませんでした。

5　古典教材の実践

九野里信夫報告（私学・京都・高）「高校2年・古典の授業づくり——早く後期になって授業を受けたい、古典の授業をもっとしたい」というレポートは、高校2年生の生徒たちが「かぐや姫の昇天」（『竹取物語』）を読み合った授業の報告です。作品の中の古語（文字や音や意味）とていねいに出会い、古語と現代語の対応音読や暗誦《あんしょう》をくり返しながら、班やクラスの中で、作品の時代や舞台、登場人物の心理、葛藤などをていねいに読み合う報告でした。生徒たちは、「負けむや」「つかみつぶさむ」「まうで来」「おはしつるなり」などの、発音しづらい古語が、実はリアルな作品世界をつくる重要な言語であることを感じ取り、古語を手がかりにして「翁」や「兵士」の心理、「天人」や「かぐや姫」との関係を読み解いていきます。また、場面ごとに区切って読み合うことで、生徒たちは次に何が語られるのかを楽しみにしながら授業を受けています。

　議論の中では、ワクワクさせるような古典の授業であり、未知を学びたいという生徒たちの要求に沿った実践であるという意見が出されました。同時に、古典の授業では何を中心に学ぶべきかを、今後の教研の中でもさらに明らかにしていく必要があるという意見も出されました。

6　綴り方（作文）教育・表現の実践

星野由美報告（京都・小）「戦争とコロナを知っている子どもたち」では、コロナ禍に入学してきた低学年の子どもたちが、発達や生活に困難を抱えながらも自由に書き綴り、読み合う中で自分らしく成長する姿が、子どもたちが綴った日記や作文を通して報告されました。トルコ・シリアの地震や、ウクライナの戦争などについても教室で語り、子どもたちが心を寄せていく作品も紹介されました。

　池上昌作報告（高知・高）「中芸版　表現力向上トレーニング」では、定時制高校で学ぶ高校生に、社会に出るために必要な自己表現力をつけるための授業や学校行事のとりくみが報告されました。「生活体験発表会」のための原稿を書きながら、自分自身を見つめる生徒の姿や、シチュエーションを限定して2人の会話シナリオを作成する中で、コミュニケーションに対する苦手意識を克服していく生徒の姿が印象的でした。

7　分科会の総括と今後の課題

　昨年までは小学校分散会と中学・高校分散会に分かれてレポートの報告と討議をおこない、閉会時に成果を交流し合うという形式をとっていましたが、今年はすべて一堂に会して分科会を進めました。小中高校を見通した国語教育の全体像をつかむことができて、参加者からも概《おおむ》ね好評でした。提出されたレポートが少なかったから可能であったという背景もあるので、来年度の分科会の形式についてはあらためて検討すべき課題です。

各レポートの討議の中で立ち現れたのは、なぜ小学校で「ごんぎつね」や「川とノリオ」を、中学校で長田弘を、高校で森岡正博や丸山眞男や竹取物語を読むのか、なぜ子どもたちに綴らせるのか、なぜみんなで語り合うことが大事なのか、という根源的な問いでした。それは、国語科は何を学ぶ教科なのか、何のために国語を学ぶのかと問うことでもあります。問いの答えは1つではないかもしれませんが、議論の中で頻出したのは、「自己表現と現実認識」「民主主義と主権者を育てる教育」「一人では学べないことを学級の皆で学ぶ」といったキーワードでした。なぜその学びを教室に持ち込むのかと問うことは、どんな社会をつくりたいのか、どんな生き方をしていくのかを考えることにつながります。国語科の学びは平和で民主的な社会とゆたかな生き方を創造する営みであり、国語科で育てる「ことばの力」は悪しき常識を切り崩す「武器」となるのです。子どもたちを歴史の創造主体に育てるという国語教育の現代的意義をあらためて確認できたことは、本分科会の大きな成果です。

小中高における国語教育でめざすものが見えてきた一方で、どのような「ことばの力」をどのように育てていくのかという、全体像を見据えた系統性を模索することが次の課題となります。それを明らかにしていくことが、実学化とデジタル化に前のめりになる皮相浅薄《ひそうせんぱく》な教育観への対抗軸となりうるからです。

また、今年も各地の報告から浮き彫りになったのは、学校現場の厳しい現状です。小中高の校種を問わず多忙化と管理強化が進んでおり、教師の自律性と専門性がますます求められます。どんな社会をつくりたいのか、どんな生き方をしていくのかというのは、私たち教師にこそ突きつけられている問いです。人間的な成長を支える国語教育を継承・発展させていくためには、民主的な職場・社会を希求し行動することも同時に必要となります。

大きな成果と重要な課題を確認して、国語教育分科会は閉会しました。また来年、全国から持ち寄られる優れた実践に学びながら、国語教育の本質について議論し合うことが楽しみです。

【レポート一覧】

		山中吾郎	共同研究者
①	北海道	大澤信哉	高校
②	青森	木村恵子	中学校
③	埼玉	山口佳代子	小学校
④	東京	荻野浩毅	小学校
⑤	愛知	市野　司	中学校
⑥	京都	星野由美	小学校
⑦	奈良	入澤佳菜	小学校
⑧	大阪	松山幸路	小学校
⑨	兵庫	田代裕也	高校
⑩	和歌山	白石　昴	小学校
⑪	高知	南部真実	小学校
⑫	高知	池上昌作	高校
⑬	私学(東京)	石川義人	小学校
⑭	私学(京都)	九野里信夫	高校
⑮	全国	山田桂吾	出版労連

●課題提起：人間的成長を支える国語教育の創造――実学化とデジタル化を乗りこえるために

●言語活動としての「民主主義」――評論『政治の基本は民主主義』をめぐって

●古典に親しむ指導の工夫――「故事成語」を用いたスピーチ活動を通して

●一人ひとりの読みをいかした説明文の授業――2年生　説明文『どうぶつ園のじゅうい』

●いま、教室で文学を読む――いぬいとみこ『川とノリオ』(6年　学校図書)

●「国語嫌い」を作らない授業実践――中学校国語科の現状と課題　授業を　ラクに　楽しく　面白く

●戦争とコロナを知っている子どもたち

●ごんぎつね(4年生)

●説明文は題材か？教材か？

●教科書文脈を離れた授業の一提案――実践報告をもとにして

●音読でわかる！読解でわかる！――子どもがいきいきと取り組む授業を目指して

●ニャーゴ――楽しいね　思いを自由に表現すると

●中芸版　表現力向上トレーニング

●「たくさんの意見で、どんどんこのお話が分かってきてうれしいよ。」(あん)――集団で読む意味を考える。2年生『スーホの白い馬』の実践

●高校2年・古典の授業づくり――早く後期になって授業を受けたい、古典の授業をもっとしたい

●いま教科書に何が起こっているか、私たちはそれにどうとりくんでいるか

分科会報告 *2*

外国語教育

江利川春雄
久保野雅史
根岸　恒雄

1　基調提案・外国語教育の現状とあり方

4年ぶりに会場での対面方式で実施された2023年の分科会は、会場の教室が満杯となる延べ約80人が参加し、活発な討論が展開されました。レポートは15本（小学校2、中学校5、高校8）で、昨年の10本、一昨年の7本を大幅に上回り、質も高く、若手教員の報告が多かった点が特徴です。

はじめに、共同研究者より以下の基調提案がなされました。

①政府・財界のエリート「グローバル人材」育成策によって、中学校の語彙の2倍化など、新課程の英語は著しく難化。文部科学省の調査でも、英語が「わからない」「嫌い」な中学生が増え、小学校も教科化後は英語が嫌いな6年生が8％も増加。

②一人も見捨てない学力保障が今まで以上に重要。自己表現、教材の創造的・効果的な活用、仲間と心を通わせ・助け合い・学び合う協同学習を取り入れ、人間形成と学力形成のための外国語教育をめざそう。

③ＩＣＴやＡＩ（人工知能）の負の側面も理解しつつ、その効果的な活用法を共有し、ことばと文化との関係を踏まえた「ＡＩにはできない外国語教育」のあり方を考えよう。

④現行の学習指導要領は完全な失敗。悲惨な実情を広く国民に知らせ、言語材料のスリム化を含む政策転換を求めよう。

〔江利川春雄〕

2　小学校外国語教育と小中連携

松井智恵報告（高知・小）「わくわく楽しい外国語活動を目指して」は、大豊町の義務教育学校での実践で、①子どもたちに楽しく、教師も楽しむという目標で、②１、２年生でも無理のない活動を継続、③ゲーム等で、英語と日本語で自己表現させる、④友だちや異学年との交流で楽しく学ぶなどが大事にされていました。これらが相乗的に働き、子どもたちは「だんだんと英語が好きになってきた」ということでした。

かなり自由な外国語活動がおこなえる背景として、①学校や学科に自由が保障されているように見える、②英語教員の連携（授業公開、「困ったらすぐに聞ける」他）、教科の協同性が実践を支えている、③学校全体に「子どもを主人公にする」校風があるように感じられました。「9年間の学びがつながるように、他の学年とも連携し、楽しい外国語活動を引き続きめざしていきたい」とまとめていました。学ぶことのたいへん多い報告でした。

誂間恵里子報告（埼玉・小）「相互理解を深める表現活動」は、特徴として、①学ぶ意義のある教材を使い、学力を定着させる、②本当のことを学び考え、生きる力を高める、③英語教育の目的を考え、深い学びを追求している、等があげられます。

実践①「世界を知ろう」では、ＳＤＧｓを学び、世界の国・人との関係を英語と日本語で発表して交流。英語力を高めながら、世界の現実を学ばせています。実践②「ラストスピーチをしよう」では、6年生3学期に書きためた英文（尊敬する人物、中学校でやりたいこと、将来の夢）を発表するスピーチ大会にとりくみ、ほとんどの児童が暗唱しておこない、互いの作品から学び合いました。自己表現と協同的学びを実現していました。

小中連携の課題は多いですが、特に小学校で、人間を育てることと外国語への関心・英語力を高めることの両立をめざしていく大切さが確認されました。

（根岸恒雄）

3　学習指導要領と中学校英語

大松弘明報告（和歌山・中）「中学校で行った英語アンケートの結果について」は、２０２２年に和歌山県の中学校英語教員全員におこなった調査（107人回答）の結果と考察です。内容は衝撃的で、現行学習指導要領と英語教科書がどれほど中学生と教員を苦しめているかをデータで示しました。

教科書への評価（複数回答可）で最多は「内容が難しくなった」の70％で、「易しくなった」は０％。「盛りだくさんで精選が必要」が64％、「授業しにくくなった」も35％で、「授業しやすくなった」は７％だけ。英単語は「多すぎる」69％に対し、「適切」17％、「少ない」０％。

エリート育成策を進める政府が小学校の外国語を教科化し、中学生が学ぶ語彙を倍増させたことが、学力格差の早期化、中１ギャップの深刻化、英語が「わからない」「嫌い」な生徒の増加、教員の疲弊を招いています。政策転換を求めるための有効な武器となる報告でした。

倉木綾菜報告（福岡・中）「学力調査に対応する授業にあらがってみたいけれど」は、学習指導要領と国の学力調査への対応を求める教育委員会の「強い指導」によって、上への忖度《そんたく》と、授業の自由度が狭められている深刻な状況が報告されました。

それに抗うべく、どの生徒も主体的に参加し、ワクワク・ドキドキする次のような実践が報告されました。①文構造の理解や発音カタカナ表記の活用で、内容をとらえて音読する練習、②小集団でのリーダーズ・シアター方式での読み合わせ、③多様な生徒に対応した3コース選択制など。どれも工夫に満ちた内容で、生徒への温かな目線が伝わってきました。

上から要求される英語力をつけるよりも、生徒に「こうしたらわかるよ。一緒にやろう。わかるようになってよかったね」と思わせる授業をしたい。そう締めくくる感動の報告でした。

〔江利川春雄〕

4　教材の創造的な扱いと自主編成

(1)　書く力・自己表現

堀米美恵子報告（大阪・中）「教科書本文を使ったReading指導——自己表現活動を楽しむ授業」は、英語への「好き」を増やすために、学力＋主体性向上の授業づくりを展開した実践報告。教科書の本文を活用し、①聞きながら読む、②英問英答による読解チェック、③音読指導の3点を強化しました。教師作成のプリントに受動的に答えさせるのではなく、生徒が主体的に授業用ノートを作成することで、質問文作成やサマリーライティングができるようになりました。仲間と協力し合い、話す・書く領域では自己表現活動を増やしました。

驚きの効果です。1年前と較べ、「英語で会話することが好き」「文字や単語を書くことが好き」「英語の文を書くことが好き」のすべてで肯定的な回答が増えました。英語が苦手な生徒が「単語が覚えられるようになった」と書いてくれました。報告は「生徒は自分の考えがうまく表現できるようになり、英語を書くことへの苦手意識の低減につながった」で結ばれています。自己表現力の大切さを再確認させる卓越した実践でした。

（江利川春雄）

（2）教材の読み取りと創造的な扱い方

斉藤貴子報告（埼玉・高）「高校3年生コミュニケーション英語Ⅲの授業――対話により理解を深める工夫」は、報告者が急に参加できなくなったため、報告資料を共同研究者が代読する形で進められました。

報告の副題は「対話により読解を深める工夫」となっていて、生徒自身が「自立した読み手になる」ことを目標に、『Vivid』（第一学習社）の「A Lucky Child」を精緻に教材研究し、国際司法裁判所の元判事トーマスが、少年時代に収容されたアウシュビッツから生還して家族と再会するまでの数奇な運命を、生徒とともに読み進めるために、次のように深く本質的な発問をおこなって参加を促していきました。例えば「主人公はどうして“I was lucky to get into Auschwitz.”と言っているのか」「なぜ、ホロコーストを生き延びた人の義務なのか」「人間への寛容と敵意とは」「道義的責任とは」等です。教室に実際に足を運んで、授業の様子を拝見したいと強く思わせる力を持った報告でした。

田中匡志報告（島根・高）「第2学年16R　コミュニケーション英語学習指導案」は、２０２２年10月に旧課程の高校2年生「コミュニケーション英語Ⅱ」でおこなった授業実践について、学習指導案と授業プリントを中心に報告したものです。『Prominence』（東京書籍）の「Taking the Sting of Jellyfish」を教材とした授業で、クラゲの動画を効果的に提示することによって、本文の内容を「知りたい、読みたい」と思わせる導入の工夫が印象的でした。オワンクラゲとベニクラゲについて生徒各自が調べた内容を、教科書に出てくるキーワードを使って英語で説明し合う活動については、「ベニクラゲは不老不死（immortal）である」という内容を伝える際に、immortalという単語の難度が高く、口頭でのやりとりに適さないので、Benikurage lives foreverのように既習の語彙を活用して平易な英語に言い換える工夫の必要性も話題となりました。

(3) 聞く力、話す力

菊池敦子報告（東京・中）「タブレットで写真を見せながらのスピーチ――話せた喜びをみんなで共有するために」も、報告者が急に参加できなくなったために、実践をよく知る参加者が代わりに報告するかたちで進められました。

「学習した文法事項を使って、自分のことを表現して初めて英語を使う喜びを感じられる」という考えから、文法シラバスと内容シラバスの融合をめざし、定期考査ごとにスピーチ活動を実施していきます。1年は、自己紹介（be動詞→一般動詞）→好きなキャラクター→思い出紹介→偉人紹介。2年は、レストラン紹介→将来の夢→行きたい国→クラス調査→都道府県紹介。3年は、お奨めの歌→お奨めの本→日本文化紹介→修学旅行の思い出→尊敬する人物、となっていて、中学生の日常生活と文法事項が見事に組み合わされたテーマ配列です。また、全員が自信をもって発表できるように、4週間前から授業時間を使って準備をはじめ、3週間前には1文に対して1枚のスライドを作成、2週間前からは毎回の授業で帯学習として練習をくり返すなど、逆算的で緻密な指導が印象的でした。

〔久保野雅史〕

5 平和・人権・環境・国際理解

赤松敦子報告（山口・高）「タブレットで日常的に国際交流を英語授業に」は、「世界平和実現のための草の根の活動」を意識して、長年実践してきたノウハウが網羅された「国際交流活動のための手引書」とも言える報告でした。国際交流にとりくむ意義も多面的に明らかにしていて、28か国の学校と交流してきたことからも、赤松さんの熱意と力量の高さが感じられました。

生徒の作品や表現の交流・共有をおこなう、1段落に1つの内容を書く、作品には自分の意見や感想も入れるほか、英語教育として細かい点まで配慮して実践していることが感じられました。生徒の感想からも、「動画、ダンス、学校や日本の文化紹介、核兵器禁止条約、環境問題ほか」をゆたかに、楽しく学んでいる様子がわかりました。より多くの人たちにとりくんでほしい実践報告でした。

（根岸恒雄）

6 学力保障

佐野愛友美報告（滋賀・中）「教職1年目と2年目のあゆみ――生徒と共に過ごす互いの成長」は、教職2年目の先生が授業実践と学級づくりの報告をし、質問も出した、私たちにとってもうれしいものでした。「信頼される教師に、表現させる授業をおこなう」などを理想として追求し、生徒への対応も柔軟でした。学級通信からも「すべての生徒を大事にしている」のが伝わりました。「一人ひとりが個性を出せるようにする」「クラスに安心して過ごせる雰囲気をつくる」などの努力も継続してほしいものです。

文法説明のときの日本語使用についての質問に対し、共同研究者から「文法を日本語で説明するのを躊躇《ちゅうちょ》する必要はないだろう」というアドバイスがあり、「今後の実践の中に、協同的学びをより取り入れていくと解決していく課題も多いだろう」というコメントもおこなわれました。参加者から「実践をまとめ報告し、フィードバックも受けることが大事な学びの機会になる。続けてほしい」という期待も語られました。

小川弘義報告（新潟・高）「非進学校における英語教育の可能性と専門性――流暢さ・運用力で勝負しない」は、非進学校で教える中で、①指導が難しい原因を分析し、②どうしたら生徒にわかり、活躍させられるのかの研究結果を紹介し、③工夫した貴重な授業資料をいくつも紹介するものでした。研究熱心さと生徒を大切にする長年の実践の成果が結実したものと言えるでしょう。「ことわざを使った文法学習」の報告からは、具体的手立てがわかり、指導がとてもていねいなことがうかがえました。生徒作品も紹介され、興味深いものでした。

報告の中に、非進学校で教えるための理論的なまとめや指導のあり方が詳しく書かれていましたが、実践をしているときの生徒の様子や声、作品などがより紹介されると、実践がより説得力を増すと思われました。次の研究と実践報告がより楽しみと言えます。

〔根岸恒雄〕

7 協同学習の成果と課題

竹田育子報告（島根・高）「知識構成型ジグソー法を用いた協調学習授業指導案と実践について」は、埼玉県の先生が作成した資料を、現任校の生徒用にアレンジして、さまざまな足場架けをして成功させた実践を、ワークシート、パワーポイント資料等も含めて紹介するものでした。①本文を読むエキスパートグループでは、ほとんどの生徒が理解して、助け合って内容を共有、②課題への回答を書くPost-Writingでは多くの生徒が登場人物への思いを大切にして解答、③その文の語数も全体的に増えていて、成果があがっていることがわかりました。実践者の努力と他の先生との協同の成果と言えるでしょう。

一方、Cooperative Learning の代表的実践と考えられてきたジグソー法ですが、最近位置づけに変化が見られ、「ジグソー法はCLの中でも難しい活動」（George Jacobs 教授）のように考えられているので、「よりやりやすい多様な協同的学び（協同学習）を実践するとよいだろう」というコメントが共同研究者からありました。

〔根岸恒雄〕

8 ＩＣＴの活用と課題

大井洋樹報告（京都・高）「共に学ぶ力・自ら学ぶ力を育む授業を目指して」は、学校全体のＩＣＴ導入の流れと授業実践に関するものでした。京都府立高校では2022年度入学者からGIGAスクール構想の「一人一台端末」配備が始まり、報告者は学校のICTリーダーとして各教科での活用方法をアンケート集計するなど、学校全体のICT利活用を推進しています。英語の授業に関しては、ロイロノート(LoiloNote)、辞書アプリ、指導者用デジタル教科書を使用することで単語の反復練習をおこなう時間が確保でき、効果があがったことが報告されました。

参加者からは、紙の教科書の内容を学習者用にすべてそのまま記録した電磁的記録を「デジタル教科書」と呼び、指導者用デジタル教科書は教科書以上の内容も含むため「デジタル教材」と呼んで区別する、との指摘もありました。また、GIGAスクール構想は、教育DXや、文科省CBTシステム(MEXCBT)の導入、内閣府のSociety5.0と関連させて捉えることが重要との指摘が、共同研究者からありました。

中村吏報告(香川・高)「ICTを活用した要約活動と生徒の変化」は、自動英文添削サイトTrinkaを利用して、教科書『Power On』(東京書籍)の本文を2年生が要約する活動の報告でした。Trinkaは、英語論文等の校正用に開発されたAI搭載の英文校正ツールです。生徒たちは要約の下書きをプリントに手書きで完成し、タブレットを使ってTrinkaに入力してフィードバックを得て修正します。完成版は生徒同士で共有して相互評価をおこないます。ICTを使うことによって、①タイムラグなく他者の要約を読むことができて学びの輪が広がる、②修正してから共有できるため苦手な生徒も安心感がある、③自分なりの学習スタイルを選ぶことができる、などの理由から学習姿勢が前向きになり意欲は向上したようです。

岩﨑雅俊報告(私学・兵庫・高)「ICTを使った授業と大学院で学んだ英語教育学と新課程の類似点」は、新課程の1年生に「論理表現」を約2か月間指導した経験と感想を記述したものです。報告者は、現職で教員を続けながら大学院で学んだPPP型の指導が新課程の教科書に反映されていると主張しています。

共同研究者からは、PPP型の指導は、Presentation(提示)→Practice(練習)→Production(産出)という順序性を重視するため、理解→練習→活用という積み上げ方式が長所となる一方で、使用する文法事項が限定されるという短所もあるため、「目標言語の使用者と、目標言語を使って意思疎通できるようになる」には、タスク型の指導と組み合わせる必要性がある、との指摘がありました。

〔久保野雅史〕

9 次年度への課題

(1) 英語エリートづくりの「グローバル人材」育成のための競争・格差政策ではなく、教室を心を通わせる場とし、協同と平等の民主教育の原則で、すべての子どもに外国語のゆたかな学びを保障します。

詰め込み主義、スキル主義、個別最適化とデジタル偏重、数値目標管理主義に抗して、人間性を育てる授業の創造に努めます。そのために、協同的で主体的な学びを発展させ、教師の自由を守り、同僚性を高めます。

(2) 新学習指導要領による小学校英語の早期化・教科化、公立中学入試への英語導入、中学校語彙の実質2倍化、「英語で授業」の押しつけ、上からの到達目標設定と言語活動の大幅高度化などの問題点、および国の調査でも英語が苦手・嫌いな子どもが増えている問題を保護者・国民と共有し、政策を是正させていきます。

学習指導要領を批判的に乗りこえる目的論、教材論、指導法などを交流し合い、小・中・高・大教員の連携を追求します。

(3) 文科省による、大学個別入試への民間試験導入の補助金誘導、高校生のための学びの基礎診断、GIGAスクール構想、デジタル教科書・教材化、都立高校入試への民間試験導入などによる教育市場化に反対し、子どものゆたかで多面的な学びを平等に保障する教育の公共性を守り育てます。

(4) 愛国心の強制を含む道徳の教科化を批判し、優れた教材を通じて民主的な主権者＝歴史形成者の育成と人格形成の力となる外国語教育を進めます。

政府見解を強要する教科書検定に反対し、教科書作成に学校現場の声を反映させ、内容ゆたかな教科書をつくる運動を進めます。教科書採択への行政・管理職の不当な介入に反対し、現場での民主的な採択を推進します。

(5) 一部のエリート校への重点投資ではなく、すべての学校の外国語教育の充実に必要不可欠な予算増、少人数学級、教員定数拡充と労働時間の大幅削減、担当授業数の削減、課外指導の軽減、小学校外国語教育への専科教員の配置、教師の自主的で自由な研修の保障、教材教具の充実などの教育条件の獲得に努めます。

(6) いのちと人間性の尊さに目を開かせ、平和・民主主義・人権・環境を守り、国際理解・連帯を進める外国語教育の創造に努めます。

日本国憲法の平和と民主主義の理念を授業実践に活かし、

自主的な教材を発掘・創造するとともに、読み取り、文法、音声、自己表現、協同学習などの分野で経験交流を深め、指導・学習・評価についてのあり方を明らかにします。

（7）「外国語教育の4目的」を実践・検証するとともに、教研活動を若手教員に積極的に継承・拡大し、外国語教員の連帯を強めます。そのために、若手への働きかけ、さらに各地区、都道府県教研をより活性化させるためのとりくみを強化します。

討議のさらなる活性化・深化を図るために、レポートの表題・目的・結論の明確化と、発表・質問・討論技術の向上に努めます。子どもの変容と学びの深まりに留意し、経験の交流と情報・実践の共有化を進めます。

【外国語教育の4目的】

①外国語の学習をとおして、世界平和、民族共生、民主主義、人権擁護、環境保護のために、世界の人々との理解、交流、連帯を進める。

②労働と生活を基礎として、外国語の学習で養うことのできる思考や感性を育てる。

③外国語と日本語とを比較して、日本語への認識を深める。

④以上を踏まえながら、外国語を使う能力の基礎を養う。

〔江利川春雄〕

【レポート一覧】

江利川春雄　共同研究者

①埼　玉　詫間恵里子　小学校
●基調提案
●相互理解を深める表現活動

②埼　玉　斉藤貴子　高校
●高校3年生コミュニケーション英語Ⅲの授業――対話により理解を深める工夫

③東　京　菊池敦子　中学校
●タブレットで写真を見せながらのスピーチ――話せた喜びをみんなで共有するために

④新　潟　小川弘義　高校
●非進学校における英語教育の可能性と専門性――流暢さ・運用力で勝負しない

⑤滋　賀　佐野愛友美　中学校
●教職1年目と2年目のあゆみ――生徒と共に過ごす互いの成長

⑥京　都　大井洋樹　高校
●共に学ぶ力・自ら学ぶ力を育む授業を目指して

⑦大　阪　堀米美恵子　中学校
●教科書本文を使ったReading指導――自己表現活動を楽しむ授業

⑧ 和歌山　大松弘明　中学校
●中学校で行った英語アンケートの結果について

⑨ 島根　田中匡志　高校
●第2学年16R　コミュニケーション英語学習指導案

⑩ 島根　竹田育子　高校
●知識構成型ジグソー法を用いた協調学習授業指導案と実践について

⑪ 山口　赤松敦子　高校
●タブレットで日常的に国際交流を英語授業に

⑫ 香川　中村　吏　高校
●ICTを活用した要約活動と生徒の変化

⑬ 高知　松井智恵　小学校
●わくわく楽しい外国語活動を目指して

⑭ 福岡　倉木綾菜　中学校
●学力調査に対応する授業にあらがってみたいけれど

⑮ 私学(兵庫)　岩﨑雅俊　高校
●ICTを使った授業と大学院で学んだ英語教育学と新課程の類似点

分科会報告 3

社会科教育

浅井 義弘
岩本 賢治
菅澤 康雄
藤田 康郎
吉本 健一

1 はじめに

「教科書通りに教えろ。資料プリントも使うな!」これは新任の先生が指導教官から指導を受けた言葉です。「でもそれは違うと思うんです」と、その先生は思いを吐露されました。××をするなという縛り。授業スタンダード通りの授業。タブレットを使え、デジタル資料集を使えとの指示・命令が教育現場に蔓延《まんえん》し、授業方法までをも画一化し、国民の思想を統一して、国民統合を図ろうとする教育が席巻しています。

しかし厳しい教育状況の中でも、子どもたちの現実に向き合い、学年・学校の教職員の合意を形成しながら、父母や地域住民とつながりを大切にした教育実践が、数多く報告されました。

今年度は、3つのテーマを設定し、21本の報告から大いに学び合いました。

2 全体会Ⅰ 学習指導要領、新自由主義教育に抗して

岩田彦太郎報告(埼玉・中)「コロナ下の中学生――コロナ前とコロナ後をまたぐ3年間」は、コロナ下でもできる行事を学年で企画し催行する。その企画・運営を生徒の力に委ね、生徒の主体性を大きく伸ばす。総合の時間を活用し、S

DGsについての調査活動や被爆体験の聞き取りから、表現活動に結びつけていった実践でした。成功の背景には、学年教師集団の生徒分析と日々の雑談を含めたコミュニケーションの充実による教員の合意形成がありました。岩田さんは、コロナ下で仲間同士表現し合うことを奪われている生徒たちに、全員がステージに上がり、何かしら発言する。何をどう表現するかを考えたときに、伝える中身がなければ伝えられない。生徒たちがより切実に伝えたいと思えるような学習内容は、「人権」「平和」ではないか。これを支えるのが社会科教師の役割であり、この基礎があってこそ、本物の学びになると語りました。

戦争体験の聞き取り活動→レポート発表会→表現づくり（ナレーションのステージ発表かアート作品の展示発表）と実践は進みますが、クラス内発表会で「その際、この生徒は曾祖母の戦争体験を報告し、最後に、『この学習を通じて彦ちゃんが私たちに考えてほしいと思っていたことは何か』という項目を立てて発表していた」と書かれている点です。これは生徒が「彦ちゃん（岩田彦太郎）」の意図を忖度《そんたく》してその意に沿うように書いたということではなく、ここには教師と生徒の間の溢《あふ》れる信頼感と応答関係が表現されていると思われます。

飯田尚樹報告（滋賀・小）「琵琶湖の沖島、漁業と地場産業を考える」は、琵琶湖・沖島の複式学級で、学期途中から教科書を離れて地域の漁業を教材にして、大きな学びの成果を引き出しています。背景には、地域に根ざす学習活動を支える地域の教育力と、自由な学校文化と、管理職を含めた学校教職員の合意がありました。飯田さんは自身の実践を「うまくいかへんという感覚を持ちつつ、ゴールが見えないままやって来た実践」と評します。しかし、地域の生業と働く人たちを学校の教材文化に取り込みつつ、子どもたちに五感を通じた直接の体験・経験を数多くさせながら、社会や自然の具体相を捉えさせようとしていること。子どもたちが綴った文章を手がかりに、子どもの自然認識や社会認識を確かめつつ、同時に子ども理解を深めつづけている綴方教育を実践していること。この2点があればこそ達成できた成果が、ここにあるといえます。

飯田さんの実践では、のちに重要な教材文化となる人やモノに「偶然」出合うことが多い。漁師の小川さんから借りていた網を調査していたときに、自然と「これでどうやって魚をとるんやろう」という問いが立ち上がってきました。そのとき「偶然」漁師の北さんが通りかかる。それを見つけ、すかさず知らせたのはユウキでした。「ぼくが2年生のとき、いろいろ教えてくれはったことあるで」と。飯田さんは「すいません～。網のこと教えてもらえませんか～」と呼び止め、学習がさらに深まっていきます。ここには学習指導要領、教科書教材に縛られない教育実践の自由が、学校と地域の力で守られている様が密に表現されています。

福田秀志報告（兵庫・高）「観点別評価を授業改善に活かす――単元を貫く問いを意識して」は、高校にも観点別評価が導入され、現場の多忙化が極まっている中で、これを逆手に単元を貫く問い――現代社会の課題に通ずる――で単元を構成し、教授行為一辺倒になりがちな高校社会科授業（知識伝達型授業）を転換させようとする実践構想でした。福田さんは、授業内容を精選した上で、資料に基づく教師の説明→現代社会の課題に対する考えを深める個人思考→学習集団での交流と討論→学びを総括する意見表明（文）というパフォーマンス課題で、学びの時間を生徒に委ねる授業をつくり出しました。

福田さんは「単元を貫く問い（パフォーマンス課題）」を示した後に、「学習の値打ち」を綴っています。例えば、「この学習を通して賢い情報受信者、情報発信者になることができます」と。ここには教師の生徒への信頼（君たちなら応えてくれるはず）と生徒の自己像の形成（少し大人になった私のイメージ）という応答関係が築かれる可能性が秘められていると考えられます。

田城賢司報告（和歌山・高）「『歴史総合』と地域教材――実践例『和歌山の移民』『エルトゥールル号遭難とその背景』をもとに」は、よそごとではない、借り物ではない海外移民、エルトゥールル号事件など、地域に根ざした教材で高校生の視野を広げ、地域と日本と世界の歴史を貫こうとする歴史総合の実践でした。生徒たちは固定的で否定的な和歌山のイメージを持っていたことが、書かれています。曰く、「和歌山は田舎」「みかんと梅くらいしかない和歌山」と。田城さんはこの一連の授業で、「実践において生徒の反応をもっとも感じたのは、①移民・遭難事件いずれも和歌山の人々の海洋民としての特性に触れた部分、生徒にとって地域の新たなアイデンティティを発見した場面。②移民2世としてどう生きるかといった個人、一人の人間が見えてくる場面」の2点であり、地域教材の有効性は、生徒自身が歴史の主体である認識に深くかかわり、歴史の主体としての認識を育む点において、その意義が最も大きいと述べました。

報告の最後で、「土井隆義氏の論考によれば、現代の若者は地元志向でありながら、その地元、地域は擬似的なもので、ときとして排他的なメンタリテイを生むこともあるという。その上で『地元にも世界と結びついた歴史があり、その歴史の堆積の中で自分も生まれ育ってきた事実』を知ることの必要性を説いている。本稿の趣旨はおそらくこの点とも符合している」と述べています。郷土史教材が愛国主義と排外主義に絡めとられかねない状況の中、地域史教材が育てうる歴史認識と歴史意識の質が問われていることを指摘しておきます。

西村徹報告（奈良・小）「小学校『江戸時代身分制』の授業――『部落史観の見直し』を経験してきた者として…」は、小学校6年生で江戸時代、身分制度の確立をどう教えるか。歴史研究の進展とは裏腹に、未だにくり返される部落問題の政治起源論の克服をめざした実践報告でした。西村さんは、自分自身が学んだ江戸時代身分制の授業を、教師となった自分もそのまま子どもたちに教えてきた。それは「①江戸幕府は、士農工商の『身分』をつくった（近世権力創出説）、②『士』が一番高い身分だったが、『農工商』の間にも『農→工→商』の順に身分の差をつけた、③『農工商』の下に『さらに低い身分』をつくった、④農民は重い年貢を課せられて、生活は苦しかった、⑤『工商』の町人たちは、身分こそ農民より低かったが、生活にはゆとりがあった、⑥『さらに低い身分』の人たちは、条件の悪いところに住まわされ、田畑も持たせてもらえず、みじめな暮らしを強いられた、⑦このような『身分の仕組み』を押しつけることで、どの身分の者にも、『あいつらよりまし』と思わせることができ、不満が支配者である武士に向くのをそらすことができる（分裂支配論）」というもので、「『江戸時代ってどんな時代だったか?』について学ぶ授業ではなく、『部落差別のルーツ』を教える手段としての『つくられた江戸時代像』を教え込むために存在していました」とふり返りました。

しかし、鈴木良『教科書の中の部落問題（増補改訂版）』（部落問題研究所、1990年）等の著作により、「日本社会の発展の中から、百姓と町人といった身分が生まれました。それは社会的分業の発展を示しています。そして、中世から近世に向かう社会発展の中で、『えた』『非人』などの賤民身分も生み出されてくるのです」と近世身分制の歴史認識は大きく変更されていきます。

西村さんは、江戸時代の百姓・町人の生き方、暮らしは、前の時代の室町・戦国時代のそれと比べてどう変わったのか、それは彼らにとってどう受け止められるものであったのかを中心に据えた授業を展開し、同縮尺の城下町図（安土城下、大阪城下、江戸城下）を準備して実践しました。子どもたちは、「わかりやすい」「考えたことがなかったのでおもしろかった」「大きさを比べられる資料をもらっていたので、わかりやすかったので授業が楽しかったです」と感想を書いています。特定の価値観を刷り込む授業ではなく、史実に基づく（科学的な）教材で「わかって、たのしい」授業を実現された報告でした。

分科会の第1日目スタートから、勇気と確信の湧く議論が重ねられました。

（岩本賢治）

3 全体会Ⅱ　平和の問題を考える

第1日目の全体会Ⅱでは、中学・高校から4本のレポート報告がありました。いずれの報告も参加者から多くの意見が出され、熱気のある充実したものでした。

小林克己報告（広島・中）「考え、学び、行動する中学生Ⅱ――ウクライナ問題、その後」は、昨年に引き続き、ウクライナ支援行動に参加した生徒たちのとりくみでした。報告者は、卒業前の最後の授業を使ってウクライナ問題を取り上げ、「ロシアによるウクライナ侵攻をどうやって終わらせるか」をテーマにしています。報告からは先生と生徒との信頼関係の中で、ウクライナの支援活動に行動を起こした生徒たちの様子が伝わってきました。

斎藤卓也報告（長野・高）「ウクライナ情勢と平和教育のあり方について」は、前年度の学期終了時のアンケートを分析し、世界史Aの第1回目の授業で特別講義として実施しています。本報告は、社会科教師として、生徒に対して「ウクライナで起きていることを詳細に解説する使命がある」という想いの中でのとりくみでした。報告者はアンケート結果から、「戦争というものをどこかで肯定している部分はないか、仕方のないことだと諦めている部分はないか」という問題提起をし、これまでの平和教育、そしてこれからの平和教育のあり方を模索しています。

山本悦生報告（島根・中）「世界の〝今〟を授業に！――歴史学習の最後にとり上げたウクライナ侵攻」は、歴史学習の最後の授業2時間を使った授業と生徒へのアンケートを分析し、「世界のいま」としてウクライナ侵攻を取り上げています。侵攻から4か月たった時点で、戦争の出口について、生徒に「停戦すべきか」「抗戦すべきか」を問うています。報告者からは、その時期に適した問いかけを提示することが大事であり、そのためにも教師自らが世界の「今」に敏感であることで、生徒も「今」に関心を持ちつづけてくれるという言葉が印象的でした。

和井田祐司報告（私学・大阪・高）「ウクライナ侵攻に向き合う――バックキャスティング的現代史学習」は、事前のアンケートを含めて9時間に及ぶ授業で、ウクライナ侵攻について取り上げています。ウクライナの地理とともに歴史をていねいに解説し、ポイントとなる出来事を押さえた上で、ロシアの行動が国連憲章に明白に違反していることを生徒と共有しています。生徒とのやりとりの中で「論点」を共有し、生徒の疑問についてともに考え、解決しようとしていく授業は、生徒にとっても魅力的な授業でした。また、「募金」や「武器供与」について危惧されることに対しても、ていねいな対応が見られました。

4本のレポートとも会場の参加者から多くの意見が出されました。その中で、重要な指摘としては、「国連憲章」に対する違反であることを示すことでした。そして、安全保障の議論の中で、1928年の「パリ不戦条約」から1945年の「国連憲章」を、自衛の戦争まで一切禁止した「日本国憲法」までつなげていくことが強調されました。

また、ウクライナ侵攻を台湾有事など、日本と関連付けて取り上げることや、「戦争は止められる」ということについても子どもにきちんと教えていくことが必要との意見も出され、平和を維持する枠組みを構築していく授業づくりが求められました。

今年の報告では、「ロシアによるウクライナ侵攻」に焦点をあてたレポートが全体会Ⅱ以外でも数多く報告され、「戦争」に対する子どもたちの声が数多く示されたものとなりました。来年も、平和の問題を子どもたちとともに考えていく授業報告を期待しています。

〔吉本健一〕

4 歴史認識小分科会

渡部昌二報告（福島・高）「『世界史A』での平和学習──沖縄からウクライナを考える」は、実業高校での世界史Aの実践報告です。渡部さんは、沖縄戦を学ぶことが、現在進行形で世界を脅かしている戦争について考える材料になると考え、テーマ「沖縄からウクライナを考える」を実践されました。

近代史を中心に通史学習をおこない、第二次世界大戦の項で、このテーマを実践されました。沖縄の歴史、沖縄戦、基地問題と進められ、①普天間基地の辺野古移設について、あなたはどう考えますか、②沖縄に米軍基地が集中していることについて、あなたはどう考えますか、③もし、あなたがウクライナの大統領なら、抵抗をやめるという選択はありますか？　そう考える理由も書いてください、の3項目で意見表明をさせ、通信で意見を紹介されたとのことです。

生徒の中には②については、「去年学習した原発の話に似ている」と「犠牲のシステム」に言及している子もいました。③では「これ以上犠牲者を出さないようにするほうがよっぽど〝守る〟ことになる」と、国家と国民・個人を分けて考えようとする生徒も出てきたと言います。

討論の中で、問いかけ述べさせるときは、考えるための素材、事実に基づいて考えさせることが大切という確認がおこなわれました。

安田奈津子報告（滋賀・高）「外国籍生徒とつくる世界史の授業　～試行錯誤中～」は、夜間定時制高校の報告です。安田さんの勤務校は、さまざまな困難を抱えた生徒だけでなく、外国籍の生徒が全体の3割を占めます。担任する3学年では、外国籍の生徒が半分以上だと言います。国籍もペルー、ボリビア、ブラジル、ネパール、フィリピン、中国とさまざまです。

安田さんは「授業がわかるようになりたい」という外国籍の生徒の思いに、学校も自分も応えられているのだろうかと問いかけながら、実践してきたと言います。勤務校は、日本語の授業が週1回で、考査は多くの教科でノート持ち込みを認めています。日本人生徒のことを考えると、言葉の説明だけに時間をとることはできません。そこで世界史の授業では、パワーポイントで画像やイラストを取り入れながら説明して、電子黒板機能を使って書き込み、必要最小限度の英単語も入れるという工夫をされています。

討論では、日本人生徒にも、外国籍の生徒にも、意味のある時間をどうつくっていけばよいのかなどを話し合いました。


白鳥晃司報告（千葉・中）「中学校社会科教科書に綴られる、疫病と公衆衛生――歴史と憲法から学ぶ」は、コロナ禍におこなった中学社会科教科書の調査報告です。白鳥さんは、検定に合格した最新教科書が「感染症」をどう記述しているのかを、教科書の写真もコピーも不可という展示会場での制約の中、感染の危険をおかして会場に何度も足を運び、関連箇所を写し取ってこられました。

地理的分野は、「感染症」は出てきません。公民的分野は「公衆衛生」の具体例で、感染症対策をあげています。白鳥さんは、『母子健康手帳』を使って、13条、25条2項を学ぶことができると言われます。歴史的分野では、「天然痘」と大仏造営、祇園祭と疫病など、飢饉・不衛生と感染症の関係が書かれている。ヨーロッパのペスト流行以外に、日本の「開国」とコレラ、産業革命と結核、戦争と飢餓・感染症が記述されていると報告されました。教科書を使って、「公衆衛生」をどう学んでいくのかを話し合いました。


（浅井義弘）

5 現状認識Ⅰ小分科会

飯塚正樹報告（北海道・高）「地域に根ざした防災学習――市民・主権者の権利と役割を考える」は、２０１２年から継続して実施した防災教育についてです。飯塚さんは、東日本大震災直後に石巻市での支援活動に参加し、そこでの体験に加え、震災体験者を講師に、全校で防災を考える講演会を開催してきました。胆振《いぶり》東部地震（２０１８年）による全道ブラックアウトなど北海道の生徒にとって身近に感じられる災害もテーマに据えました。

自治体職員を招いての学習会では「被災者にはできればそれぞれの家庭で持ちこたえてもらいたい」との説明があり、飯塚さんは「自助」を強調する姿勢に問題を感じる一方、生徒たちからは自治体と国の「政治の責任」を問う声は出てきませんでした。生徒の政治に対する意識に課題を感じたそうです。

防災教育を学校単体でおこなうのではなく、自治体、地域住民、大学生などを招いて交流を含めた学習会をおこなうことは積極的な意味があります。飯塚さんは今後、防災教育を通して生徒自身に主権者であるという認識を深めてもらいたいと語りました。参加者からは、全校でおこなうこと、継続しておこなうことに対する評価、また「憲法学習を基礎とした政治教育」をめざすとはどういうことか、と意見が出されました。

金竜太郎報告（東京・中）「ＥＵ統合の課題とウクライナ・ロシアの戦争について考える」は、中学1年の地理の授業で現在進行中のロシアによるウクライナ侵攻の問題を取り上げた実践です。単元は「ヨーロッパ州」でイギリスがＥＵから離脱することに対してどう考えるか、ロシアによる戦争に対して生徒に考えさせました。生徒にはグーグルフォームを使って自分の考えを記入させ、集計結果を配り、クラスで論議するというスタイルです。

ロシアによるウクライナ侵攻戦争に対しては「戦争が起こって当然」と「起こって仕方ない」という意見と、「起こってはならない」が拮抗《きっこう》する結果となりました。

この実践の注目すべきところは、全員の回答を印刷して配り、読み合わせ、1学級だけでも論議できたことです。生徒は、戦争は解決の手段としては用いてはならないとの点で一致している一方で、「なぜ大人たちは話し合いで解決できないのか」という問いや、「考えの違いがたくさんあることに気づいた」「ウクライナの問題について知らないことがたくさんあった」などの感想も出てきました。

授業中じっと座っていられない生徒の、「気になる人の意見を聞いてきていいか？」という一言をきっかけとして、班ではなく、教室内の誰とでもかまわないから、意見を交流する、という方法を採用しました。生徒の一言を拾い上げたことで、多様な意見があることを互いに知ることになりました。生徒に考えさせ、意見を出し合う実践はいまこそ求められるものです。

野村伸一報告（富山・高）「新たな学習ツール――タブレットを使って」は、デジタル機器を使うことの有効性についてのまとめです。ＩＣＴは休校中の「仕方ない」利用ではなく、対面授業が再開されてからも「総合的な探求の時間」での研究で作成したプレゼンテーション画像をクラウドに共有するなど、日常的に使える存在になっています。また、生徒たちは動画編集の技術を身につけ、交通弱者に対する新たなとりくみ（チョイソコ）という交通手段についての動画を撮影・編集し、自治体がＳＮＳで発信してくれるなど学習が地域とつながりました。生徒が取材のために地域に出て、運転手や利用者に話を聞くことは、地域の実情をつかむことになります。さらに、生徒の感性で編集された動画は見る人に好印象を与えることになりました。

議論の中では「ＧＩＧＡスクール構想」との関連を問う意見が出ました。レポートの中では「ＩＣＴにしかできないこと、ＩＣＴではできないことをしっかりと見極めていかねばならない」とまとめられています。ＩＣＴの便利さは享受しつつも、ＩＣＴ利用を押しつける文科省のねらいや背景をきちんと理解しておくことの重要性があらためて確認されました。

〔藤田康郎〕

6 現状認識Ⅱ小分科会

溝部宏文報告（大阪・高）「『現代社会』の授業で、デートＤＶをやってみた」は、授業の「ねらい」に、生徒にとって身近なデートを通して、「デートＤＶ」「性的同意」「性の多様性」「性の歴史性、文化性」「セクシュアル・リプロダクティブ・ヘルス／ライツ」「性の権利」などのエッセンスを学び、ゆたかで幸福な人間関係と社会を形成するための基盤をつくることをあげていました。１時間目に、生徒からアンケートをとり、デートＤＶに関する意識調査をおこないます。調査では身体的暴力は理解していましたが、精神的暴力の理解は不十分なことがわかりました。２時間目からはプリントを使用して、授業を進めていきます。「どんなデートがしたいですか？」「デートで大切なことは何だと思う？」「『デートＤＶ』って知っている？」などの問いに答えさせながら、デートＤＶの４類型を説明するという流れです。さらに「『異性に恋愛したい気持ち』や『性行為の欲望』は、誰でも持っている本能だろうか？」では、恋愛や性行為のあり方は社会的（文化的、歴史的）につくられ、これからも変わっていく可能性があると説明、「セクシュアル・リプロダクティブ・ヘルス／ライツ」「性の権利」の説明、憲法13条との関係、現代の課題（刑法、避妊、中絶、性教育）へと進んでいきました。最後に、生徒に質問と感想を記述させて、質問へは口頭で答えています。

溝部さんは授業でデートを扱うことに生徒は驚き、食いつきもよく好評だったとまとめていました。課題としては、内容の精選の必要性、性の権利をめざした人々の運動を取り上げること、教科内の協力や他教科との連携、学年や学校のとりくみとして広げていくことをあげていました。生徒が興味を持って学んでいく人権教育の教材として、「デートＤＶ」は適していると感じました。

松林宏樹報告（青森・中）「多面的・多角的な思考が出来る主権者を目指して――公民的分野『現代の民主政治と社会』の実践」は、若者の政治的な無関心、10代の投票率の低さから政治に参加する主権者としての自覚を養うことが急務であると述べていました。政治とは対立を効率と公正の観点から調整していく営みであること、議会制民主主義を多数決と捉え、国民が有権者になっていること、地方自治は民主主義の最良の学校であるから、地方自治学習でさまざまな政治へのかかわりを学習させたいと述べています。

　このような問題意識のもと、大単元を「公正な社会にするために、どのように政治にかかわっていくべきだろうか」（20時間計画）とし、「公正な社会にするために、どのように選挙にかかわるべきだろうか」という報告でした。実践の概要は、4人の教員が衆議院議員の候補者となり、「安全保障」「政治改革」「暮らし」に関する公約を視聴し（映像を10分間）、投票する。次に列ごとに65歳、35歳、22歳に指定し、どの候補者に投票するか話し合い投票する。最後に、「公正な社会の実現のために自分への経済的なメリット・デメリットなどを考えて投票する必要がある」とまとめていました。

　18歳選挙権の施行以来、中学校、高校、大学で模擬投票がおこなわれましたが、投票率は向上していません。主権者教育は投票行動を促すだけに留まってはいけませんが、諸外国に比べて著しく低い投票率を、少しでも高めること（＝政治に関心を持つこと）は社会科教育の課題だといえます。

（菅澤康雄）

7 全体会Ⅲ　主権者として民主主義、現代の課題を考える

冒頭に広島の小林克己さんが、「平和教育教材攻撃について」報告しました。小林さんは２０２３年2月に起こった「平和学習教材」に引用掲載されていた「はだしのゲン」が、小学校3年生にふさわしくないという理由で削除された問題、中学校版で「第五福竜丸」が削除された問題などに対し、広島市教委に削除撤回の申し入れをおこなってきたこと、そしてその後の状況について報告されました。

　寺川徹報告（出版労連）「いま教科書に何が起こっているか、私たちはそれにどうとりくんでいるか」は、①藤井寺市の教科書採択をめぐる贈収賄事件、②教科書価格適正化のとりくみ、③国連で批判された教科書検定でした。①の要因は、教科書が広域採択で4年に1度であることをあげ、採択は高校のように学校ごとが望ましいと報告しました。出版労連は「藤井寺市での教科書採択をめぐる贈収賄事件について【見解】」を発して再発防止の提言をしています。②は教科書価格が安く採算が合わないこと、拡大教科書やデジタル教科書で負担が増していることで、寡占化が進んでいる現状を問題視していました。

長澤誠報告（岐阜・高）「あの手この手で主権者を育てたい」は、3年の「現代社会」でとりくんだこと、大人や教職員が主権者として行動すること、「公共」を乗り越えることを述べていました。「現代社会」ではロシアのウクライナ侵攻で平和学習、憲法制定時に出された7案から最も良い案の選択、参議院選挙を題材に国民主権学習、新聞記事で人権学習、国家予算から財政民主主義を学ぶ、で構成されていました。「公共」を憲法学習や主権者教育の視点から、ゆたかに育てていきたいと述べていました。

東川宏報告（滋賀・高）「18歳選挙権――投票後アンケート結果から考える」は、3年生「現代社会」で2時間授業の最後におこなったアンケートを分析する報告でした。授業は、①憲法15条を学ぶ、②選挙権拡大の歴史を学ぶ、③投票率を知る、④各政党の立ち位置を知る、⑤芸能人の動画「選挙へ行こう」を見る、⑥選挙はパッケージであることを理解する、⑦ボートマッチをする、⑧選挙後にアンケートの実施、という流れでした。東川さんは、まとめとして、18歳選挙で選挙が身近になったが、政治に関する知識や意識は総じて低いこと、投票行動は親の影響が大きいことをあげていました。

滝口正樹報告（民主教育研究所）「討論授業『これからの原発政策と資源・エネルギー政策』」は、滝口さんが中学校在職時におこなった授業を、大学生に追体験させ、「これからの日本の原発政策と資源・エネルギー政策についての私の提言」というテーマで、紙上討論→対面討論→紙上再討論をおこなった教科教育法の授業報告でした。討論で大学生が発言した内容を詳細に検討し、分析されていました。報告では本資料のほか、〈資料編〉、〈補足資料編〉が配布され、膨大な資料に圧倒されました。

小林報告、寺川報告、長澤報告、東川報告、滝口報告を通して「主権者として民主主義、現代の課題を考える」分科会になりました。

（菅澤康雄）

8 来年度に向けて

「全体会Ⅰ　学習指導要領、新自由主義教育に抗して」のテーマでは、一人ひとりの教師の努力だけではなく、仲間とともに地域の人々の協力も得ながら、学校全体で学びをつくっていくことの大切さを学びました。また授業方法も、形だけの「アクティブ・ラーニング」ではなく、子どもや青年を信頼し、問題を投げかけ、文章にまとめ、皆で読み、考え、共有するという地道な作業の有効性を多くの実践から学びました。

「全体会Ⅱ　平和の問題を考える」のテーマでは、「ロシアによるウクライナ侵攻」が数多く報告され、「戦争」に対する子どもたちの認識を深めることができました。私たち自身も歴史を学び、日本国憲法、国連憲章、国際法の視点で問題を考えていくことの大切さを確認しました。

「全体会Ⅲ　主権者として民主主義、現代の課題を考える」のテーマでは、現在起こっているさまざまな問題に機敏に、毅《き》然《ぜん》と立ち向かっていくことで、子どもたちの主権者意識を高めていくことができる。「ひろしま平和ノート」の改悪は、広島市だけの問題ではない。教育課程の編成権は学校にあるという原則のもと、教育への介入を許さないことを確認しました。

本年は、小・中・高・大・一般の21本のレポートで、久々に「原発事故」の問題が取り上げられました。「原発事故問題」はまだ終わっていません。学習指導要領実施以後の諸問題、観点別評価、平和の問題、民主主義の問題、主権者教育など、来年度も引き続き学び合えることを期待します。

（浅井義弘）

【レポート一覧】

①　北海道　飯塚正樹　高校
●地域に根ざした防災学習――市民・主権者の権利と役割を考える

②　青　森　松林宏樹　中学校
●多面的・多角的な思考ができる主権者を目指して――公民的分野「現代の民主政治と社会会」の実践

③　福　島　渡部昌二　高校
●「世界史A」での平和学習――沖縄からウクライナを考える

④　埼　玉　岩田彦太郎　中学校
●コロナ下の中学生――コロナ前とコロナ後をまたぐ3年間

⑤　千　葉　白鳥晃司　中学校
●中学校社会科教科書に綴られる、疫病と公衆衛生――歴史と憲法から学ぶ

⑥　東　京　金竜太郎　中学校
●EU統合の課題とウクライナ・ロシアの戦争について考える

⑦　長　野　斎藤卓也　高校
●ウクライナ情勢と平和教育のあり方について

⑧　富　山　野村伸一　高校
●新たな学習ツール――タブレットを使って

⑨　岐　阜　長澤　誠　高校
●あの手この手で主権者を育てたい

⑩　滋　賀　飯田尚樹　小学校
●琵琶湖の沖島、漁業と地場産業を考える

⑪　滋　賀　安田奈津子　高校
●外国籍生徒とつくる世界史の授業　～試行錯誤中～

⑫　滋　賀　東川　宏　高校
⑬　奈　良　西村　徹　小学校
⑭　大　阪　溝部宏文　高校
⑮　兵　庫　福田秀志　高校
⑯　和歌山　田城賢司　高校
⑰　島　根　山本悦生　中学校
⑱　広　島　小林克己　中学校
⑲　私学（大阪）　和井田祐司　高校
⑳　全　国　滝口正樹　民主教育研究所
㉑　全　国　寺川　徹　出版労連

●18歳選挙権——投票後アンケート結果から考える
●小学校「江戸時代身分制」の授業——「部落史観の見直し」を経験してきた者として…
●「現代社会」の授業で、デートDVをやってみた
●観点別評価を授業改善に活かす——単元を貫く問いを意識して
●「歴史総合」と地域教材——実践例「和歌山の移民」「エルトゥールル号遭難とその背景」をもとに
●世界の〝今〟を授業に！——歴史学習の最後にとり上げたウクライナ侵攻
●考え、学び、行動する中学生Ⅱ——ウクライナ問題、その後
●ウクライナ侵攻に向き合う——バックキャスティング的現代史学習
●討論授業「これからの原発政策と資源・エネルギー政策」
●いま教科書に何が起こっているか、私たちはそれにどうとりくんでいるか

分科会報告 4

数学教育

伊禮 三之
佐藤 一
林 和人
山本 佐江

1 〈1日目の午前〉数学的活動の過程に現れる子どもたちの学びの姿と体験の意味

〈基調報告〉

伊禮三之共同研究者から、理解と記憶についての心理学的説明による基調報告がありました。まず、ある私立小中一貫校の倍分に関する中学入試問題の、内部進学生と外部進学生の正答率をもとに、算数・数学には2つのわかり方があることが示されました。1つ目は、できる学力と言われる「手続きの習得」で「やり方がわかる」、2つ目が、わかる学力と言われる「意味・内容の理解」で「わけがわかる」ことです。そして、心理学の「一筆書き」の実験から、概念的理解を欠いた手続き的理解は、単に公式を適用するだけの問題では、その課題は顕在化しませんが、条件が少し変わった問題ではできなくなること、つまり、応用が利かない、活用ができないなど汎用的な力が育たないことが示されました。

次に、地球の大円に沿ったひもに1メートル加えて、再度地球の大円に沿って巻き付けると隙間ができます。この隙間をくぐれる最大の動物はどれでしょうか、という問題や、500mℓ缶の高さと円周の長さはどちらが長いでしょう、という問題を参加者とともに考えましたが、根拠をもって応えられる人は少数でした。この問題を解くときの中心となる知識は、「円周＝直径×3・14」ですが、ほとんどの人がこの知識を活用できなかったのです。これは、具体的な文脈や状況の中で、知識を活用する経験が少ないことを示唆します。私たち人間の記憶には、再生しやすい記憶とそうでない記憶があり、前者が経験記憶と呼ばれ、意識して思い出すことができます（顕在記憶）が、後者は、知識記憶と呼ばれ、何か特別なきっかけが与えられないとなかなか思い出せません（潜在記憶）。記憶の強化・再生には、一般的な知識の教授より体験に絡めた教授がより重要であることがわかります。数学の力は、個別の状況や文脈に沿って働いて初めて意味を持つからです（数学の活用能力）。

最後に、今集会では、数学的活動の過程に現れる子どもたちの学びの姿に着目して議論を深めたいと結びました。

中村潤報告（埼玉・小）「生活と結びついた算数の学びの先で見つけたもの」は、学年も異なる3名の自閉・情緒障害の特別支援学級での実践です。一緒にそろってとりくむ時間もない中、何ができるかというところにスポットを当ててとりくまれた報告でした。2年生のNさんについては、間違いを指摘されるのが嫌で、すぐに癇癪《かんしゃく》を起こして投げ出してしまう女の子ですが、2位数の筆算の授業では、ケーキ屋さんになりたいという思いを受けとめて、教科書のお菓子の絵から好きなものを2つ選択させて、加法（32＋18）の導入としていました。初めての2桁の計算に、不安を見せていましたが、タイルの使用を促し、位を無視したタイルの置き方にも癇癪を起こさないよう寄り添いながら、「マテマータ」という魔法の言葉で、一タイルが10個集まると1本の十タイルに変身することを示し、計算をくり返すうちに徐々に位取りの原理を理解させていき、その操作も言語化できるようになっていく様子が報告されました。また、筆算の学習のまとめとして問題づくりにも挑戦させて、帰宅後お母さんに、絵を添えた自作の問題を解いてもらったところ、Nさんのがんばる様子を書いたお母さんのコメントを喜んで教師に伝えるなど、学習を通して少しずつ自分の気持ちを調整して成長していく報告には、参加者にも感銘を与えました。その後のYくんとのお店屋さんごっこにおける楽しげなかかわりや、Nさんの水のかさの学習と6年生Sくんの比の学習におけるアイスティーづくりの授業も、異学年の内容を生活と結びつけるだけではなく、2人の仲間としてのつながりを意識したとりくみが報告され、そこにも社会的な成長がうかがえました。

質疑応答の中で、同じように教科書を使用して、特別支援学級にいることで進度がずれていき、テスト等で不利益を被っている状況が示され、共同研究者（伊禮・山本）から制度的な履修主義の限界とテストにおいても発達障害の特徴に合った支援をおこなうことの大切さが指摘されました。

石井孝子報告（東京・小）「子どもとともに『長さ』の授業をつくる――未来へつなぐ一斉授業のよさ」も、特別支援学級に同居する3年生3名、4年生8名を対象とした「長さ」

の実践です。個別学習中心の特別支援学級にあって、中村実践と同様、みんなで一緒に授業できないかと考え、運動会前の特別時間割中の1か月で、一番遊んで楽しく覚えられる量の学習の中から「長さ」を選択し、とりくんだ報告でした。教科書では量の4段階指導を、直接比較、間接比較、個別単位まで1時間ほどでまとめて、すぐに普遍単位に進みますが、これでは量感も育まれず、量の本質の理解がおぼつきませんし、また4段階の過程には豊富な操作活動をおこなえて楽しいはずなのにそれも味わえません。さらに普遍単位に入るとすぐにその計算や単位換算に終始し、つまずかせてしまいます。

　報告では、教科書で扱われる1cmや1mmは「長さ」と感じられにくいため、短くても長さ、薄い厚みも長さなど、長さのイメージの拡張（概念崩し）からスタートし、次に、鉛筆の長さ比べから、立てたり横に寝かせたりして、「端をそろえればすぐわかる」と、直接比較の考えを導き、続いて、ファイルの縦と横の長さを比べるには、という問から、「紙テープに写しとって比べる」「何か他のものでどれだけあるか測る」という間接比較の考えを導いて、さらに、「他のものでどれだけあるか測る」という意見をもとに、個別単位に進んでいます。消しゴムの「何個分」と、長さを「数」で表し、誤差を、「半分」「少し」「やく（およそ）」と表現させています。ここで、筆箱の長さの測定で、Aさんの消しゴムで3個分、Bさんの消しゴムで6個分、どうして数が違うのか、という問いを発し、測る消しゴムの長さが違うと引き出して、「数で長さ比べをするときは、同じもので測る」と普遍単位へとつなげていきます。そして、世界中で決めた単位として1cmを紹介し、1cmのマス目の色工作用紙を20cmの長さに切った「タイルものさし」を利用していろいろな長さを測定、マス目を数えて半端が出たら、8cmと少し、約6cmと表現させていきます。引き続き、30cmのものさしで、「少し」とか「約」ではなく、きっちりとmmまで測る練習に入ろうとしますが、これまで喜んでいた活動が、「mmはあまり小さくて測るのが難しい」「なぜ〝少し〟や〝約〟ではいけないのか」と、子どもたちのテンションが下がってしまいます。そこで、「どれがみんなの中で一番長いか、長さ比べにする」と提案すると、途端にmmまできちんと測りだしました。子どもも自然に自分が測る分には「少し」でいいけれど、友だちと比べるのならmmまで出す、という普遍単位に至る社会的な追体験ができたのではないかと報告していました。最後に、30cmのものさしで教室中を測って、その大変さから、1mものさしを出して、その必要性を喜びを持って実感させています。

この授業の間は、個別対応ではなく、みんなで考えを出し合ったり、共同して測定し、実際に確かめていったりしたことが、とても楽しかったようですし、子どもたちに絶えず問いかけながら進めていったことが、わかりやすさも増したと思いますし、共同的な一斉授業がお互いを高め合うということがよくわかりました、と結びました。

質疑の中で、長さの単位の導入については、mmやcmでは短すぎるし、mでは長すぎるなどの発達的な議論があって、「測る」ことの必然性や動機付けの必要性が確認されました。

最後に伊禮三之共同研究者から、単位の4段階は、直接比較から普遍単位に至るまでの人類の長い歴史があり、もともと社会性を持ったもので、その活動の中に単位の4段階指導を位置づけて、子どもたちに「長さ比べをしよう」という文脈設定からmmやmの必要性を自覚させていくところに石井先生の実践の卓越性があって、学習の個別化という文脈の中では単位の必要性を理解させることは難しいとの指摘がありました。また、十進法で構成されているメートル法について、dmやclなども含めた単位の体系の指導の必要性も指摘されました。

（伊禮三之）

2 〈1日目の午後〉体験を大切にした授業

大竹宏周報告（北海道・中）「量をつかまえろ」は、数詞・数字・大きさを統合した数概念の理解に困難があり、数の大小比較にも課題がある特別支援学級のA君（中2）に、1桁の数を量のイメージを持って獲得させせようと試行錯誤しながらとりくんだ実践です。スポンジを見せると3までは見てすぐに答えられるが4を越えると数えなければ答えられないので、5までの数を目視で認識させせようととりくみました。参加者から「タイルの階段をつくって見せて量と数を結びつける」「5個集まったら缶詰（区切りのない棒状の姿）にして5～9までの数を5といくつの姿で理解させる」「順序数は視点を変えると変わる難しさがあるから、遊びを通して学習する」など経験に基づいた発言がありました。また、伊禮三之共同研究者から「リンゴとミカンはどちらも5個。ミカンとナシはどちらも5個。このときリンゴとナシは5個だとわかるか（推移律）も見定めることが大切である」というコメントがありました。

池添梨花報告（奈良・小）「単位あたり量――密度」では、体積の異なるアルミと銅の立方体ブロックを使って重量と違う「重たさ」というもうひとつの重さがあることを気づかせ、体積が異なるアルミ塊の1㎤あたりの重さを計算してその金属に固有の「密度」という量があることを理解させようととりくみました。授業で2種類の金属の塊を持って「手応え」で密度を感じたD君が「TG」（てご）という単位を発案したことや、乗除法についての理解が深まったことが報告されました。参加者から、内包量と逆内包量を扱う場合は、わり算した数値が大きくなるほうを内包量として理解させること、また、金属の稠密性によって理想値が計算できる物の密度から始める池添実践は子どもの理解を深めるという指摘がありました。そして、密度なら大根と人参を水に入れて重量が大きい大根が浮き小さい人参が沈むことで密度を実感できることや、速さはミニカーやプラレールを走らせて目に見えるようにできることなどが討論になりました。林和人共同研究者からは「単位あたり量」は小数のわり算の「1あたり量」についての理解が重要であることや、微積分の学習につながる内包量のシェーマの線分化を促す授業を構築する課題があるというコメントがありました。また、かけ算わり算のシェーマと内包量の線分化について質問があり、整数の乗除、小数の乗除、そして、1あたり量の線分化を促す授業例とシェーマの紹介がありました。

棟方良報告（京都・高）「理科教育の立場から考える高校

生の算数力――文系対象の科学基礎の授業実践から」は、小学校算数の中でも「単位あたり量、比、割合」が高校理科（化学基礎）の学習と不可分に結びついていることを具体的に提示しています。そして、現行の学習指導要領によって、小中学校で濃度計算や3項以上の比を学習しないこと、算数数学の式に単位を付けないこと、また、質量の保存性に対する確かな認識がないために、それらの基礎的な知識が必要な高校理科の学習を困難にしているという指摘がありました。そのために高校生は公式を覚えて乗り切ろうとする傾向があるので、理科が見せてくれる世界のおもしろさを素通りさせない実践が紹介されました。モル計算を箱入りのチョコボールになぞらえて「チョコボール1箱が16粒入りで内容量28g」をもとに、80粒では何箱分か、10箱では何gかと考えさせ、単位に着目すれば理解が容易であることを生徒に気づかせました。「およそ化学の授業とは思えない上、暗算でも答えられる質問であるが、物質量［mol］を［箱］というものになぞらえ、その中に何粒含まれるか、何gあるか、ということを途中の式を含めて答えさせ教室の中で共有した」ことで概念をつかませました。佐藤一共同研究者から「次元解析は、単位の意味がわかっていればわかる」というコメントがありました。

田山英仁報告（青森・高）「高校数学の『定期テスト』と『評価』を考える――新課程と3観点」は、2022年度より高校で実施された観点別評価に即したテストと評価を、授業や生徒の学びに活かす実践です。作問には労力を伴いますが、年間計画、授業、テスト、評価をつながるものと捉え、問題づくりに楽しみを見出しました。校内では、評価基準を明確にして「知識・技能」「思考・判断・表現」の割合を定めて出題し、他の先生方と共有して研究を深めています。試験範囲を早期に明確に示し万遍なく出題する、簡単すぎない難易度にし、暗記だけにならないよう考えさせる工夫を図る、共通テストを意識して多めに出題する等々の方針を授業の折に示し、テストの事前事後に生徒とコミュニケーションをとりました。択一式問題は、白紙回答を防ぐためだったり、複数の要素を一問に凝縮したりしてつくります。

生徒は、「おもしろい」「おかげで赤点じゃなかった」「ひっかけ問題もあって難しかった」などと反応しました。思考・判断・表現の問題は、生徒のさまざまな可能性を見出すものになればと考えつつ、つくります。厳密には知識・技能にあたる部分もあるのではと思うこともあります。学びに向かう主体性は、授業中の別解、小テスト、提出物、学期毎のふり返り、ノート記述などで細やかに判断しますが、出席や授業態度も算入します。実際におこなわれている評価について聞くと、高校では就職や進学に向けた説明責任の重いことが実感されました。ただ、テスト中心の評価に偏りがちなので、より多面的で多角的な評価を実施する必要性が指摘されました。例えば、硝子板に差し込んだ光が透過する量の割合を、ガラスの厚さに対する減少型の指数関数で表す実践など、パフォーマンス評価の具体例が紹介されました。

〔林　和人・山本佐江〕

3 〈2日目の午前〉具体的操作からイメージを生成し概念の意味を獲得する

砂場拓也報告（兵庫・中）「言葉の意味から考える数学の学習」は、小さな島の中学校のきめ細やかな少人数指導の実践です。不漁のため、生徒の進路が変化し島外に出ていくようになりました。数学が苦手な生徒の意欲を高めることをめざし、自学ノートにとりくみました。週に5ページ、内容は自由で、自分で範囲を決めます。わからないところがわからない生徒には、例題や間違えたところの訂正、試験の準備等形式も指導しました。毎週集めてコメントすると、徐々に授業の感想や質問が増えてきました。自学ノートのやりとりや○つけ法での声かけを通して、授業中のつぶやきも拾えるようになり、教師の授業改善につながりました。

答えが出せてわかった気になっても、意味や考え方の根拠が示せない思考停止を加速させたのが、タブレットで検索してまとめるという学習法です。そこで「数学的概念の意味について深く考えさせる」活動の授業を構想しました。①「変化の割合」、②物を落とすときの平均の速さ、③二等辺三角形の定義、④「ひく」と「マイナス」の記号、⑤整数とは、⑥二元一次方程式の意味です。授業では「○○って何？」と問いかけ、国語辞典を使って表現を置き換え、イメージを明確化しました。最後に、「言葉の意味から考える」ことを辞典で追求すると、こだわりすぎて本質を見失うのではないか、定義の重要性、小学校の教科書に戻って定義の再確認等が論議されました。さらに、正負の数の演算では「マイナスには符号を変える働きがある」と単純に説明したほうがいい、正負の演算を一旦すべて正の向きに直すとベクトルにつながる、トランプを使い赤黒のカードの並べ方で式が見えるようにする、「ひく」を含む演算を加法に統一した後、演算記号を±符号として項だけ並べて捉える計算をどう解釈すべきかなどが議論されました。

今井健太報告（千葉・小）「子どもがワクワクする算数の実践」は、教材教具の工夫や子ども同士のかかわりを大切にした2年生と5年生の実践です。2年生のかけ算の導入は、キャラメルの箱を並べて、「何個入っていると思う？」と問いかけ、予想外の中身を見せた後、全部の数がわかるような質問を子どもが考えます。「1つの箱に何個?」「何個ずつ?」「箱の数は何個?」と詰めていく中で、同じ数ずつの1箱分の数と箱の数で全部の数がわかり、かけ算につながりました。5年生の異分母分数のたし算の導入は、式以外に子どもが出したℓます、数直線、ベン図、テープ図を板書し、意味を考えました。

自力解決の間、立ち歩いて友だちから一番納得できる説明を聞きノートに書きます。やりとりの中で解法策が考えられ、全体の場で確かな言葉にします。かけ算の導入の議論は、10ずつや12ずつなどかけ算ができない数を使うとよいなど数値に焦点化しました。また、キャラメルの数当ては宮城がルーツで、バラバラか同じ数ずつかがポイントです。最初は0と1個、次は2個ずつ3箱。「同じ数ずつ入っていますか?1箱何個ですか?」という問いを合体し「1箱あたり何個ですか?」。それから5個ずつ、バラバラ。「箱は何個ですか?」という質問で「いくつ分」をつかみます。宮城東六郷小学校では、1あたりを表すのに「／」(パー)を使わず箱マークで入れ物のイメージを残した記号で表す工夫をしました。異分母分数のたし算では、「5／6ℓの牛乳を3／4ℓ飲んだら」のようにひき算を先にしたほうが分母を揃えざるをえない展開になり、共通の分母を発見する手がかりが得やすくなります。割合分数と量分数を混同しないよう、「1」とする基準は正方形の面積図に統一して、タイル図、折り紙、食パンなどのイメージで操作することが提案されました。

中林真理子報告(大阪・小)「10までのかずのとらえ方」では、子どもがつまずきやすい10までの合成分解を「絵」「ブロック」「数字」「平仮名」の4種類のカードを使って神経衰弱のようにゲームをして楽しく定着を図りました。大阪は「令和7年度に学テで国語と算数の全国平均を上回ることを目指す」として退職校長を学校に配置しています。しかし、わからない子がいなくなれば点数は上がるのだから、子どもたちと楽しい授業をやりつづけることが大切だという発言がありました。また、異なる物の個数の違いを求める求差の学習では、具体場面を式に表してからタイル操作で同種の物に置き換えさせてひき算することを子どもと探究する実践例が語られました。

〔山本佐江・林　和人〕

4 〈2日目の午後〉数学の感化力をもとに学びを創る
基調報告の補足──数学的活動の過程

基調報告の補足として、伊禮三之共同研究者から数学教育の現状と課題について述べられ、日本の子どもたちは手続き的知識を正確に適応して解決することには秀でているが、概念的な理解に基づき思考のプロセスを多様に表現することは弱いことや、また学習のモチベーションが低いことが指摘されました。次に銀林ダイヤグラムをもとに数学的問題解決（数学的活動）の過程について整理し、ＰＩＳＡの数学化サイクルがモデルとして用いられてきているが、数学の解から現実の解に至ったとき、それを現実世界で確認する過程が大事で、授業の中にその過程を組み込むことの必要性が提起されました。なお、ＰＩＳＡの数学化サイクルや学習指導要領の算数・数学の問題発見・解決の過程にはこれがなく（矢印の向きが逆）、解に存在する限界を明らかにすることができません。

大島和重報告（埼玉・高）「数学Ⅱの積分で区分求積法を行うべきか──自主的な教育課程づくりを考える」は、能力の高い生徒の多い進学校において、Σ公式既習の生徒が積分を学習する際に、微分の逆演算として積分を与えるだけでなく、区分求積法によって積分を与えることで生徒に積分の数学上の「価値」を与えようとした実践報告です。微分と積分が独立につくられながら微積分の基本定理で結びつく予告をする意味合いも兼ねています。グラフと軸で囲まれた部分の面積から始め三角関数の定積分まで踏み込んだ内容で、参加者からは、「高校生には、微分の基礎は割り算であり、積分の基礎はかけ算と眺め直する意味がある」等の意見が出ました。佐藤一共同研究者からは、「微分でも積分でも携帯電話のカメラでカシャと撮ると、すぐ答の出る時代、どういう数学を教えていくか、どういう文化をつくるか考えていく時代に来ている」等の意見がありました。

畑佐愛報告（私学・埼玉・高）「その教材の向こうに生徒はいるのか──生徒の〝声〟でつくる高校数学の授業」は、授業で教師が発する問に対し生徒が「声」を発し、生徒の「声」によって数学を進める方法による、生徒が主人公となる授業のレポートです。当該授業にいたる前に、生徒は「自由に考え、互いの意見を聞くことに関心が高く、話題を共有し、議論を惜しまず検討する」という探究の姿勢を身につけていいます。文字式・Σ公式・解析幾何・極限での様子が紹介されています。最後に、「生徒の声」で授業をつくるときの心がけを4点紹介しています。

参加者からは、子どもたち（高校生も）の意見を採り上げつつ授業を進めた実例の紹介が寄せられ、またその分、教師は自分が学びつづける必要性の指摘もありました。林和人共同研究者からは、子どもを中心とすることは古くより言われ、「改正教授術」には「児童の発見しうるところのものは決して説明すべからず」と示されており、数学者は証明を付けますが、どうしてその発想が生まれたか、どういうことを試したかは語りませんが、この発表では、子どもがそこを見つけていく過程が示されています、等の意見がありました。

最後に各共同研究者からの以下のようなコメントで、今次教研を締めくくりました。

まず山本佐江共同研究者から。テストは背景に測定主義的な学習理論があります。1950～60年代に出てきた観点別評価は、目標をきちんと設置して、その達成を細かく分析し、子どもが学んでいくとされてきました。学習理論には絶対的に正しいものはなくモザイクになっています。1980～90年代あたりから、人は個人的にも学び社会的にも学ぶと認識が変わりました。目標に対して「今の自分の位置、どうやればその目標に近づいていける」という距離のフィードバックが評価と研究者の間では理解されています。ですから、社会的な学びの中で人はどのように学ぶのかを私たちは見るべきだと思います。立ち聞きする・聞き耳を立てることもある意味で評価です。教師が広く構え、子どもの学びをつくり出すことが大事で、この会はその一歩になると思いました。

次に林和人共同研究者から。数学で何を育てるのか。教師の持つ感化力よりも数学そのものに感化力がある。したがって教師自身が数学を学びつづける。教えることにおいて教師と子どもの間には圧倒的な知の非対称性がある。それゆえに、「知り尽くしてさりげなく」が1つのスタンスであろう、と。

続いて佐藤一共同研究者。本来的に人間は疑問を持ち、その疑問から課題が出て、方法を工夫し理解や解決を見いだしていく、この人間の営みの1つが数学で、数学は人間の生み出した文化です。どういう文化を創っていくかが問われるでしょう。昨日の大テーマは割り算・比でした。本日は多岐にわたりましたが、高校では生徒一人ひとりに、学校では学校ごとに多様な文化を感じさせます。特支を経験することであらためて授業を見直すという話も出ました。まずは中島みゆきの歌のように〝倶《とも》に〟走り出しましょう、と述べました。

最後に伊禮三之共同研究者は、人間にはもともと学びたいという欲求がありますが、教育によって、子どもたちが学びから逃走する、無力感を獲得してしまうということもある。2日間の実践を聞くと、やはり子どもたちは学ぼうとしているという姿が随所に現れており、あらためて数学の持つ子どもたちへの感化力をもって授業をつくっていく必要があると結びました。

（佐藤　一）

【レポート一覧】

林　和人　共同研究者

①　北海道　大竹宏周　中学校
②　青　森　田山英仁　高校
③　埼　玉　中村　潤　小学校
④　埼　玉　大島和重　高校
⑤　千　葉　今井健太　小学校
⑥　東　京　石井孝子　小学校
⑦　京　都　棟方　良　高校
⑧　奈　良　池添梨花　小学校
⑨　大　阪　中林真理子　小学校
⑩　兵　庫　砂場拓也　中学校
⑪　私学（埼玉）　畑佐　愛　高校

●話題提供：具体的な世界から抽象的な思考へ――計算方法を発見させる授業をつくりたい
●話題提供：「0.8でもわってみたい」――青森市立新城小での模擬授業
●量をつかまえろ
●高校数学の『定期テスト』と『評価』を考える――新課程と3観点
●生活と結びついた算数の学びの先で見つけたもの
●数学Ⅱの積分で区分求積法を行うべきか――自主的な教育課程づくりを考える
●子どもがワクワクする算数の実践
●子どもとともに「長さ」の授業をつくる――未来へつなぐ一斉授業のよさ
●理科教育の立場から考える高校生の算数力――文系対象の科学基礎の授業実践から
●単位あたり量――密度
●10までのかずのとらえ方
●言葉の意味から考える数学の学習
●その教材の向こうに生徒はいるのか――生徒の〝声〟でつくる高校数学の授業

分科会報告

5

理科教育

石渡　正志
鈴木　邦夫
谷　　哲弥

1　理科教育の現状と課題

理科教育分科会では、これまで実践報告を通じて、実物や本物、ときにはモデル（テキストや図など）を用いて、学年や発達に応じた学習課題を提示すること、児童生徒の反応の仕方や思考の特徴をつかむこと、科学的なものの見方や考え方を養い、より高める教育方法についての討論を大切におこなってきました。また、課題のひとつである「押し寄せるデジタル化の波」に対しては、学習過程における児童生徒の学びはどうなっているのかという視点に立ち、実践報告を検討することが重要であると確認されてきました。2023年度も引き続き、よりよい教育活動を創り出すという立場からの以下の4つの柱に沿って討論を進めました。

討論の柱

①現場からの報告を受けて、理科教育の現状と課題を交流します。

②自然体験や具体的な実験・観察と考察により、科学的なものの見方・考え方を養う学習活動について検討します。

③デジタル機器を活用する理科授業の現状と課題を整理して、今後の実践方向を検討します。

④児童・生徒の実態に即した継続的な実践研究によって、創造的な理科教育の教育課程を追求します。

2 レポート概要と討論の方向性

(1) 学習課題を設定した継続的な実践研究の成果と課題

前川拓也報告(埼玉・高)「2022年『力と運動』実践――全員のノートから課題を探る」は、「物体の速度が変わるとき、物体は力を受けている」という概念を生徒に獲得させようという実践報告です。提案者は、実践を2018年から継続して記録し、仲間とともに研究しています。その成果を活かして、運動の第2法則の定式化を遅らせるとともに従来のプランに課題を1つ加えました。報告では主に定式化を遅らせたことによる授業の変化を検討しました。

課題1「等速で運動するエアパックが受ける力を図示せよ」で、運動している物体は運動の方向に力を受けてはいないこと、課題2「台車がゴムから同じ大きさの力を受けつづけるとき台車の速度はどうなっていくか」で、等加速度運動すること、課題3「台車が受ける力がだんだん小さくなるとき速度の変化はどうなるか」で、力を受けるかぎり加速度運動することに言及します。

課題4「台車が受けている力が3倍になると加速度はどうなるか」から運動方程式に迫ります。これは多くの子どもが加速度も3倍になると予想します。課題5は「台車の受ける力は変えずに質量を3倍にすると加速度はどうなるか」です。同排気量のバイクと自動車を例に、重さが軽いほうが加速すると主張があり、それに同調して加速度が小さくなるという考えが13人に増えました。ただ、この段階では質量と重さの区別が曖昧です。課題6で無重力状態での質量の異なる缶詰の加速度の大小を問いましたが、多くが無重力なので重さは関係ないと考えました。地球上での合力0が宇宙空間と同じと考えることができず、重さは0でも質量は変わらないという概念ができていないことが原因です。ただ1人だけやりとりを通してそのことに気づきました。課題7で3gのピンポン玉と300gの鉄球の落下運動の加速度に言及しました。「受ける力は大きくても質量が大きいので加速度が同じになる」という主張もあり、加速度が同じになるが多数派を占めました。ここまで定式化しなかったわけですが、その分本質に迫れたのではないでしょうか。参加者からも課題と討論を積み上げたことに称賛が寄せられました。

〔鈴木邦夫〕

藤誠報告(大阪・小)「小6 てこのはたらき――実験用てこは傾いたまま？こどもたちが納得できる学びを探して」は、「実験を通じて子どもが意見を出し合い、本質に迫る授業をしたい」という意図でおこなわれた実践記録です。市販のてこを使って、おもりの重さ（力）×支点からの距離の関係を2時間体験させた後、支点・力点・作用点が一直線になった支点が中央にある手づくりのてんびんを示し、支点から等距離の位置に同じおもりを下げ、さおを傾け「手を離したらどうなりますか」と問いかけます。予想を班で話し合います。6班全部が、水平になって止まるとしました。班の中には、さおが斜めのまま止まるという意見もあったようですが表面には出ませんでした。実験すると、さおが斜めのまま静止しました。班ごとに同じ実験をしましたが、やはり斜めのまま静止します。子どもたちは驚いて「どうして」と班で話し合いますが、結論が出ません。教師が「市販のてこ（てんびん）は支点・力点・作用点が三角形になっているが、手作りのそれは一直線上にある」ことを指摘しましたが。解決には至らずオープンエンドになりました。

討論では、「授業者は、中学校で学習する力のつりあいを意識しているが、てこは力の方向が逆向きでないので力のつりあいではない。モーメントで考えさせたい」という意見がありました。手作り装置で、さおが斜めで止まるのはモーメントが等しいからで、支点が力点・作用点より上にあるてこが斜めから水平になるのは、モーメントが斜めのときは上側のさおのほうが大きく、水平になって等しくなるからだという指摘です。

「子どもが、どうしてだろう」と議論する姿はとてもすばらしいので、市販のてこ（てんびん）が水平で止まることをモーメントで考えさせていれば、タイトル通りになったのではないでしょうか。近い将来、ステップアップした実践が報告されることを期待します。

〔鈴木邦夫〕

(2) 児童生徒の学ぶ楽しさを引き出す理科授業実践

久保太二報告（滋賀・中）「イオンを身近に――カードゲームを使った試み」は、酸・アルカリを水溶液にしたときの目に見えるマクロな性質は理解できても、それを見えないイオン反応で理解するのはとても難しいので、カードゲームを使うことで見えないイオン反応を理解できるようにしようという実践です。

カードはNa^+、H^+、Ba^{2+}、K^+、OH^-、SO_4^{2-}、Cl^-、NO_3^-の8種類で、それらを適当に7枚配ります。子どもは7枚の手持ちのカードからHCl、H_2SO_4、HNO_3、$NaOH$、KOH、$B_a(OH)_2$などの組み合わせを考え、あれば出すことができます。出せない場合は真ん中にあるカードの束から引いてきます。

手持ちが残り1枚になったら「モルQ」と宣言します。このゲームは好評で、教師が「酸やアルカリの共通する（マク

ロな）性質はわかったけど、イオン式ってどうなってるんやろな」と問いかけると、子どもから「モルQで勉強できひんの」とリクエストがあるほどです。ゲーム後のやりとりでは酸の性質を示すのがH^{+}、アルカリの性質の示すのがOH^{-}であることがスムーズに出てきます。重ねて「陽イオンと陰イオンに分ける方法ってないんか」と問いかけると「電気を流したらいいと思うで。そしたら陽イオンは陰極に、陰イオンは陽極にいくやん」と返ってきます。そして授業は電気誘導へとつながっていきます。

討論では、ゲームをすることで子どもがイオン反応に言及できるようになり、中和ではイオン反応で水と塩ができることを指摘するとともに試薬がどう変化するかというマクロな予想ができており、すばらしいという指摘がありました。一方、電気を帯びた原子＝イオンが実在すると子どもが実感できることが重要なので、ゲームを導入する前にそのことが必要ではないかという指摘がありました。授業者もよい方法があれば検討してほしいということでしたが、時間になりました。ただ、その部分に関しても手応えをつかんだということなので、さらなる報告があるのではないでしょうか。

〔鈴木邦夫〕

四之宮輝夫報告（山口・高）「効率的な授業方法について

の試行錯誤――実験の時間を確保するために」は、生徒の実験時間を確保するために、いかに授業を効率的に進め、実験の時間を確保するか試行錯誤してきた実践の報告です。

まず、ノートをとらせる（板書を写させる）ことは、書いているわりに理解や暗記はしていないことから、その時間短縮として、教科書の紙面を縮小コピーして全員に渡し、その余白などに必要なことを書き込ませるようにしました。また、授業では「Microsoft One Note」を利用し、教科書のＰＤＦを映してそこに教師がタッチペンで書き込み、生徒が同じようにすればすむようにしています。

パワーポイントを使った授業もおこないましたが、あまり効果的ではなく、やめたとのことです。

授業でおこなう内容の概観を先に把握するために、授業の冒頭に教科書の音読を実施してみています。この「授業内予習」は、単語や概念がなんとなく頭に入り、その後の説明の理解がしやすくなるとのことですが、授業ではやはり板書が必要になり、生徒もノート取りをするようになってしまったとのことです。ノート取りをせずに授業をするためには、結局教科書コピープリントや自作プリントしかないのではないかという結論となっています。

個別の学びを中心とした授業も試行しており、教師の一方的な授業に比べ、生徒はよく話し合いながら課題にとりくみ、ふだんは寝てしまう生徒も積極的にとりくむなど効果はあったとのことでした。

討論では、ノートに何を書かせるのかということが主な話題となり、東京の報告者からは、自分の小学校の実践では、課題に対する自分の考えや友だちの意見を聞いて考えたこと、最後にわかったことなどを書くので、板書を写すということはしていないとの例が示され、ノートに何を書くべきかの検討の必要性が示されました。また生徒に「こういうことを学んでほしい」という教師の願いを明確にすることも大切だという意見もありました。

特に中学・高校では進学のためにテスト学力の向上が求められる中で、本報告はどのように実験・観察の時間を確保するかさまざまな工夫の効果が示され、とても参考になるものでした。

（石渡正志）

(3) 児童生徒の科学的な認識を養う理科授業実践

東京都教職員組合報告（東京・小）「書かせることはツヨシを育てるか――物事を認識する力が育つか・内言が育つか」は、どんなことにも意欲的であるツヨシに寄り添い、日々言葉を介したやりとりを重ねつつ、ツヨシと向き合いとりくんだ小学校の実践報告です。理科の授業は、〈自分の考えとその理由〉↓〈友だちの意見を聞いて考えたこと〉↓〈実験したこと・確かになったこと〉を書きとめる過程を基本として進められていて、その活動の中でツヨシが書いた文（考え）を手がかりに、ツヨシが書けるようになっていく過程をていねいに読み解く実践が紹介されました。

授業単元は、4年生の「ものの温度と体積」（10時間の指導計画）で、報告者は、子どもたちに、実験したこと・経験したことから考えたことを言語化・文字化して、授業の終わりには文にして、記録することができる力を育てたいと思い、実践に向かいます。第1時に、「70℃の水の中に20℃の水の入ったビーカーを入れるとそれぞれの水の温度はどうなるだろか」という課題にとりくみます。

ツヨシは『70℃のビーカーと20℃のビーカーを合わせると90℃になって時間が経っても変わらないと思う』と書き、『友だちの意見を聞いたけど、考えは変わらない。（確かになったことでは）時間が経つと、（温度が）0の差になることがよくわかった』と書いています。報告者は「本当にわかっているのだろうか、耳から入った言葉を書いているだけではないか」とふり返り、「どのような方法で温度の違いを認識させればよいか」と考えをめぐらせています。このように学習活動を通したツヨシの文（考え）を手がかりにした教材研究・授業準備によって、毎時間の指導のポイントがはっきりし、児童への声かけやノートに書かれている内容への価値づけができる様子が示されました。

討論では、結果と考察の意味やそれらを分けて書く指導について、校種間での意見交換がおこなわれました。報告者は小学校の発達段階で、目の前の実験や観察での起きたこと（事実）を言葉（話し言葉）にして、文字（書き言葉）にして、文として記録する活動を通して、物事を認識する力を高めてほしいと語りました。ツヨシはこの授業で物質への認識を高め、報告者はツヨシの内言の育ちを見つめつつ今後の育ちを願っています。

（谷　哲弥）

金山弘史報告（京都・小）「かげと太陽の動き（小3）」は、3人の学年担任同士が教え合い、学び合いながら展開された授業実践です。この単元は、はじめにかげ遊びから、かげの動きを捉えていき、かげの動きと太陽の動きを関係づけます。報告者は、児童の持つ経験を通した意見（考え）を出し合い、わかったことをもとにして次の実験につないでいくことを大事にして理科の授業を展開したいという思いを持ち、報告をしました。

第1時では、かげ踏み遊びやかげを使って形をつくる授業がおこなわれ、児童は「かげを踏まれないように木の近くに行った」「方向を考えて鬼から逃げた」という気づきを発表しました。「かげは同じ方向を向いている」ことに注目したとき、「太陽の反対側にかげはできる」という答えが出され、児童が太陽とかげの関係をつかんでいることが確かめられました。第2・3時では、太陽によってできたかげの記録と、太陽の位置を同時に記録する工夫で観察がおこなわれました。1時間目から6時間目の記録を読み取ってみると「かげは夕方が一番長くて、昼は短くて朝は普通くらい」という気づきに対して、「夕方にかげが長いのは太陽の位置が低いから」と意見が出されました。この結果に対して、報告者は、観察時刻が、朝＝9時、昼＝12時、夕方＝16時頃となっていたことから、日の出、日の入りの時刻を正確に示すと児童から、「朝の6時頃はもっとかげが長いかも」という発言があり、朝と夕方はかげが長く、昼間は短いということだと考える児童が多くなったと報告されました。

かげと太陽に関する学習の後は、日なたと日かげについての学習が展開されますが、いずれの展開においても、児童の経験からの予想やその理由の説明において、予想・理由・実験観察による確かめ・結果に導くまとめという学習過程を踏まえて進めたことが報告されました。

理科の入門期である3年生の学習では、児童の経験から発想された予想や理由を述べ、意見交流がおこなわれることが大切であると示された実践報告でした。

〔谷　哲弥〕

荒誠報告（青森・中）「土壌動物は、草木・果樹、野菜、海藻、魚類を育てている」は、中学校の総合的な学習の時間の中で環境学習を中心としたとりくみの報告でした。その中で特に土壌動物の学習で約5～6時間を使い、ミミズや土壌動物が森林を支えたり、果樹や野菜の栽培で役立ったりすることを扱っています。また、森の腐植土が川や海の生物をゆたかにすることを扱い、環境問題へのアプローチも組み入れています。

授業ではまず、林床の腐植土中の土壌動物をハンドソーティング法で採集し、大まかな種の同定をして環境診断をしています。その後、NHKのサイエンスZERO「地中の王ミミズ　驚異の実力」の録画を視聴し、ミミズの重要性を理解させます。

その後、いくつかの文章やビデオから土壌動物の役割をさらに深めていきます。まず、中学校国語教科書にも掲載された青木淳一氏の「自然の小さな診断役」を読ませてダニの種類や役割を理解させます。次に松永勝彦氏の「魚を育てる森」を読み、腐葉土がつくるフルボ酸が魚を育てることを理解させます。3つ目は、NHKのプロジェクトX「襟裳岬に春を呼べ」を視聴し、植林がゆたかな漁場を甦《よみがえ》らせたことを理解させます。4つ目は、畠山重篤氏の「漁師さんの森づくり～森は海の恋人～」「鉄は魔法使い」を読み、植林とそれが生産するフルボ酸鉄の重要性を理解させます。5つ目は、NHKのETV特集「カキと森と長靴と」の録画を視聴し、さらに森の役割を理解させています。

討論では、土壌動物の調査でグランドの土などと比較したほうがよいのではないかという意見がありました。また、土壌動物の採集で虫を怖がらないのかという質問に対しては、平気でやっているという実態が報告されました。これについては、1学期に野菜栽培をおこなっている中で、虫に少しずつ慣れてきたのではないかという指摘もありました。

今回の報告では、理科教育と環境の問題をつなぎ合わせる重要性が示され、理科が日常や社会と密接に関係することを自覚できる授業実践の必要性が確認された貴重な実践でした。

（石渡正志）

（4）理科授業とＩＣＴ教育に関する実践研究の検討

小原秀樹報告（長野・高）「書き込み式授業プリントとタブレットを併用した授業実践——主体的・協働的な学びへの変化」は、高校理科の授業で主にロイロノートを中心とした実践の報告でした。

『科学と人間生活』の「プラスチックの分類と用途」の授業では、ロイロノートを使ってグループでプラスチックの特徴や使い道をまとめ、「さまざまなプラスチック」では、紙おむつの吸水性実験をタブレットで写真撮影してレポートさせています。「資源の再利用」では、消臭スプレーのボトルと詰め替え用のどちらを買うかを考えさせる授業をしています。この授業では、まず自分の考えを〈アンケート機能〉を使って答え、次にグループで意見をスライドにまとめ、それを発表します。その後、〈カメラ機能〉で校内の物についているリサイクルマークを撮影し、その名称や意味を調べます。さらに〈ＷＥＢカード機能〉を使って、テレビの録画をアップし、それを視聴するようにしています。

『地学基礎』の授業では、〈テスト機能〉を使って、生徒が簡単なテストを作成して他の生徒が答える活動をしています。

生徒の感想では、タブレットを使った授業は使わない授業と比べ、16名中11名が楽しいと答え、タブレットでよいと思う点として「ネットを使った調べ学習が手軽にできる」が最も多く、次に「自分の意見を気軽に書き込んで表明できる」などの回答がありました。

報告者のまとめとして、不登校経験や特別な支援が必要な生徒が多数のこの学校では、これまでの授業スタイルが大切と思っていたが、逆に本校のような学校でこそタブレットを活用した授業が必要という思いに至ったとのことでした。

本報告では、タブレット利用の良い点が多くあげられましたが、理科で重要なスケッチができない点や、手書きの効果や手を使うことと脳の発達の関係が明確になっていないこと、何を子どもの力にするか根本的に考える必要性などが課題として残されました。

理科では、実物や実体験が重視されますが、今回の報告ではICTも活用の仕方では有効な教具になることが示された挑戦的な実践でした。

（石渡正志）

3 これからの研究運動の課題

今回の理科教育分科会では、2日間に、小学校から3本、中学校から2本、高等学校から3本の合計8本の実践報告がありました。また開催地が東京であり、多くの方々の参加を得ることができました。

本分科会で大切にしたい4点に沿った討論では、参加者の質問や意見交流を通して、次のことについて考え、深めることができたものと考えています。

理科の授業を通して、児童生徒に養われる力とはどのようなものでしょうか。教員が学習目標を明確にした学習活動は、児童生徒に、「自分の考えとその理由を述べる」「意見交流する」「具体的な体験する」場を設定でき、実験観察を通した自然の現象への接近を容易にし、自然の法則に気づき、科学的に自然のできごとを関係づけて理解していく力を養うことが実践を通して示されました。

理科の授業では、実物や実体験が重視されますが、報告からICTも活用の仕方では有効な教具になることが示されました。

2日間のレポート報告・討論では、校種を越えた意見が出される場面がありました。それぞれの校種における違い（児童生徒の発達段階や置かれた状況等）を踏まえた議論をこれからも大切にしながら、系統性を踏まえた教育課程議論を深めていくことを重視しつつ、科学的な認識をゆたかに養える理科教育のあり方を探りましょう。

【レポート一覧】

①　青森　荒　誠　中学校（私学）
②　埼玉　前川拓也　高校
③　東京　東京都教職員組合　小学校
④　長野　小原秀樹　高校
⑤　滋賀　久保太二　中学校
⑥　京都　金山弘史　小学校
⑦　大阪　藤　誠　小学校
⑧　山口　四之宮輝夫　高校

●土壌動物は、草木・果樹、野菜、海藻、魚類を育てている
●2022年「力と運動」実践——全員のノートから課題を探る
●書かせることはツヨシを育てるか——物事を認識する力が育つか・内言が育つか
●書き込み式授業プリントとタブレットを併用した授業実践——主体的・協働的な学びへの変化
●イオンを身近に——カードゲームを使った試み
●かげと太陽の動き（小3）
●小6　てこのはたらき——実験用てこは傾いたまま？こどもたちが納得できる学びを探して
●効率的な授業方法についての試行錯誤——実験の時間を確保するために

分科会報告 6 美術教育

柏倉　俊一

「実践に学び、仲間に学ぶ」

1 基調報告

教育情勢や現場の実践を踏まえ、柏倉俊一共同研究者から、次の視点が提案されました。①どこで子どもに寄り添えるのか、②いつ心が開かれつながるのか、③どんな素材やとりくみでその門を開くのか、④とりくみを維持するための工夫・アシスト・情熱。その上でこれらの視点から、「共感」「協調」「五感」「安心感」「達成感」「充実感」など子どもに向かい合っている場面を明らかにすること、また、そのことを「私たちはどこに向かうのか」という問い、すなわち「平和」を希求する精神を根底に据えて議論すべきことが提起されました。

実践報告は、本物・実物に向き合うことの大切さや、教室での会話、友だち・教員のまなざしの重みを語っています。五感を活かして対象と結びつきながら表現を深めていく美術教育は、子どもたちと教員が相互に理解を深め合い、信頼感を深めていく場でもあります。「学校の文化」「地域の文化」「共感力」などによって、教育の公共性を取り戻し、安心し信頼し合って、生きていける社会にすることが求められています。美術教育から何が発信できるのか、何をこそ発信すべきなのか、私たちのとりくみが可能性に溢《あふ》れていることを大事にしようと呼びかけました。

2 レポートと討議

（1）大門浩子報告（千葉・小）「学級づくりに図工の表現活動を取り入れて」

積み上げてきた題材紹介は、どれもが子どもの可能性を引き出そうとする視点に貫かれた珠玉の実践でした。表現することの本質的な意味を問いかけ、表すことの喜び、認め合う気持ちが広がっていく楽しさが作品にあふれていました。また、自分たちで工夫し発展させる表現で、どのように学級が育っていったのか、季節感のある表現活動が年間を通して組み立てられている報告でした。

「絵を描くという表現方法は、子どもにとって大事な作業であり、その時間が満足させてくれる。その子そのものを受け入れられる教科で、いきいきとした笑顔に出会え、表現は子どもそのものなのだ。作品の見方が変わった」と慈しむように語ります。学ぶことによってハウツウ的な描かせ方が解消され「喜びに満ちた表現に満たされることで、子どもの方へ目が向いていったんです」と、清々しく語られたのが印象的でした。

心がけていることは、●子どもが喜ぶ姿が目に浮かぶもの（自分がやって楽しい）、●子どもを追いつめない（子どもそのものが作品の中にある、作品そのものを教員が喜べる）、●でき上がったときの達成感がある、●子どもが工夫できる余地のある教材・画一的でない、●同じ絵は表現ではない……などで、大事に育ててきた覚悟を感じるものでした。

掲示では保護者に伝わる工夫がなされています。つくられたものをどう扱っているかやどう見ているかを保護者はきちんと見て感じている。どの子もその子らしさが出ていることを伝えるように工夫する、種をまいてそこから引き上げてい

きたいとする姿勢が語られました。いろいろな場面でどのように表現させるのか常に頭に置いて実践してチャンスを逃さない、探究しつづけた表現に参加者が見入ります。実践の積み上げ（オーロラ：色の変化を楽しむ子どもたち、溶け出しそうなかき氷の表現、など）から、「こんなふうに日常を描きつづけていく喜びがあるんだ」と気持ちのやわらぐ時間を共有できました。

（2）植野容子報告（東京・中）「対話を通して見られる子ども表現——中2のポスター制作を中心に」

評定の悩みから報告が始まりました。生徒は自分の思いを表現することに、自信が持てず（正解でないことの）、意見・考えを表に出すことに臆病になっている。まわりを気にして合わせ、心を沈黙させて苦しんで生きている。指導者に気に入ってもらえる「表現」「作品」ではなく、対話をつづけ本音や意見を表現に託すことの大事さを語ります。中学生を受け止める広く的確な視点を感じました。「生きる苦しさ」を表現の中で分かち合い、大人が受け止めることの大切さが伝わってきます。発想を深めていく思考の錬磨、主題を煮詰めていくやりとりには迫力がありました。

社会で起きていることと自分の状況を重ねて考える、社会へのメッセージ、まわりに表現する大切さを知ってもらいたいという思いがこの課題にはあります。ヒロシマアピールズの作品から制作者の意図やポスターの役割について語り合います。アイデアスケッチを重ね、訴えたいことの中身を高め、仲間と学び合うことで表現が深まっていく様子が報告されました。

スケッチには「これを入れる意味は？」と生徒に合わせて問いかけます。悩むスケッチは生々しく、生きた線がテーマに向かい合って、気持ちが現れてくるプロセスが読み取れます。作品としてのクオリティが高く、生徒との会話が聞こえてきそうでした。

自画像では、瞳の強さや唇の表現などに自分と向き合う姿や、その子の背景がよく表れていました。植野さんは、「一人ひとりと対話をくり返していくのは、時間も手間もかかるが、その分、子どもの中にさまざまな考えや思いが膨らみ作品に現れてくる。五感をはたらかせる表現の楽しさ・難しさを感じながら、自己表現の大切さを大人になっても持っていてほしい」「一人の表現者として、真剣にとりくむ姿は、印象的」と語りました。教材の意味を考えて授業をする誠実さが表れていると思います。

（3）菱山充恵報告（京都・小）「小2『遠足の絵』（鉄道博物館）」

外に出て遊ばない、遊びを教えても広がらない、「走るの嫌い、疲れるから」「何をしていいのかわからない」、つながり合わない現実、声の小ささ……。「学力の土台は外遊び」この言葉の意味を痛感すると言われます。子どもと丸ごと向き合い、日々の成長が描きこまれて生活感を生み出しています。子どもたちの状況の危機感になんとか切り込んでいきたい、その意気込みが原動力となっています。「素材」「スケールの大きさ」「生活経験」「じっくりととりくむ」など多様な視点からの題材を紹介するものでした。「図工は子どものゆたかな生活があってのことですね！」一人ひとりの工夫や課題を、そこに子どもがいるように語られるのが魅力となっています。

「遠足の絵」は、おしゃべりやお弁当（黙食などの苦しさ・たわいもないことのうれしさ）などの楽しかったことが絵の中心です。汽車の先頭は丸く・車両は横向きに長く、最近のできごとを楽しく描く、「知っていることを知っているように、言いたいことが散りばめられていく」子どもたちの成長が表現に表れています。こだわりの工夫が楽しいから伝わっていく、子どもたちのつながりが見えました。遠近的な表現もあり、9歳の成長の差が特徴的に出ているなと感じました。

「紙版画」、作品展に合わせる無理な計画に、「図工はそういうものではない、じっくりとりくんで納得していく作品に仕上げることが大事だ」。教員もしんどくて、「低学年や特別支援学級で『急いで』と言っても無理」と苦しんでいます。学校は「こうしなければならない」から脱却しないと行き詰まってしまう。子どもも教員も、納得する表現を大事にしようと訴えられました。

子どもの目線で考えて、できるかぎりの準備をしているからアイデアが出てくる。保護者に、子どもたちの様子から何が必要か伝えようと奮闘されている。そのとりくみが、賛同を得て一緒に子どもを育てる関係をつくり出していると思います。

作品展で感じた違和感（写真をコピーしてうつす……同じ構図の作品）を、みんな違うのに絵が一緒ってありえないと訴えます。「いかに見栄えがするか、他人からどう見られるか」という雰囲気に抗って、「アナログ・面倒くさい・頭と手を使って」の道をひたすら進みたいと鼓舞しています。

（4）土居史佳報告（大阪・中）「共同制作による空間演出――ミッション！美術室を夏の海に！」

仲間とともに知恵を出し合いながら表現していく、発想を広げるグループ活動など、造形表現の楽しさと学びの両立をめざしていました。作品からは子どもたちの瑞々《みずみず》しい姿が感じられ、美術文化の創造という面からも意義深いものでした。「夏の海」をテーマに、〝空間〟をつくり出すミッション。

班ごとにモチーフを決め、どこに展示するか場所に合わせながら制作が進んでいきます。文化祭に向けて空間を演出していく喜びに満ちていました。学び合える楽しさは、他者の表現方法から発想や構想を広げ、自分の表現も広げていきます。協力してつくり上げるときに、代えがたい喜びが生まれ、高い到達感を感じることができます。人間関係の中で生まれる課題に対しても解決していく力を身につける。そうした班活動と、生徒を信頼する教員の姿勢があっての実践でした。

班活動が魅力的なとりくみとなっていました。班長は自薦か推薦、班員も個性や関係性を考えて班長会で決め、問題を解決していく……、地域の先生方が育ててきた、集団づくりの大切さが引き継がれています。こうした教育の文化が若い先生にもきちんと伝わっていることも、この実践からもらった大きな喜びでした。

発想を具体化するためのワークシート（マンダラート）では、発想の連鎖を意識していました。また、自由に使える素材や学校の廃品……、リサイクルを通して、環境を見る目・考える手立てにもつながっていて、日頃の準備や材料への思いが伝わってきます。

生徒の感想に土居さんのねらいが現れています「アイデアを出す楽しさ・難しさ。できたときの達成感。ひとりでは出せなかった広い考え方をすることができた。問題が起きてもそれを乗り越えるアイデアが出てくる。役割分担できる苦しさと楽しさ」、人間的なつながりに訴え、補い合う気持ちが仲間の信頼感を高めています。うまくいかないときも、相互に意見を言い合える雰囲気が安心感のある信頼関係を育てていました。

《持ち込み実践・話題提供》

○森内謙報告（岡山・高）「自画像」

工業高校での自画像の実践です。今までに経験をしたことがないような課題を持つ生徒との奮闘ぶりに心を打たれるものがありました。「こうすればこう反応するが……通用しない今年、予測できない行動……」学校や授業の様子がリアルに語られ、悩む姿に参加者の共感が広がりました。

人と人とのかかわり合いが少なかった中学校生活、高校で人との出会いに戸惑っています。人間関係をつくり、友だちと渡り合う量と深さが不足している。制約が肯定感や自信をつけることを少なくし、子どもたちの苦しさを深めています。「提出物で不利になると言い訳し、強く出てくる（大人の真似）」、思いを受け止められていない防衛的な態度やメンタルが心配な状況です。

授業の組み方を変え、制作のプロセスを記録、鑑賞を重ねていく方法（哲学者、ベルクソンの思想から）を試みられていました。自画像を悩みながらもとりくむと、生徒たちは「今まで描いたこともない。自分を見るっておもしろい」と予想と違う反応があったと先生は語られます。生徒は試行錯誤を通して自分自身を発見できるように変化していきます。相互評価のデータベースで、制作の《過程》に目を向けることの教育的可能性を示されました。生徒は「美術は他の人の作品を見れるから楽しい」と話してくれたそうです。

そんな中、力のありあまっている生徒がデカルコマニーで「バシン！」。大きな音とつくり出した色に引きこまれ顔が変化していく様子に、何かをつくり出す楽しさ、心をほどいていくような体験の意味を感じたそうです。

抱えていることを赤裸々に語ることが、聞く人に響き、背負っている重さを分かち合うことができたと思います。その後の参加者の発言を一気に引き出し、気持ちが強く結ばれる力となっていきました。「生徒は、自分自身がきつく認めてほしくて、いろいろな行動をする。何をしようと迷っている気がする」「生身の自分をこんなにもしっかり描いて、強い色が出ている」「手応えのある素材・フィジカルな表現は高校生にとっても意味がある」「リアルな現実を物語っていて、昔を思い出します」など感想が多く寄せられました。

○國枝渉報告（大阪・中）「子どもの権利条約を学んでつくる人権啓発ポスター」

「子どもの権利条約」を学び、人権に関するポスターを描いたとりくみで、相手にどう伝わるかを考えながら思いを深めることや、平和問題を自分のこととして捉えていく実践でした。

人権啓発のポスターは、新しい学校へ移られても、生徒や職場に合わせながら工夫され、気骨のあるとりくみでした。昨年と今年の作品で平和がテーマとなっているものを紹介されました。今年のポスターは、より具体的な戦争のイメージ（戦車・核兵器など）が出てきて、戦争の怖さが鮮明に出ているなと感じました。苦しみ悩んでいる表現も深くなっていることに、國枝さんの深い問いかけが始まっているのだとわかります。また、とりくみをつづけていくことのハードルの高さも率直に語っていただけ、継続するには相当な力量が必要なのだとあらためて感心しました。

《レポート紹介》

○高橋まどか報告（高知・中）「地元の自然や人に『生』で触れることからの創造」

残念ながら体調不良で発表にはなりませんでしたが、地域の力・地域の文化を学校の中に風を吹き込むようにとりくま

れている内容に学ぶ点が多くあると思います。

森林面積が90％近くある地域に目を向け、緑や産業のことを「確かめながら」学び、ポスターへと表現が広がっていく3年間の報告でした。廃校後をまとめる80歳の会長さん、森林教室を開いてくれる方、さまざまな方とのかかわりで、地域・自然に触れることが、創作活動につながっていくことを紹介されています。地域に目を向け、五感に働きかける鮮度の高い準備をされています。人との結びつきが授業のテーマに据わっていて、地元のエネルギーを掘り起こし、子どもを育て守っていくことの大切さと地域の文化を守るアイデアが膨らんでいくレポートでした。

《実践報告を受けて》

○柳沼宏寿研究報告（新潟・大学）「『小学生が描いた昭和の日本：鈴木浩著』の紹介」

柳沼共同研究者からは、「小学生が描いた昭和の日本」全国の子どもの絵を集めた鈴木浩氏の紹介がありました。当時の生活の様子、地域による表現の差、指導方法など興味深い内容が「子どもの目線」で表されていることに驚きました。また、教育実習での大学生の苦しさを「子どもたちに話し合いの指導をすることが難しく、注意や必要な指導がなかなかできない。人とのつながりや関係性が断たれた中で、生徒とかかわり合うことが高いハードルになっている」とも話されました。

総括的な話の中では、美術の授業を通して、子どもの作品に涙して変わっていく父親に、子どもの笑顔が戻ってくる経験。荒れた生徒が映画づくりで自分を認めてもらえることで表情が一変した事例などを紹介しながら、子どもと保護者、そして教員の関係が語られました。

また、映像や芸術イベントなどのワークショップを通して、地域に根ざした多様な価値観や人々のかかわりの中で創り出す、楽しい「表現の場」も示されたのではないかと思います。地域とのつながりでその力を引き出していく工夫に満ちた内容であり、表現をめぐって視野を広げる示唆に富む報告でした。

○山室光生報告（奈良・小）「1年生を迎えた6年生――コロナ禍の姿から」

山室共同研究者は、問題提起の中で「いまこそ美術教育からの発信が大事ですね」と声をかけられたことを端緒として「人間らしさが見失われがちな時代だからこそ美術や美術教育は欠かせない営みなのだ」という認識に至ったことを述べられました。コロナ禍で成長や達成を喜び合う仲間が持ちづらかった日々。「1学期半ばの退職者……」「子どもの話に興味を持たない管理職」「デジタル教材しか話題にならない研究会……」教育における人間らしさはどうなっていくのか……？「人としての試行錯誤」を取り戻したいと日常をふり返ります。

「授業は、子どもたちと教員が相互に理解を深め合い、人間的なぬくもりを交わしあえる場です。今を生きる子どもたちに、どう寄り添い、生きづらさにどう答えることができるでしょうか。美術教育には、人間らしく深まり合いつながり合うゆたかな営みがある」と穏やかな口調にも力が入りました。

山田康彦氏（三重大学名誉教授）の「他者と世界を共有しようとする共通感覚が働いている『美的判断』は、根底のところで民主的な平和を守る意識を培っている」との提起も紹介されました。「相手の気持ちを感じ取る、情緒的社会を育てる必要性、ゆたかな生活や遊びを生み出す中に表現がある」という山田氏の言葉を思い出しました。

《特別に企画した問題提起》

長引く侵攻は、子どもたちに心の痛みを刻みつけています。みんなが躊躇《ちゅうちょ》しているときに、きちんと感じて動き出し、「戦争と平和」を正面に据えた報告です。菅原さんはD分科会で発表されたので、実践内容をご存知の方にとりくみを紹介していただきました。

○菅原賢一報告（東京・中）「14歳が訴える戦争と平和――子どもの不安を受け止める授業」

2月24日「ウクライナ侵攻・子どもたちはこの状況をどう受け止めているのか、心配になりました」「今こそ、私たちは平和教育をすべきではないでしょうか！　しかし、ロシアによるウクライナに対する暴挙に対して、卒業式や入学式でも話されず、校内では平和教育について授業や総合的な学習でも取り上げずにいることに違和感を覚えました」と当時をふり返ります。さらに「戦争と平和について対話を通して、子どもの心の中の想いを造形表現することで、軽減できるのではないかと考えました」。子どもの心の苦しみ、理不尽なできごとへの憤りに、寄り添うことに強い思いが込められていたのがわかります。

日頃から大切にしている《3つのポイント》

①対話：子どもの成長にとって不可欠、対話を重ねながら造形表現していく。

②エンパシー：物事を他人ごとではなく、自分ごととして捉えていく。

③自己表現：自分を見つめ、自分の想いや考えたことを言葉や形で表現していく。

美術を通して、子どもの成長を促し、育てようとするしっかりとしたまなざしがあることを教えてくれています。子どもたちの声によって授業が発展していく様子がよくわかるのは、問いかけへの感想です。

「ゲルニカは語る」ピカソは何を訴えているのか⁉

『戦争の犠牲になった人々の叫び、悲しみ、怒り……』『モノトーンで描いたのは、絶望と悲しみ……』『うちに秘めた強い思いを自分のスタイルのキュビズム技法で描き…… インパクトのある作品に……』とつづき、すでに授業の太い道筋が見えてきます。

フルグラ・コフィくん「14歳少年、日本にいる父を訪ねて2万km、アフガニスタンを脱出！」の直筆の作文から、14歳での徴兵制を問いかけます。君ならどうする？

『戦争に行っても敵を殺さず逃げます……』

『自分の人生を選べないなら自死します……』

『戦争は人を殺しても殺人罪にならないのですか？』

「自死」という言葉に教員の心配が高まります。

「戦争の起こる訳を一緒に考えよう」「平和について考えよう」と問い、日本国憲法を取り上げると。

『なるほど……！』生徒たちは、安堵感から、穏やかな表情に変わった瞬間とふり返ります。目を輝かせ、『何か、前文から力が湧いた！』『そうか、憲法があるから、戦争も徴兵制もないんだ』。子どもたちは、『事実をしっかり見極めることが大切です』と感想にまとめます。「戦争のない平和な世界にするために！」思いが流れとなって、授業に溢《あふ》れているように聞こえました。

子どもたちは「抽象表現」で、イメージを引き出し、アイデアスケッチを積み重ね、戦争と平和のイメージを練り上げていきます。制作は3コマの場面で展開され、最初に「戦争」そして最後が「平和」、真ん中の「（コマ）」は、プロセスや考えなど、戦争と平和の間で揺れ動く、自分や人々をどう捉えるかが大事な問いかけになっています。「なぜ戦争は起こる？　平和とは？」と考えを見直したり、掘り下げたりして表現の内容が変わっていきます。

答えありきではなく、子ども自身が設定する組み立てに、想いや願いを込める形となっています。多くの発言が、この授業の持っている意味や問いかけの深さ、また指導者と子どもたちの対話が、自分ごとの表現になっていることへの敬意が表れていました。菅原さんの授業への姿勢、時宜を捉える鋭い感覚には学ぶべき点が多く、「戦争と平和」に正面から立ち向かう気概はまさにいま必要なものであると感じました。

学校長が、発表に協力された判断力の的確さにも拍手を送りたいと思います。寄せられた言葉は、みんなが求めているものを指し示していると思います。地域で戦争の爪痕を伝え

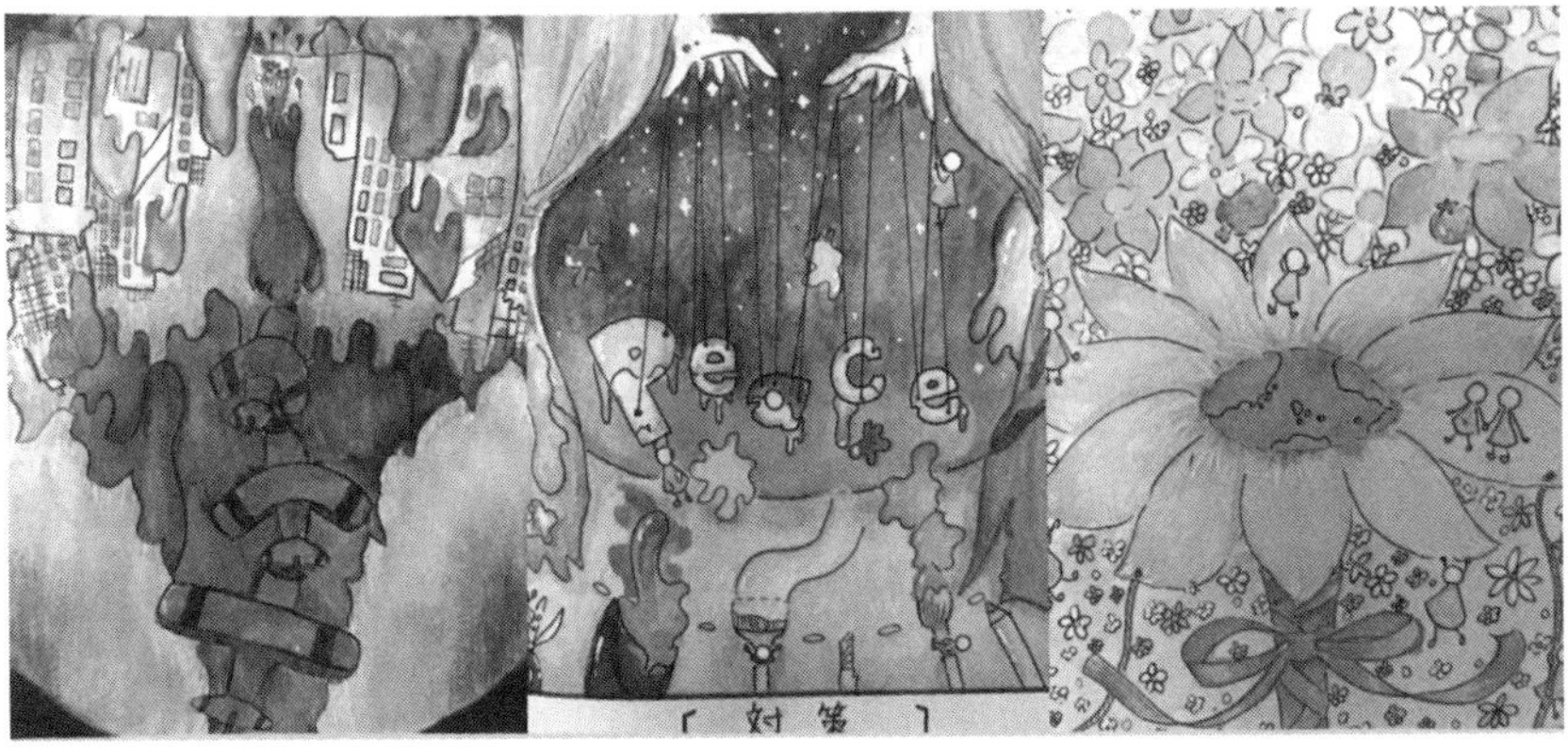

安藤紗季さん（東京都公立中学校３年、制作時２年）作
左から「戦争」：一人ひとりの未来が負の感情に押し潰され、自由が奪われる。
「対策」：権力者の考えた偽りの平和の舞台に気づき、みんなで対抗する。
「平和」：家族や大切な人がそばにいて、差別がない世界が本当の平和。

ていく活動をされている方から「今だからこそ、事実を伝えていくことが大切になっている」との発言は、特別な響きを持っていました。大人へも「どうする?」と問い、参加者の気持ちを束ねる『力のある』メッセージとなりました。

3　総括討論からのまとめ

基調報告では「私たちはどこに向かい？　何をしなければならないか?」という問いから始まりました。コロナが明け、日常を取り戻したかのように言われますが、これまでに経験のしたこともないことが起こっていると報告されました。これまでだったら……という経験則では、太刀打ちできない深刻な状況、社会が大きく変わってきたことを子どもたちの行動や思いが教えてくれています。

子どもたちの困難を、家庭や地域・所得や学力という切り口で見たとき、原因をコロナ禍にすり替えてしまう危うさを感じます。炙《あぶ》り出されているのは、見落とされ軽く扱われてきた社会の危うさであり、共感されることもなく個人の問題と放置されていたことです。苦しみや生きづらさは、社会の構造の中にあること、新しい危機が生活の中で広がっていることを思い知らされました。

どの実践報告も、子どもと「真正面から向き合う」意味、仲間を通して喜びのエネルギーが広がっていく（仲間との信頼感を育てることが、大切な場をつくっていく）大切さを教えてくれています。子どもの思いに耳を傾ける、生活の現実が行動に表れています。評価をめぐる軋轢《あつれき》もお互いを苦しめています。表現を通して、その思いを汲み取ることで保護者の共感をつかむ事例も示されました。子どもを見る広い視野で、保護者や地域の方とともに人の育つ環境を広げていくことの大切さが見えてきたと思います。

また、それぞれに「見る」「感じる」ことに焦点が当てられていて、私たち自身がその楽しさを知っていることの大切さが示されていました。そして討議が活発に展開されたことは、「人間らしさ」とは何かを問うものであったと思います。

森内さんの問題提起から、参加者の心が開かれていったことも印象的でした。子どもたちを守り育てる仲間と、その重さを分かち合う仲間がいる、共感できる人に支えられている意味が確認できました。話を進めるにしたがって収斂《しゅうれん》されていく討議、話の深まりが魅力的な分科会になったと思います。

語られた悩みや課題は、すべての子どもたち・保護者、そして教員にあるものだと思います。開催地でのレポート参加を増やし、視野を広げて学び合うことが、いよいよ大切になってきました。事務局の尽力とサポートが、大きな学びの場につながりました。スタッフも、討議に参加いただけたこと、司会者の的確な運営、研究者の誠実な姿勢、実践に裏打ちされた事例が安心感を支えてくれました。また来年も、と気持ちの昂《たか》ぶりを感じています。

〔柏倉俊一〕

【レポート一覧】

柏倉俊一　共同研究者　●基調報告　実践に学び・仲間に学ぶ

柳沼宏寿　共同研究者　●話題提供：「小学生が描いた昭和の日本：鈴木浩著」の紹介

山室光生　共同研究者　●話題提供：1年生を迎えた6年生――コロナ禍の姿から

森内　謙　司会者　●話題提供：自画像

國枝　渉　司会者　●話題提供：子どもの権利条約を学んでつくる人権啓発ポスター

菅原賢一　中学校　●話題提供：14歳が訴える戦争と平和――子どもの不安を受け止める授業

①　千　葉　大門浩子　小学校　●学級づくりに図工の表現活動を取り入れて

②東京　植野容子　中学校
③京都　菱山充恵　小学校
④大阪　土居史佳　中学校
⑤高知　高橋まどか　中学校

●対話を通して見られる子どもの表現——中2のポスター制作を中心に
●小2「遠足の絵」（鉄道博物館）
●共同制作による空間演出——ミッション！美術室を夏の海に！
●地元の自然や人に「生」で触れることからの創造

分科会報告 7

音楽教育

小村　公次
大西　新吾
中林　均
毛利　幸子
山田　慶子

1 基調提案

2023年のレポートの特徴と子どもたちの反応

今年のレポートに見られる特徴は、「コロナの影響で歌ってこなかった2年間は、社会的な意味でも大きい」という指摘など、〝アフターコロナ〟というべき学校と子どもたちの様子がリアルに報告されていることです。と同時に、「〝普通〟に歌う子どもたちの様子を見て、その〝普通〟がかけがえのないもののように感じた」など、コロナで失われてしまった学校文化を取り戻すとともに、創造的に発展させていくとりくみがおこなわれていることにも注目したいと思います。

今年のレポートに共通しているのは、子どもたちに手渡した〈音楽〉に子どもたちがどう反応したかがいきいきと語られていることです。このことは、一昨年から提起した「私たちはなぜ歌い、音楽で語りかけるのか」という話し合いの視点が、実践を通して深められていることを示しているように思われます。とりわけ、コロナの3年間を経たいま、「子どもたちが歌うことを求めている」ことを受けとめ、実践を積み重ねる中で、「コロナ禍でも、歌を届けることができる」という確信となったことがいきいきと報告されています。

私たちは困難な中でも歌い、音楽で語りかける営みを続けてきました。そして、それを受けとめる子どもたちが、音楽を心から喜ぶ姿、心を解放して音楽に向かう姿、その瞬間瞬間に音楽で育っている姿を確かめることができました。どんなに困難な状況にあっても〈音楽〉は人と人とをつなぎ、子どもたちと私たちをゆたかに育んでいく大切な存在であることを、私たちは実践を通して強く感じることができました。だからこそ、私たちは歌い、音楽で語りかけていきたいと思います。

2023年の分科会で深めたいこと

昨年までの音楽教育分科会では、以下の4点を柱にして交流しました。今年も引き続きこの4つの柱を軸にして深めていきたいと思います。

- 教師自身が〝心を動かされた〟音楽（教材）をどう〝発見〟したか
- その音楽を子どもたちにどう届けたか
- 子どもたちはその音楽をどう受けとめたか
- 私たちはなぜ歌い、音楽で語りかけるのか

みなさんとともに率直な意見交流をおこない、学び合っていきましょう。

〔小村公次・中林　均・毛利幸子・大西新吾・山田慶子〕

2　レポート発表と討論の概要

今年報告された16本のレポートからは、〝アフターコロナ〟というべき学校・保育現場や子どもたちの実情と課題が、明らかになりました。しかし、その中でも、目の前の子どもたちが意欲的に音楽にとりくめるように手立てを工夫して、働きかける先生や保育士の姿と、音楽を通して友だちや先生とともに成長していく子どもの様子が、熱く語られました。レポートとともに、音源や映像でもその様子を共有することができました。

レポート発表と授業実践の音源等

①群馬・保5歳

「楽しい、好き、その先に」

『木の芽はみどりに』『わたしの歌はふるさとです』『プロメテウスの火』『来い、のどかな春よ』

②群馬・保5歳

「想いが伝わる」

『グローリア』『ミューズの子』『冬の終わりの』『子どもの対話～冬の終わりの』

③東京・保5歳

「5歳児と音楽」

『オレンジ売りの歌』『ちびすけうさぎのカルロスロサーノ』『闇をきりさく』『一すじの光となって』『カラスの歌』『狩の祈りの歌』『草織りの』『春がきたら』

④高知・小1

「学ぶこと」

『森のかじや』『ホップステップジャンプくん』『はずむよはずむよ』セリフ～『ゆうべみた夢』～『黒熊親分の歌』『春がきたよ』

⑤東京・小1

「子どもと歌い、共感すること――朝の会で歌うこと・子どもとつながること」

『鳥刺しパパゲーノ』『三人のかしこい少年が』『いそいで行こう』～『魔法の鈴』『農夫は早起き』

⑥北海道・小1・2・3（特別支援学級）

「音楽と共に育つ」

『ラッパずいせん』『みんなでいこう』『おおかぶと』『ポランの広場』『ほたるこい～じんじん』

⑦東京・小1・2・3・4・5・6（特別支援学級）

「生き生きと歌う子どもたち」

『きつねのうた』『きつねのうた～みんなでおどろう（映

像）」『おさるのレストラン』『十二月の歌』
⑧広島・小3・4（特別支援学級）
「喜びをつなぐ　ぼくらの歌――支援学級の子どもたちと」
『てんとう虫』『若い月たちの歌』『ブルッキーのひつじ』
⑨奈良・小6
「サークル活動で学び合うこと」
『木は空を』
⑩兵庫・小1・2
「コロナ禍における音楽教育」
『若い月たちの歌』『ウサギとリス』『てぃーちでぃーる』
『きょうがきた（竹の塚北小学校校歌）』
⑪京都・小5
「子どもを信じて歌う」
『きょうがきた（竹の塚北小学校校歌）』『輝く夏の日に』『あもみの木』『てぃーちでぃーる』
⑫京都・小6・中1・2・3
「子どもたちの、その瞬間の歌を目いっぱい」
『木はふるえる』『川の合唱』『てぃーちでぃーる』『かきたきぎとりの歌』『きょうがきた（竹の塚北小学校校歌）』
⑬京都・中1・2・3
「〝音楽〟という窓を通して社会を見る」
『わが想い風になり』『グランド電柱』『伝説の広場の歌』
⑭広島・中1・2・3
「うたがよみがえるように――コロナ禍から学んだ〝うた〟」
『わらび』『ます』『恋がどんなものだか』『空を見る（福山市立福山中学・高校校歌）』『わが想い風になり』
⑮大阪・特別支援学校（中学部）1～3年
「作曲をしよう」
⑯福岡・特別支援学校（高等部）1年
「生徒一人ひとりの歌が集まる」
『わらび』『すみわたる空よきけ（宇喜田小学校校歌）』『あれののばら』『ばらを植えよう』

各レポートの発表について

小笠原啓記報告（群馬・保育園）「楽しい、好き、その先に」は、年長クラスの子どもたちとの生活と歌のかかわりについて語られました。子どもたちは、米づくり、火起こし体験など、全力で楽しみながら生活を創っていく中で、歌やリズム表現にもイメージを広げて向かっていきます。『プロメテウスの火』にとりくんだとき、相手を意識して歌ったり、朗読や歌を聴いたりすることを通して、子どもたちは、言葉を深く理解して歌うようになりました。「教材の持つ力や伝えたいところを学び続けたい」と、結んでいます。

椚嶋茉都香報告（群馬・保育園）「想いが伝わる」は、年長クラスの子どもたちと、対等に向き合い、ともに成長していく歩みが語られました。「勇気を出して行動し、自分の想いを伝えられるようになろう」という願いを込めて、「どうしても歌いたい」と組曲『風と川と子どもの歌』にとりくみます。子どもたちは、1曲ずつの歌から、自分の経験と結びつけて話し合い、歌い重ね、「立ち上がり行動する」子どもたちの姿そのものに成長します。「子どものおかげで自分も成長できた。音楽の素晴らしさを伝えていきたい」と語りました。

小笠原和美報告（東京・保育園）「5歳児と音楽」は、感染症の影響で、節目になる行事を経験できない中、年長クラスをスタートしました。表現活動に対して「やりたいけどできない」と葛藤する子どもたちの姿に、「今はきっと自分の中に取り込もうとする時期。自ら外に出せるもので自信をつけていこう」とリズム表現や遊びを通して生まれた意欲を絵や歌の表現活動へとつなぎ、深めていきます。主人公に共感して組曲『オキクルミと悪魔』を歌う子どもたちの姿から、「ゆたかな保育がゆたかな表現活動につながる」と語りました。

酒井弘報告（高知・小）「学ぶこと」は、再任用で初めて担任した1年生を前にして、「聞くこと」「座ること」が当たり前ではないことに戸惑いつつも、音楽の授業で、子どもたちが、『森のかじや』を明るく歌う姿に驚き、あらためて「教材を選ぶ大切さ」を痛感します。再開した研究会に参加して、実践をふり返り、組曲『オキクルミと悪魔』にとりくみます。絵本の読み聞かせや劇遊びを楽しみ、子どもたちは「つづきを早く教えて」と意欲的に歌うようになりました。「教師自身が学ぶことの大切さ」を実感させる報告でした。

四谷悦子報告（東京・小）「子どもと歌い、共感すること――朝の会で歌うこと・子どもとつながること」は、2年生の担任でありながら音楽の授業が持てない中、朝の会のわずかな時間を大切にして歌いつづけました。2学期、四谷さんは、毎朝1回子どもたちと顔を見合わせて歌えることを心底喜び、オルガンを弾いて歌を手渡していきます。『鳥刺しパパゲーノ』の歌声からは、「魔法の笛」のお話のおもしろさとピッタリの音楽を喜んでいる子どもの姿を共有することができました。コロナ禍を経て「ようやく今、こんな楽しい時間を子どもたちとつくることができた」と報告しました。

山口政世報告（北海道・小）「音楽と共に育つ」は、知的支援学級（1年〜3年6名）を担任し、「みんなで過ごす時間を大切にしたい。学級に文化を育てたい」と、毎日朝の会で歌いつづけます。子どもの個性、課題はそれぞれですが、興味関心、生活や身のまわりの自然などを考えながら、「子どものアンテナに引っかかる歌」は何かを選び、手渡します。『おおかぶと』の歌を通して、子ども同士が仲良くなっていく姿に、「子どもは、友だちと一緒にかかわり合いながら、自ら成長していく。歌のある生活を大切にしたい」と語りました。

富澤ひろみ報告（東京・小）「生き生きと歌う子どもたち」は、コロナ禍を経て4年ぶりに復活した「学芸会」のとりくみについてです。特別支援学級1年生から6年生の26人全員が活躍できる演目を考えて、『小さいお城』を選びます。子どもたちは、「〜役をしたい」と、練習からリズム表現や劇遊びを楽しみました。学芸会当日の『きつねのうた』『みんなでおどろう』の歌や映像から、どの子も楽しんで表現する様子を共有しました。「学芸会には、子どもと文化をつくり上げる喜びがある。創造的な活動から、いきいきと活動する子どもは生まれる」と、結んでいます。

毛利幸子報告（広島・小）「喜びをつなぐ　ぼくらの歌――支援学級のこどもたちと」は、知的支援学級（3・4年生）の子どもの心にピタッとくる歌を探していたときに、「あぁ」と発語する赤ちゃんに共感する子どもたちから、『ブルッキーのひつじ』を思いつきます。絵本を見せながら歌うと、ちゃんと8分休符を入れて歌い返す様子に、「〝メェ〟は、ひつじの大切な言葉。子どもは音楽の本質を捉える力がある」と語ります。「先生や友だちと歌い合い、共感や喜びで歌が育っていく。音楽そのもので、歌の世界を届けられるように学び続けたい」と、結んでいます。

磯田由香報告（奈良・小）「サークル活動で学び合うこと」は、民間教育サークルでの学びを実践に生かす校風の職場に勤務しています。校内に「なら音楽サークル」を立ち上げ、他のサークルとも学び合う中で、「教師自身が歌う楽しさを知り、子どもと一緒に楽しんで歌う大切さ」に気づきます。高学年を担任して、子どもの〝歌いたい〟という思いに気づいた磯田さんは、平和学習とつなげて『木は空を』にとりくみます。音楽から感じたことを話し合い、歌いながら平和への考えを深めていく子どもたちを見て、「サークルでの学びと目の前の子どもたちと歌っていくことを大事にしたい」と結んでいます。

細田小百合報告（兵庫・小）「コロナ禍における音楽教育」は、「コロナの影響で歌ってこなかった2年間は、社会的な意味でも大きい」と指摘します。音楽の専科として、「消滅した学校文化を取り戻し、教材を仲立ちにして、教師と子どもが思いを共有する」授業をめざして、低学年の子どもたちと歌いはじめます。今年度になり、楽しいことが大好きな1年生は、よく「先生、歌おう」と、歌をリクエストすると語ります。昨年から歌い重ねてきた2年生の『きょうがきた』の歌声から、「一緒に歌うことを通して育ちたい」という願いを共有しました。

野山かける報告（京都・小）「子どもを信じて歌う」は、小規模校の5年生との歩みについてです。就学前から一緒の5人の子どもたちは、当初、S君を気遣って、自分の思いを素直に出すことができませんでした。野山さんは、欠席が続くS君に対して、「自分は子どもを信じることができていたのだろうか」と自問自答し、真正面から向き合います。朝の会と音楽の授業の初めに、子どもたちと歌いかわし、一人ひとりの表現を受け止める中で、5人らしい『あぁもみの木』の歌が生まれ、子ども同士がつながっていきます。「子どもへの見方や受け止め方、信じることとの大切さ」が語られました。

高橋響子報告（京都・小中一貫）「子どもたちのその瞬間の歌を目いっぱい」は、施設一体型の「小中一貫校」で、6年生から中学校3年生と授業をしています。初めての小学生との授業に戸惑いますが、コロナ禍でも歌ってきた子どもたちの活力に背中を押されて、教材を選び、授業のテンポを考えながらとりくみます。6年生に「今、この子どもたちと」と選んだのは、初めて教材にした『たきぎとりの歌』。歌の世界に浸って精一杯歌うMさんの姿に、「これからも、歌うことで元気になったり、前向きになったりしてほしいと願って、音楽を渡したい」と、語りました。

山本誠報告（京都・中）「〝音楽〟という窓を通して社会を見る」は、「授業で、作曲者の思いの凝縮された作品をていねいに歌い合い、自分たちの歌を創っていく喜びは、スマホで簡単に手に入れられる音楽と対極にある」と指摘します。コロナ禍を経て3年ぶりに実現した文化祭は、3年生にとって初めての文化祭でした。全校合唱の『伝説の広場の歌』で、3年生の女子3名（支援学級のKさんも）が2番のソロをします。ステージ上での柔らかく芯のあるKさんたちの歌声。その歌に呼応して3番、4番と高まっていく生徒たちの歌声と保護者からの温かい拍手を聴きながら、冒頭にある「授業」の本質を共有することができました。

今村節子報告（広島・中）「うたがよみがえるように――コロナ禍から学んだ〝うた〟」は、コロナ禍の2年間、表現活動を極端に自粛している学校に、転勤・再任用となりました。2年生はなかなか歌声が集まらず、生徒との心の距離をどう埋めたらよいのか悩みます。今年度、3年生に進級した生徒たちと、2月に渡した『恋がどんなものだか』を、再び歌いはじめます。6月、ピアノのまわりに集まった生徒たちが、少しはにかみながらも顔をほころばせて歌い返す姿に、「教室に歌声がよみがえった。音楽が自分と子どもを支えつづけてくれた」と語りました。

小島良平報告（大阪・特別支援・中）「作曲をしよう」は、中学部の1年生から3年生8人と、作曲にとりくんだ実践です。全員が作曲できる手立てを考え、24枚のリズムカードの中から自分の好きなカードを4枚選んで、1人1小節のリズムをつくります。リズムの組み合わせを話し合ったり、演奏したりしながら、8人でつなげて「みんなのリズム曲」が誕生します。「自分たちの曲」と、演奏練習に励む生徒の姿が語られ、音程を選ぶときに、個別に実際に演奏してみせて意思決定をさせるなど、ていねいな教師のかかわりの大切さを共有することができました。

和田律子報告（福岡・特別支援・高）「生徒一人ひとりの歌が集まる」は、高等部に異動して1年生と出会います。生徒一人ひとりを思い浮かべながら歌を選び、手渡します。生徒のなにげない反応やつぶやきをていねいに受け止めて、願いや喜びに共感することを積み重ねる中、喜びいっぱいの生徒たちの歌声が集まっていきました。下校前の休憩時間に、ピアノの音楽を感じて自由に踊り、喜びいっぱいに歌う生徒たちを見ながら、「音楽の授業が、休み時間のように自由な音楽の空間になるといい」と語ります。

感想・討論より

基調提案に示された4つの柱を軸にして、活発な意見交流がおこなわれ、論議が深まりました。

◆発表全体にかかわって

・対面で、1年間のとりくみを語り合い、子どもの成長の喜びを共有できることや、ともに歌い合えることは、大きな喜び。

・競争、評価、既成のシラバスありきではなく、子ども（教師）にとって「新しいことや楽しいことにワクワクする」学校や授業にしたい。

◆「教材をどう発見したか」にかかわって

・子どもと一緒にやりたい音楽を見つける。

・目の前の子どもが何を歌いたいのか、子どものまなざしをもって見つけたい。

――憧れや共感を持てたり、世界を広げたりする音楽

◆「音楽をどう子どもたちに届けたか」にかかわって

・保育士や教師の思いや喜びが、手渡す姿から伝わる。

・子どもの様子を見ながら、「好き」な気持ちを掘り下げて、音楽で響かせたい。

・保育園全体で学び合い、集団で深めて手渡す。一人の仕事だけれど、みんなの仕事。

・生徒自ら選び、決定できる手立てが細やかで、意欲につながる。

◆「子どもたちはどう受け止めたか」にかかわって

・子どもは、自分の好きなところにとびついて、離さない。

・子どもを信じる。表現として出てくるものを喜ぶ。

◆「なぜ歌い、音楽で語りかけるのか」にかかわって

・生きている、人とつながり合えるから歌う。
・歌うことで、新しい世界に出会い、自由になる。
・子どもも、教師も歌で育ち合える。
・安心して歌い合い、ともに喜び合える場をつくる。

今年度の分科会では、従来から大切にしてきた〈ピアノを弾きともに歌い合う〉活動が、分科会の流れの中に位置づけられ、対面で実現しました。実際に実践者のピアノで歌い合うことで、伝えたい音楽の魅力や喜びを共有し、レポート内容への理解と共感が深まりました。また、東京都教組音楽教育分科会有志の方が中心になって、分科会歌集を作成し、分科会1日目終了後に、同会場で歌う交流会も開いてくださいました。歌い合う活動がいっそう充実し、参加者同士の交流を深めることができました。ありがとうございました。

〔毛利幸子〕

3 まとめ

この3年間の音楽教育分科会は、2020年度［提出されたレポートと音源の感想を司会者と共同研究者でまとめる］、2021年度［オンラインのみで1日開催］、2022年度［対面とオンラインの併用］。という形をとりながら、コロナ禍にあっても、ギリギリの状況の中で実践交流と研究が続けられました。そして今年、4年ぶりに完全対面による分科会が開催されました。

提案されたレポートは、保育園3本、小学校8本、中学校3本、特別支援学校2本の計16本。どの発表からも、音源や映像、作品などの実践とともに、子どもたちの明るい成長や変容が語られました。

レポーターや一般参加者からは次のような学びや感想が出されました。

・自分は何を大事にやってきたのかを考えていた。実践したい曲がたくさん見つかった。
・迷ったり悩んだりしている思春期の中学生の歌声に感動した。
・大人が楽しいと思う気持ちが一番大事。この歌のここが楽

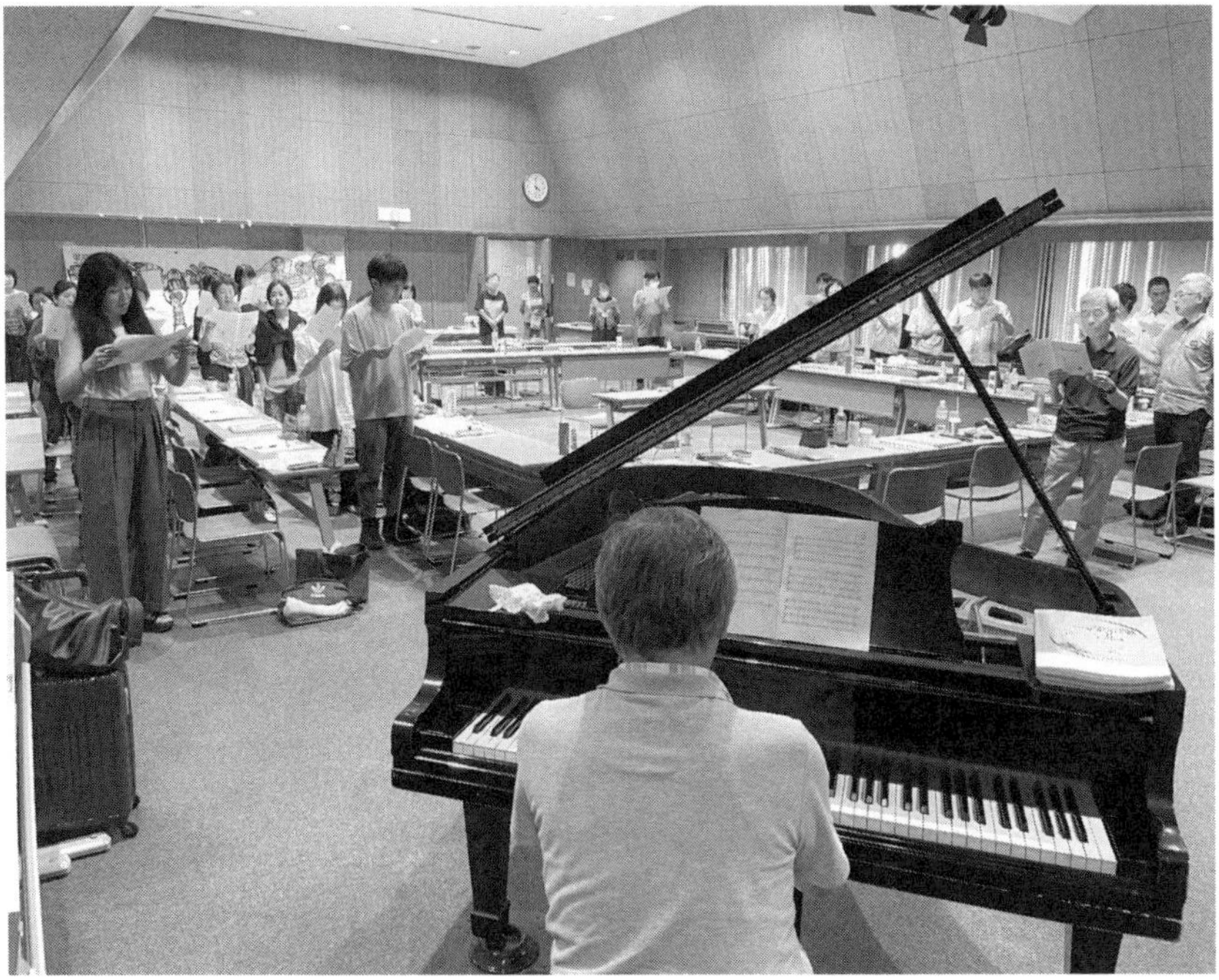

しいというのがあるから、子どもたちと歌いつづけていられる。
・職場の人にこの分科会の話を聞いてもらいたかった。
・子どもの発達に寄り添って教材を選ぶ、それはその曲が難しいか簡単かということではないと感じた。
・楽しい学校を創るために、自分は今ここにいる。
・「なぜ歌うのか」「なぜ音楽をするのか」。答えはないけれど、たくさんの子どもたちの歌声からそれを感じた。
・「音楽を渡す」という言い方がとてもすてきだと感じた。自分の中をくぐりぬけたものの感性を渡していく、それだから子どもたちの歌声がいきいきとしているのを感じることができたのだと思う。
・実践から聞こえる大人の声や、子どもの捉え方、表現のキャッチの仕方がとてものびやかと感じた。
・特別支援教育の視点はすべての教育の場に必要と思う。
・保育園も小中学校も特別支援学校も皆同じで、大人がそこへ向かう気持ちや楽しさ、この歌を歌いたいという想いがみんなそこにある。
・基調提案でも触れられている「定式化された『○○方式』」というのではなく、教師が精一杯子どもに音楽を伝えている。

今年の基調提案の中に、「〝心動かされる音楽の発見〟から、それを授業で〝教材〟として子どもたちに手渡すまでの過程は、平坦ではありません」という一文があります。また「優れた教材を使えばすぐによい授業ができるわけではないことを学んできた」という言葉もありました。それは、感想の中にもある「子どもの捉え方」と深くつながるものです。

例えば、赤ちゃんが「あぁ」とだけ発語する話に子どもたちが大喜びする様子を見て『ブルッキーのひつじ』が浮かんだという広島の毛利さん。文化祭の全校合唱『伝説の広場の歌』で、特別支援学級で学ぶ一人の生徒の声をみんなに聴いてほしいと、その子が歌う場面を瞬間的につくった京都の山本さん。歌そのものを受けとめてほしいと思い、初めにあえて何も説明せずに『木は空を』を渡した奈良の磯田さん。ピアノの弾き方に悩んだとき、「自分の耳が子どもたちの声に向いて、それにピアノをのせることができたら、どう弾いたらいいかは生徒たちが教えてくれる」と書いた福岡の和田さんなど、教師と子どもたちとのかかわりの深さを感じさせる発表が続きました。

また、子どもたちとの生活の中で自分自身を変えていったという群馬の柗嶋さんや、『わが想い風になり』を1年間歌いつづけてきて、歌い方やピアノの弾き方が変わってきた広島の今村さんの実践からは、優れた教材（文化）は子どもだけでなく大人も変えていくということを感じました。教育の一律化をもたらしかねないＧＩＧＡスクール構想とは対極の姿がそこにあり、ひとつのところにとどまらない楽しさが授業を創るということを確かめ合うことができた2日間でした。

まとめの発言の中で共同研究者の小村公次さんから、「好きな音楽の、どこがなぜ好きなのか」を掘り下げていくことの大事さが述べられました。「子どもたちが好きな部分というのは、そこに子どもが自分を重ねていて、自分が成長したいという願いがある」と、これからの新しい視点が示されました。

また、今年度の運営の方法として、音源の提出・再生については昨年と一昨年の経験や成果を踏まえ、事前にＣＤにまとめたうえ、提案順の一覧表も用意したため、機械操作も発表もスムーズにおこなうことができました。

2日間の参加者は延べ１０２名でした。

（中林　均）

【レポート一覧】

①	北海道	山口政世	小学校
②	東　京	小笠原和美	保育園
③	東　京	四谷悦子	小学校
④	東　京	富澤ひろみ	小学校
⑤	京　都	高橋響子	小中一貫校
⑥	京　都	野山かける	小学校
⑦	京　都	山本　誠	中学校
⑧	奈　良	磯田由香	小学校
⑨	大　阪	小島良平	特別支援学校
⑩	兵　庫	細田小百合	小学校
⑪	広　島	今村節子	中学校
⑫	広　島	毛利幸子	小学校
⑬	高　知	酒井　弘	小学校
⑭	福　岡	和田律子	特別支援学校
⑮	群　馬	小笠原啓記	福祉保育労
⑯	群　馬	松嶋茉都香	福祉保育労

●基調提案
●音楽と共に育つ
●5歳児と音楽
●子どもと歌い、共感すること――朝の会で歌うこと・子どもとつながること
●生き生きと歌う子どもたち
●子どもたちのその瞬間の歌を目いっぱい
●子どもを信じて歌う
●〝音楽〟という窓を通して社会を見る
●サークル活動で学び合うこと
●作曲をしよう
●コロナ禍における音楽教育
●うたがよみがえるように――コロナ禍から学んだ〝うた〟
●喜びをつなぐ　ぼくらの歌――支援学級のこどもたちと
●学ぶこと
●生徒一人ひとりの歌が集まる
●楽しい、好き、その先に
●想いが伝わる

分科会報告 8

書写・書教育

野坂　武秀

1　分科会の経過と課題

(1)　はじめに

２０２０年のコロナ感染症拡大による中止、２０２１年オンライン開催、昨年２０２２年は高知県での会場とオンラインの併用開催を経て、今年の東京は久々に会場開催の分科会となりました。

今年の東京は、会場の利便性から多くの参加を期待しましたが、未だに残るコロナ禍の後遺症と全国的な猛暑の影響もあって、当初予定レポート６本、当日持ち込みレポート１本の合計７本に参加者11人で密度の濃い論議を進めました。

長年の課題である小中学校からの参加者は1名でしたが、特別支援学校と定時制高校のレポートがあり、当日持ち込みレポートは、退職教員が公民館講座や保育園での講師体験の報告で、数は少ないけれども多様な実践を交流することができました。

(2)　書写・書教育をとりまく状況と本分科会の目標

小学校における英語教育必修や道徳の教科化による影響で教科時数が減少し、書写の授業の計画的な実施が困難になってきています。その上、書道経験の少ない若い教員が増え、書写指導に困難を感じながらも何ら手立てはなされていません。小学校の教科担任制が話題になりますが、書写は教科でないため、蚊帳の外です。

会場に並べられた作品

高校現場も必修単位の減少や少子化による学校規模の縮小・統廃合により選択教科の幅が狭まり、書道の正教員は減る一方です。

徐々に回復の兆しが見えはじめたコロナ禍のさまざまな課題。中でも3年間続いたマスク生活の日常は、相手との距離を離し、相手の表情を見えなくすることで、子どもたちの心身に大きな影響をもたらして来たことが想像されます。

書写・書教育は、正しい文字・整斉《せいせい》な文字を書くことはもちろん大切ですが、自分の言葉を自分の文字で表現することで、人間性を養う効果も発揮します。自己表現をめざす授業では、子どもの本音が見えてきます。コロナ禍明けの今、閉鎖された心を開く授業実践が期待されます。私たちは、子どもの声を聞きながら、「子どもを人間丸ごと育てる」ことを目標に、書写・書教育を通して、子どもの発達を支援し、見守りたいと思います。

2　討論（レポート）の概要と特徴

（1）基礎基本と子どもの意欲を引き出す指導

小中学校の書写では、正しく整った文字を学ぶという目標から、形を重視するあまりに楽しさを求めるのが難しいという声を聞きます。また、基礎とか基本は単調なもの、それを乗り越えなければ楽しさは生まれないという人もいます。

しかし、当分科会では、基礎基本こそ楽しくできなければ書く意欲につながらないと考え、筆を自由に扱う力や用具用材を生かす力をつける方法を研究してきました。何よりも書くことを恐れないことが大切という観点です。

野坂武秀報告（共同研究者）「『トン・スー・ピタ』の書写指導――小学校書写、巡回ボランティア指導の実践」では、習字体操やリズム運動を取り入れた小学校の実践が楽しく語られました。高校の書道教員を退職した後、町の嘱託生涯学習推進員という立場で地域の小学校書写の巡回指導にとりくみ、職を離れた現在も、ボランティアで小学校を回りつづけています。

指導の基本は、書道経験のない先生方にも実践しやすいように、自分で手本を書くことはしません。「トン・スー・ピタ・フワー」と教師のかけ声とともに一斉に筆を動かす様子は、リズム運動のようなイメージです。部分練習を重視し、その後で文字の組み立て方を図解で説明するため、教科書の手本を見ながら書くこともしません。小筆や鉛筆の動きをスムーズにする『鳩ぽっぽ体操』は、「鳩ぽっぽ」の歌に合わせて小筆を指で動かすもので、会場でも披露されましたが、子どもたちが喜ぶ姿が目に浮かぶものでした。

初参加の坂下里美報告（長崎・高）「ＩＣＴを活用した書道の授業」は、定時制小規模校で、国語教員が免許外で書道を指導することになり、指導書に付属するＤＶＤやＮＨＫ・Ｅテレの動画視聴、ときには個々にタブレットを活用した反復学習など、ＩＣＴを積極的に導入することで技術指導をカバーした実践です。坂下さんは、長く図書館指導にかかわってきた経験があり、図書館を活用した実践も模索中で、今後の展開が楽しみな報告でした。

藤居孝弘報告（滋賀・高）「対話を大事にした創作指導」では、高校書道における基礎学習で臨書に頼らない実践が見られます。筆の機能や用具用材の生かし方を学び、主体的な学びや表現につなげ、自分らしい文字や創作活動にとりくむための基礎基本のあり方を広く論議しました。

藤居さんのバックボーンには、滋賀県の書写書教育の歩みがあります。硬筆指導では文字の成り立ちや形の基礎を徹底し、一方の毛筆では、小学校書写の段階から筆の機能や毛筆特有の表現に着目した指導が取り入れられています。1本の筆で細い線も太い線も自由に書ける、墨の含ませ方によっても変わる線、運筆のスピードやリズム、それらを体験的に学ぶ学習法が確立しているのです。

ただ近年は、その学習環境にも変化が見えてきているよう

高校の共同作品

です。小中学校教員の若返りで毛筆経験が少ない教員が増え、さらに職場の多忙化で研究会活動への参加が減少。高校では専任教員が減少することで今まで培ってきた滋賀の書教育を継承することが困難になります。

それでも高校の授業の中で、藤居さんや押谷達彦さんのような実践があることで、その中の1人でも2人でもが小中学校や高校の教員として戻ってきてくれる可能性があります。そんな期待が持たれる実践発表でした。

(2) 子どもの実態に寄り添う表現指導

ゆたかに表現された書作品には、技術的な要素以上にゆたかな心や感性がこめられています。情報化社会で流されてゆく子どもたちの感性を鍛える（磨く）ために、さまざまなアプローチが実践されています。

押谷達彦報告（滋賀・高）「主体的に創作する」は、「主体的に創作する」ことを目標にした実践で、生徒の意見・感想が大事にされています。その時間ごとに設定されたテーマに対して感想や短文をまとめ、それを作品にするという方法がくり返されます。ときにそれが映画鑑賞であったり、修学旅行の事前学習であったり、グループによる共同制作であったり、生徒たちが感想や意見を出しやすい環境づくりにも工夫が見られます。

表現の幅を広げる工夫も大切です。一字書、大字書、多字数書のまとめ方、用具用材墨色の工夫、ロウ書きなど、それらを実現するために、教室にはさまざまな大きさの画仙紙が準備され、ロウ書き用のロウを溶かす電熱器、ロウを抜くための新聞紙とアイロン、彩色のためのポスターカラーまで、墨と紙だけのイメージを大きく覆します。

磯角広一報告（北海道・高）「13年目の『もやもや』」では、ICTの導入など、社会の変化や教育内容の変化にとまどい、思うように子どもたちの心や作品が育たないもどかしさが語られ、教育実践の難しさが報告されます。実践交流では、子どもたちのすばらしい作品で感動し合うことだけでなく、裏腹に日々悩んでいる教師の姿を報告し合い、互いに励まし合うことも大切です。

最近の磯角実践を支えるのは、上越教育大教授の西川純氏の『学び合い』という授業法だと言います。この書教育分科会で学んだ実践に『学び合い』をプラスすることで、今まで「もやもや」していたことに光が見えはじめました。イスに座って黙って考える授業から「立ち歩きOK、他の生徒の作品を見てどんどん交流」という授業に転換を図り、次第に効果を上げてきています。

嵯峨寛之報告（青森・特別支援）「書道という芸術を学校で楽しめるように」は、特別支援学校での実践です。分科会初参加の嵯峨さんの報告は、参加者に最も衝撃と感動を与えた実践と言えるかもしれません。嵯峨さんは大学の書道科を卒業後、新潟で高校書道の臨時教員、山口で高校国語の臨時教員を経て青森の特別支援学校教員としての道を歩みはじめます。肢体不自由児童を含む養護学校、聾《ろう》学校・盲学校、そして現在の重度重複障害を持つ児童を支援する養護学校と書写・書教育の手が届きにくい学校で、試行錯誤する実践報告です。

大学で書道を学び高校書道の免許を持つ嵯峨さんの基本は、児童生徒に書道のおもしろさを知ってもらいたい、書道という芸術を通して学校の中にゆたかな人間性を育む環境をつくりたいという願いに裏付けられています。その実践は、臨時教員として赴任した新潟の高校から始まり、国語教師として赴任した山口の分校でも周囲を巻き込みます。一般的には静かなイメージの高校国語の授業に書道を持ち込んだときには、賑《にぎ》やかな教室の様子に他の先生方が心配して見に来たと言います。ところが生徒たちの楽しげな姿に、先生たちまで一緒に筆を持って授業に参加。国際交流や文芸部の活動にも書道を取り入れていきました。

青森の特別支援学校に採用になってからは、肢体不自由を持つ児童、聴覚障害・視覚障害を持つ児童、そして現在の重度重複障害を持つ児童の指導へと範囲を広げています。

特別支援学校で書道をおこなうには多くの課題があります。

①肢体不自由の指導では書くための準備運動（緊張を緩める、指体操など）、筆を持つための補助具などの工夫

②聴覚障害の学校では、手話などの言語活動に時間が割かれて、時間がとれない

③盲学校では、「触れてわかる書」の工夫

④小中学校課程では、書写としての指導範囲をどのように捉えるか（教育課程上の課題）

⑤書写・書道の専門性を持つ教員の不足

⑥用具用材不足と、用具用材を準備する予算の不足

⑦実践例が少ないため周囲の理解や協力を得られない

などです。

これらに対して、嵯峨さんはさまざまな実験や工夫をくり広げています。

①腕や手が不自由な児童生徒には、腕を載せる台や腕を吊すひもなどの工夫

②視覚障害の児童生徒には、触れてわかるように書いた線が盛り上がるボンドのようなものや、それに砂のようなものを混ぜて乾くとザラザラするような工夫

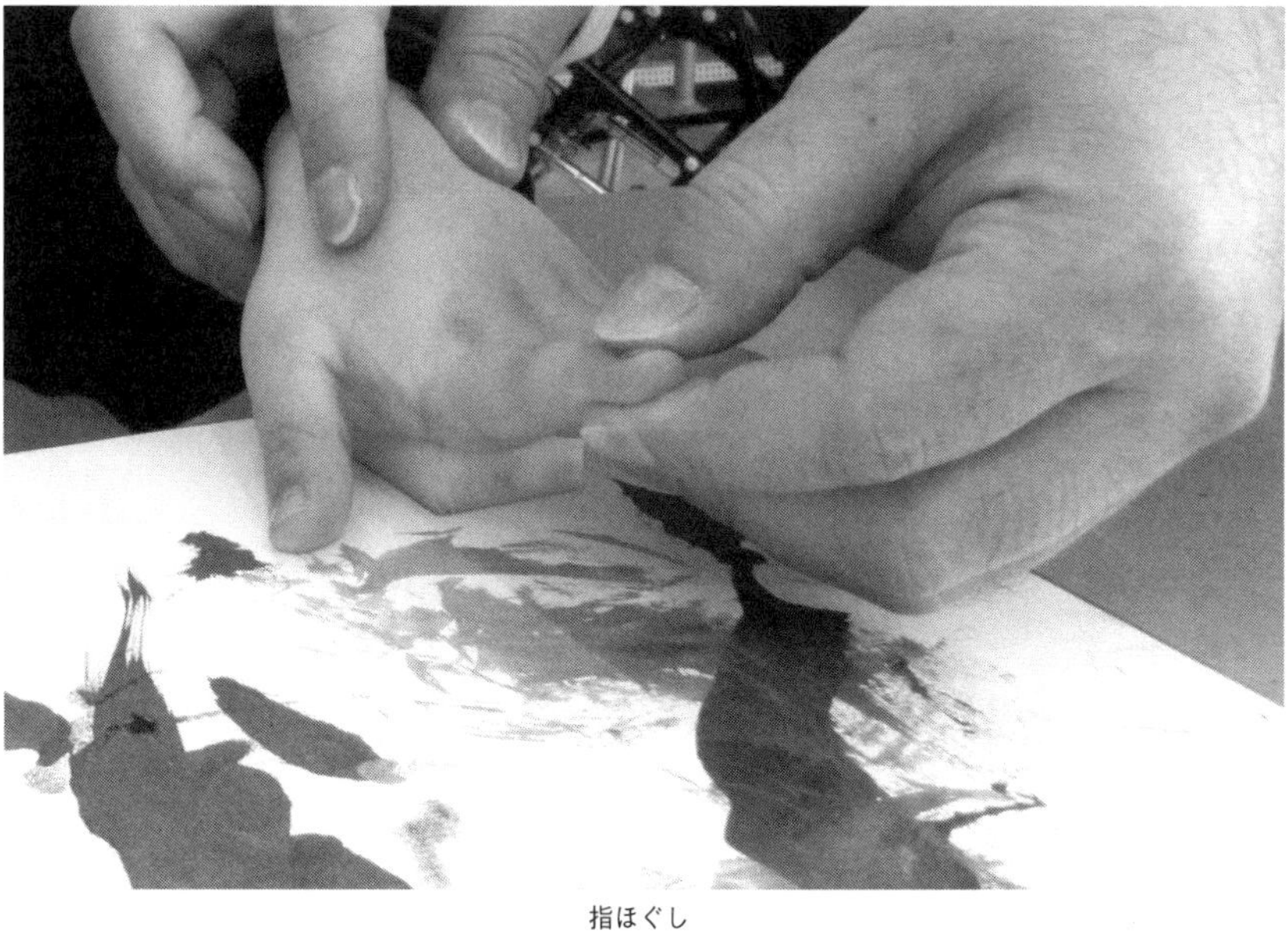

指ほぐし

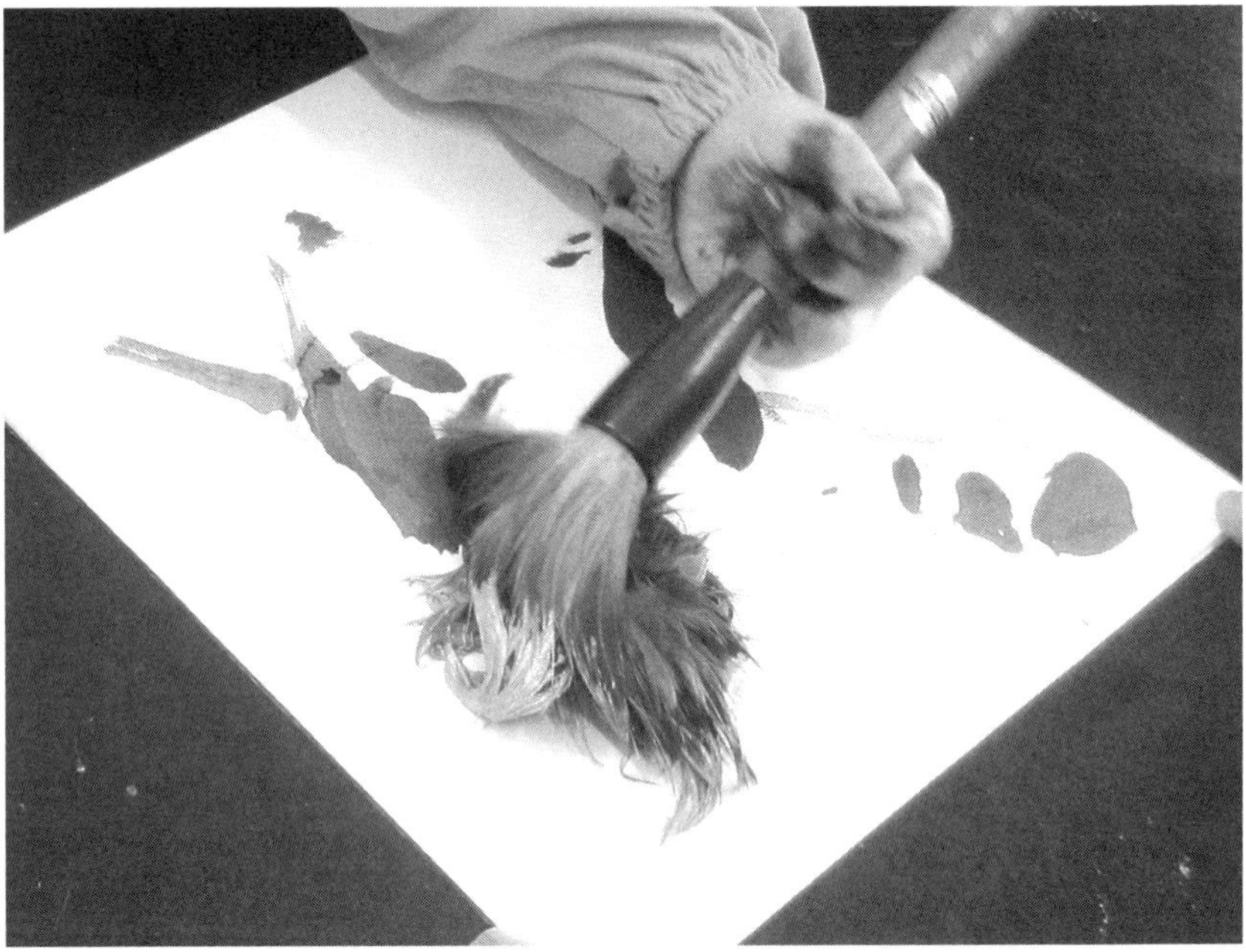

支援学校の実践。不自由な手で筆アート

③文字が読めない児童生徒や肢体不自由の児童生徒には、文字ではなく筆線や図形などを書かせる工夫
④道具については、書道の専門家なので、自前の道具を惜しげもなく持参して活用

などです。

これらの発表を聞き、スライドで多くの作品を見ることができた参加者は、実践のバイタリティーと、児童生徒の作品の数々に驚きを隠せませんでした。30年を超える書教育分科会では、支援学校の実践はありましたが、比較的軽度な児童生徒の意欲を高めるために展示会の企画やコンクールへの出品をするというもので、肢体不自由や視覚障害の児童生徒に対する指導例は聞いたことがありません。

しかし、このようなすばらしい実践にもかかわらず、先ほどの課題が道を阻みます。物理的な課題の多くは、熱意と努力でかなり克服されていますが、問題なのは、周囲の理解不足です。

中でも一番つらいのは、「文字を書かないのは書道ではないので認めない」という他教員からの拒絶と圧力です。大学の書道学科で学んできた書道のプロに対して、先輩教員だからということで、高圧的に実践を否定し拒絶する言葉を向けられています。これは、教育の根幹と人権にもかかわる大き

支援学校児童が書いた文字にこだわらない筆アート

な問題です。

また一方では、熱心にサポートしてくれる教員のあり方についても悩みがあります。これは、普通の書写書道指導の中でも取り入れるものですが、後ろから手を支えながら書く方法です。筆を動かすコツやリズム、形を整える目安を実感してもらうための指導法ですが、それをそのまま児童生徒の作品にしてしまう行きすぎ指導に困惑しています。

これは、私も小学校の巡回指導の中で何度か目にしています。現在は、普通学級の中にも支援学級の児童が一緒に過ごし、書写などは同じ授業をそのまま受けます。支援の必要な児童には、支援学級の先生や支援員が個別サポートにつくので、スムーズに授業が進められるのですが、ときに行きすぎて後ろから手を持ったまま書いて、そのまま作品提出をしてしまうのです。このようなサポートの問題は、支援や指導のあり方について、十分な話し合いによる意思合意が必要です。私も巡回ボランティアという立場上、先生方との話し合いの場が持てずに悩んでいた問題なので、支援学校に限らず、どこにでもある問題として、分科会で議論を深めていきたい課題です。

書教育分科会では、これまでの積み重ねの中で、書の美しさには「読める読めない」を超えたものがあるし、筆を自由に動かすための基礎訓練として筆線実験や図形、お絵描きなどを取り入れる実践を数多く見てきました。嵯峨実践に対しては全面的に支持し、応援していく意見が数多く出されました。今後は、支援学校での書写指導についても幅広い交流ができるように、参加者の拡がりを期待するところです。

須田章七郎報告（群馬教育文化フォーラム）「地域での書のつながり」は、当日持ち込みレポートではありますが、1990年京都での第1回教研から司会者として分科会にかかわり、2019年まで共同研究者を務めた須田さんが、高校定年退職後に続けてきた地域での文化活動をまとめた、生涯学習の手本のような実践でした。

今回は、以前にも報告があった地域サークルや公民館活動に加えて、企業内保育園での幼児を相手にした実践が報告されました。

幼児に対する実践報告は今回が初めてで、須田さん自身は高校書道科教員なので、地域サークルの大人や高校生とは全く次元の違う実践です。しかし、この分科会で学んできた小学校書写の報告や、自身がとりくんできた臨書に頼らない高校書道の基礎訓練が幼児相手でも役立っています。グルグル渦巻き、ラセンやジグザグ、お絵描きなど、文字を使わなくても筆と墨で書道の入り口に誘うことは経験済みです。

保育園は幼稚園とも違い、文科省管轄の教育機関ではなく厚労省管轄の児童福祉施設なので、文字を扱うことについても慎重な配慮が必要とされます。しかし、日常の言語活動にお絵描き感覚の体験学習を交えることは、無理のない範囲で子どもの発達に欠かせない保育活動です。

年長さん相手に5か月10回、1回40~50分の指導のはじめは、グルグルなどの筆遊びだけで、子どもたちには十分に楽しい経験です。ただし筆と墨を扱うので、事前の準備や担当の先生たちとの打ち合わせは大切です。お絵描きも含めて十分筆に慣れたところで、ひらがな2文字、好きな文字に挑戦、文字を書くときには少しだけリズムを取り入れた「野坂実践」を参考にします。朱墨《しゅぼく》の添削などなくても、子どもたちがのびのびと書く姿と文字に先生方もびっくりしたようです。卒園作品は少し大きな紙に太めの筆で名前を書いて、朱墨で手形ハンコを押したものを裏打ちして展示しました。

3 まとめと今後の課題

今回は、レポーターと司会者・共同研究者以外には、小学校からの参加者1人と、分科会要員のスタッフしかいないという寂しい人数での分科会となりましたが、久しぶりの対面による討論だったので、お互いの熱意を身近に感じ、7本の

保育園の子どもたち

レポートについて深い掘り下げができたと思います。中でも支援学校からの実態も生々しい嵯峨報告に、私たちのめざす教育の根幹を再確認させられたのは、大きな収穫です。

「書を通して人間丸ごと育てる」という大目標を掲げてきた分科会なので、今までのレポートの中でも教育困難校での実践は数多く発表され、高校では旧来からの臨書指導偏重の指導から脱却し、さまざまな筆づかいや用具用材の工夫を交流してきました。小中学校では、国語教育だとしても毛筆書写は表現を取り入れるべきだと提唱し、正しい文字・整った文字だけでなく、子どもらしいのびのびとした文字をめざす指導方法を交流しています。

嵯峨報告で問題に上がった、「読める文字・読めない文字」についても、さまざまな困難を抱える児童生徒を指導する中で、ときには「読めない文字」を許容しなければ到達できない表現の拡がりや、自己表現、自己の開放があるのではないかと話し合いをしてきた経緯があります。これまでの分科会の到達から衝撃はありましたが、嵯峨報告は受け入れるし、共感する内容でした。

しかし、嵯峨報告を通じて課題として見えてきたのが、他教科の教員や専門外の教員、学校や地域へ理解を深めてもらい、応援してもらえる発信の必要性です。

私たちの分科会では、これまでも作品展示などで、校内外へ発信する実践は数多く交流してきたつもりです。しかし、実践の目的や意義、教育の効果を発信するというレベルで言えば、まだまだ足りなかったのかもしれません。「教育課程の自主編成」「学校づくり」という視点はこだわりつづけてきた自負もあるのですが、新たな課題として見つめ直していきたいと思いました。

〔野坂武秀〕

【レポート一覧】

① 北海道　磯角広一　高校
●13年目の「もやもや」

② 青　森　嵯峨寛之　特別支援学校
●書道という芸術を学校で楽しめるように

③ 群　馬　須田章七郎　ぐんま教育文化フォーラム
●地域での書のつながり

④ 滋　賀　押谷達彦　高校
●主体的に創作する

⑤ 滋　賀　藤居孝弘　高校
●対話を大事にした創作指導

⑥ 長　崎　坂下里美　高校
●ICTを活用した書道の授業

⑦ 野坂武秀　共同研究者
●「トン・スー・ピタ」の書写指導——小学校書写、巡回ボランティア指導の実践

分科会報告 9

技術・職業・情報教育

阿部英之助
内田　康彦

1 レポートの傾向

２０２３年のレポートは、中学校2、高校5の合計7本でした。中学校からは、生活と関連づけた授業展開を大切にしている授業報告でした。体験的な学習を重視し、五感を働かせて、感動と発見、主体的な学びに向かう実践報告で、コーチングの手法を用いた内容でした。高校からは、これまで発表が少なかった共通テストの受験科目になる「情報」の授業報告や、専門高校による地域連携や探究学習による実践などが報告されました。

また、今年度から第9分科会は、「技術・職業教育」から「技術・職業・情報教育」と分科会の名称が変更となりました。これまで情報科に関する報告をどの分科会に入れるかが課題でしたが、今後は第9分科会の中で報告されることになります。共同研究者からは、これまでに分科会で報告された「情報」に関するレポートは、この10年間で２０１３年「情報の授業をより楽しく」（愛知・高）、２０１６年「工業高校のコンピューター教育」（青森・高）、２０２０年「情報教室を使わずに実習授業」（京都・高）の3本の報告があったことが紹介されました。

〔阿部英之助〕

2 子どもを楽しみに導く実践

山元幸一報告（京都・中）「実際に見て体験して生活と関連づけた技術の授業――生活力・生きる力をどう育てるか」は、昨年度の「教育のつどい」の報告では、材料加工の木材の性質で年輪の理解を深めるため「バームクーヘンを利用する」など教材の工夫を発表しましたが、今年度はオリエンテーション「技術の進歩・技術革新」で使用した教材と「考えさせる工夫」として教育手法が発表されました。丈夫な構造について、身近な写真や学校近くの橋などの写真を示し、教科書の技術を見て理解させ、プリントにまとめるとりくみが紹介されました。いろいろなことを知り、学習することで、今の自分より賢くなって、社会のおかしいことや矛盾を見抜き、要求し、社会を良くし、変えていく姿勢も授業の目標とする報告でした。

石井俊吾報告（東京・中）「『つくる』ことで学ぶ――実践は『学び』と『学び』をつなげる」は、諸先輩の教育実践を引き継ぐ＝よい実践を実践者から製作マニュアルなどのすべてをいただき、現在の学びの形にカスタマイズしていく報告でした。製作している様子を動画撮影し、オンデマンド配信することで、家でも学びのふり返りができるようにしていました。そのことで、教員は授業時には授業全体を見渡せ、生徒との会話もできるようにしたとのことでした。また、教材は生徒を強く引きつけるストーリー性がなくてはならないとの考えのもと、生徒から引き出すために、コーチングの手法を用いた授業の様子が紹介されました。「学び」を深化させる授業・教材への工夫につながる実践報告でした。

（内田康彦）

3 授業や教材の工夫による「学びの深まり」

山下裕司報告（山口・高）「共通テストを意識した授業実践報告――深い学びと共通テスト対策と」は、２０２５年から「情報」が共通テストの受験科目になることで、今後、授業内容が大きく変わることを危惧する報告でした。今後入試を視野に入れて、得点をとる力に授業の内容を変えていくのではなく、生活に密着した内容について実習を通してとりくみ、深い学びをつくり出すことが大切と言います。現在、情報Ⅰでは、Excelをわかりやすく、じっくりととりくんでいるが、今後一過性の、一夜漬けの知識の伝達になることの危うさを指摘します。また、普通科高校と専門学科の情報Ⅰの内容や範囲の違いや、情報科をとりまく根本的問題など、「技術・職業・情報教育」と分科会名称が変更したことによる、今後の分科会としての新たな課題が示された報告内容でした。報告後は、情報教育のあり方や情報科教員の免許の問題など多くの質問が出され、活発な議論が展開されました。

4 「学びの広がり」と「学びの深まり」をめざして

田村儀則報告（青森・高）「キレイ　鯨・海　大作戦――鮫オーシャンサポーターズ」は、水産高校の教育実践報告です。「総合的な探求の時間」で、とりくんでいるＳＤＧｓの14番目「海の豊かさを守ろう」を実現するために、地域・大学や近隣の小・中学校などと協動で、地元の海を綺《き》麗《れい》にするためのゴミ拾いをする活動報告でした。また、生徒たちが自ら課題を探し出し、問題を解決しながら研究を進めるためには、教師が生徒を信じ、新たなことをチャレンジする勇気を与えることが大切と言います。あらためて生徒の自主性を尊重することと、教師と生徒との人間関係の大切さに気づかせてくれる実践報告でした。また、あわせて水産高校の進路状

況や資格取得など、商船を含めた船舶業界の人手不足などが水産高校をとりまく現状について質問が出されました。

　村上一報告（島根・高）「水産高校1年生のゆるやかな学びあい――『海洋生物』での協同学習の取り組み」は、「海洋生物」での協同学習による実践報告です。教員が一方的に教えるのではなく、学び合う授業を理想に導入している「立ち歩きタイム」を設けています。3年前に参加した講座をヒントに、授業担当する1年生に定着した「立ち歩きタイム」は、個々の生徒を観察できるゆとりが生まれ、生徒たちの多様な学びのスタイルが発見できるというメリットがあると言います。

　岡本康平報告（大阪・高）は、「総合学科における看護・福祉教育の実践」というテーマでした。自分が教師として何ができるのか。自分の理念を体現するために実践を通じてとりくんでいる報告です。コロナ禍で人と交われないことから現場で実習ができないことを補うために、看護や福祉のテレビ・ドラマなどを視聴覚教材に利用するなど、専門にかかわる講師を招いて理解を深める内容でした。総合学科の中で、看護や福祉の授業実践は、これまで報告レポートが少なく、とても貴重な教育実践レポートでした。

　レポートの報告を受けて、その中から3つの課題に絞って討論をおこないました。①技術・職業・情報教育が持っている魅力と、その「広がり」を「学び」へと進化・深化させる授業・教材への工夫では、ベテラン先生方の教育実践のノウハウをいかに継承していくかという課題が出されました。特に石井報告は、その解決のための方法として有効であることや、個々の学校の技術室の整備や引き継ぎなどの問題が議論されました。②授業や教材の工夫による「学びの深まり」や子どもと共に学ぶことの「楽しさ」としては、専門高校の実習教育の意義とその可能性について、さまざまな事例が紹介されました。また、探究型ＰＢＬが開始される中で、その探究のプロセスにおいて、「日常生活や社会に目を向け児童・生徒が自ら課題を設定」することの大切について、参加者がおこなっている実践事例の紹介がありました。③小・中・高を通した普通教育としての技術教育の意義と楽しさや深い学びを引き出す技術・職業・情報教育では、情報教育に焦点をあて討論がされました。高校「情報科」の再編やデジタル教科書問題なども指摘されるなど多くの課題が示されました。

最後に、共同研究者より次年度の課題も示されました。中学校・技術科の教員養成の問題と科目履修数削減による影響や、高校の情報科教育の課題など、次年度の分科会で、その動向を報告することとしました。

（阿部英之助）

【レポート一覧】

①青森　田村儀則　高校　●キレイ　鮫・海　大作戦――鮫オーシャンサポーターズ
②東京　石井俊吾　中学校　●「つくる」ことで学ぶ――実習は、「学び」と「学び」をつなげる
③京都　山元幸一　中学校　●実際に見て体験して生活と関連づけた技術の授業――生活力・生きる力をどう育てるか
④大阪　岡本康平　高校　●総合学科における看護・福祉教育の実践
⑤島根　村上　一　高校　●水産高校1年生のゆるかな学びあい――「海洋生物」での協同学習の取り組み
⑥山口　山下裕司　高校　●共通テストを意識した授業実践報――深い学びと共通テスト対策と
⑦愛媛　越智進也　高校　●竹灯籠の製作

※⑦のレポートは、報告者が欠席となったため、討議できませんでした。

分科会報告

10 家庭科教育

大矢　英世

1 はじめに

2023年度のレポートは、中学校実践2本、高校実践3本と、小学校新教科書について1本、および出版労連報告の7本でした。最初に分科会の基調提案をおこない、参加者全員の自己紹介（子ども・地域・職場の実態等）の時間をとりました。「生活をみつめ、主権者として社会に働きかける力を育てる家庭科の学びをつくっていこう」を分科会のテーマとし、それぞれのレポートをもとに充実した討論がおこなわれました。

2 基調提案

分科会を始めるにあたり、共同研究者から基調提案を以下の内容でおこないました。家庭科をとりまく状況は依然として厳しく、小学校の家庭科専科はごく一部に限られ、中学校も1校に1人の家庭科教員の配属さえできていないのが実情です。また、学習指導要領の縛りは強められ、観点別評価・評定の矛盾がのしかかっています。最近の気になることの1つがスクールワイドPBSの広がりです。望ましい行動を「称賛や承認」で増やし、結果的に望ましくない行動を減らすという考え方ですが、非常に危うさを感じます。同時に、コロナ禍を経て、学校現場には急激にICTが浸透しています。どのような場面でどのようにICTを活用していくことが子どもにとって有効かを考えることが必要です。以上の背景をもとに、7本のレポート報告と絡めて、次の3つの討論の柱を設定しました。

討論の柱1は、「社会にはたらきかける力を家庭科でどう育てるか」です。ここでは、生徒の生活と社会の状況のつながりを考え、主権者としての意見を持ち、社会に「はたらきかける力」について深めたいと考え設定しました。

討論の柱2は、「『衣・食』の学びと家族・家庭生活について考える」です。今回、食に関する2本の授業実践レポート、衣に関する授業実践レポート、ICTを活用した保育の授業実践をもとに、子どもたちの生活とどのような授業にしていくことが大切か検討していきたいと考え設定しました。

討論の柱3は、「家庭科の教科書について考える」です。今年度は小学校の新教科書の採択がおこなわれます。出版労連の報告をもとに、教科書採択制度や検定制度の問題点を押さえながら、2社の小学校家庭科新教科書について比較検討した報告をもとに、学習指導要領の問題点や授業における教科書の扱い等について深めたいと考え設定しました。

これまで教研での実践検討や時代を先取りした学校現場での地道な授業実践の積み重ねが、家庭科の新たな歴史を紡ぎ出してきたことを基調提案の冒頭で述べました。その先達の熱い思いを受け継ぎ、2日間の分科会を通して、新たなステージに向けた家庭科として何が必要か、皆で検討していきたいと思います。

3 討論

(1) 社会にはたらきかける力を家庭科でどう育てるか

山田祐里子報告（埼玉・高）「家庭総合『値上げ』について考えてみよう」は、4単位の家庭総合での実践ですが、学期末に時間数の多いクラスのみで実施した2時間設定の物価高について考える授業でした。事前に生徒に実施した思い浮かぶ値上げ商品、バイト代等についてのアンケート結果を提示することから入り、教師が用意した物価高への考察につながるネット記事をクラスルームに載せて、生徒はそれを携帯端末で見ながらプリント学習を進め、さらに11のキーワードの中から1つを、生徒はネットで調べて概要をまとめて、物価高への政策への意見を書き込みます。それを携帯端末で撮影し、クラスルームにアップし、教師はそれらをざっと目を通してその中から2～3人分を前に映し出して紹介しました。

さらに、生徒はまとめを記入して終わります。随所に生徒の理解を促すような工夫がある実践でした。非常勤講師の方と2人で同じ学年を持っており、通常は教科書に沿ったプリント学習にしているそうです。参加者からは、埼玉県の高校は、比較的まだ自由に授業が組めているとのことなので、教師の負担は増えてしまうけれど、日頃から今回のような授業を組んでいけたらよいのにとの感想もあがりました。生徒の身近な問題から入ることのできるよいテーマですし、生徒からは「原子力発電を再稼働し、電気代を大幅に下げること」という意見が出ていました。

ここからさらにより深い生徒の学び合いの場をつくることができるのではないでしょうか。ここでやめてしまうのはとてももったいなく感じました。参加者からは、私たちの中に根強い教科枠というのがあるけれど、これは社会科、これは家庭科という意識をどう取っ払うかということが大事なのでは、というご指摘がありました。

(2)「衣・食」の学びと家族・家庭生活について考える

渡邉あずさ報告（私学・宮城・高）「学びから発信！アウトプット型授業で輝く生徒を発見しよう」は、進学実績や部活動実績が重視される私学での家庭科のとりくみについてでした。勤めはじめてから16年間は常勤講師の状態が続き、17年目にようやく教諭となることができたそうで、このことからも家庭科のおかれた厳しい状況が見えてきました。このような学内での疎外感を感じる中で、生徒が応募した全国高校生和菓子甲子園での優勝をきっかけに、授業においても、さまざまなコンクールに応募させることに力を注ぐようになりました。世間から注目されることで、ふだんの教室では見たことのないような輝く生徒の姿を感じることができたからです。生徒のレポートを読み込んで、その中から可能性を見出し、さまざまなチャレンジへとプロデュースしていきました。同時に家庭科が校内での存在感を増していくことにもなりました。

家庭基礎では、教科書の中のフードバンクのとりくみに注目し、教科書や新聞資料等をもとに学ばせ、宮城のフードバンクからの出前授業を経て、生徒には自宅からの食べものの寄付を求めました。最初は1人しか持ってきませんでしたが、徐々に提供者は増え、結果として集めた342個の食べものを宮城のフードバンクへ届けることができました。

参加者からは、生徒が輝くというのは、表彰されて自信を持つことではないのではという指摘がありました。生徒がどのように思い、何を考えたのか、その部分に焦点をあてて授業を組み立てていくことを大切にしていきたいといった発言もありました。

三嶋真岐報告（和歌山・中）「食品の安全や衛生について考えよう」は、今年度和歌山県が発行する「紀州っ子の心と体をつくる手引」でご自身が担当した「食品の安全衛生について考えよう」についてでした。全6時間設定の最後の6時間目の「食中毒の防止の授業」です。先の和歌山県での研究の条件として栄養教諭とのコラボが義務付けられていました。生徒の授業での活動としては手洗い後の洗い残しについて手洗いチェッカーを用いて視覚的に確認する活動でした。しかし、この授業の流れの説明の中からは、教師主導で進めた授業過程しか見えてきませんでした。参加者からは、報告の中に生徒の様子がもう少し語られているとよかったと思うという指摘があり、また、題材を通した学習のねらいの曖昧さも語られました。その中で、報告では出てこなかった「生徒が日頃食べている加工食品を持ち寄り分析する学習」の話が語られました。栄養教諭とのコラボであり、生徒の日常の食生活から生徒たち自身による課題を引き出させ、生徒の学習活動や生徒の思考の流れがもう少し具体的に示されると、討論がより深められると感じました。

尾形美和子報告（東京・中）「被服製作（手ぬぐい小物製作）の授業実践について」は、手ぬぐいを用いた小物製作の授業についてです。学習環境としては、生徒は一人一台のパソコン（クロームブック）が与えられており、また、裁縫の材料等は大型店をはじめとする購入可能な店が近くにそろっているといった環境にあります。学習のねらいとしては、①手縫いの基礎縫い技術を習得すること、②自分の生活を改善し、ゆたかにする意識を高めること、③製作物を長く使うための工夫に気づかせることとです。製作に入る前に、基礎縫い練習4時間とまつり縫いテストを実施し、製作には8時間とっています。授業の特徴としては、①ICTを活用し、生徒一人ひとりがいつでも画面で縫い方の確認ができるように工夫したこと、②生徒が意欲的にとりくめるように自分がつくりたい作品を自由に選ぶようにしたこと。その際、生徒に丸投げするだけではなく、力量の違いにも対応できるように、作品例としてボックスティッシュケース、エコバック、ファイルカバー、シューズケース、マスクケース、巾着、ブックカバーの実物を教師が準備して提示し、そのつくり方をパソコン上に載せ、さらに、この7つにこだわらず生徒自身が希望する生活に役立つ小物を作成してよいとして、自由度を持たせたこと、③製作計画や製作過程においても撮影した写真とともに毎回グーグルスライドに記録管理をさせ完成時にも完成写真と工夫点、今後の改善点をレポートの形でグーグルスライドにまとめさせたこと、④生徒同士の助け合いも推奨していることとです。報告からは、教材の準備、授業の進め方の工夫等、ていねいに練り上げられたものであることが伝わりました。それは、本分科会の資料や説明の仕方にも表れていました。評価については、実技のところはまつり縫いのテストでの採点を用いています。手ぬぐいの小物については、思考・判断・表現について目的に合った縫い方ができているか等で見取り、「主体的に学習にとりくむ態度」については、次回に向けた改善や調整ができているかの視点で見取っています。参加者からは評価について、一生懸命作品づくりをやっても、文章が書けなかったら評価が悪くなってしまうという理不尽さへの指摘があり、評価の難しさを感じました。このことは、今後の家庭科教育全体における大きな検討課題だと思います。

福間あゆみ報告（北海道・高）「子どもの発達と保育――ICTを活用した授業を試みて」は、全校生徒134人の小規模校での3年生の選択科目「子どもの発達と保育」の授業についてでした。受講生は5名でした。かつては酒、たばこ、暴力、万引き等荒れた状況にあった学校も、今では、生徒には幼さが見られるようになり、授業は勝手な振る舞いをする生徒は減りました。理解力の面での物足りなさはありますが、問いかけたら反応し、一緒にやろうと言うと一緒にとりくむとのことで、教師と生徒の良好な関係性が伝わってきます。2021年の途中からシラバスは崩れ、昨年から学校全体で定期試験はなくなり、単元テスト等各教科で実施する形に変わりました。生徒はその間も部活、バイトができるようになりました。家庭科に関しては、それまでテストは年2回の実施でしたが、こまめにやれるようになりました。評価について、これまで、知識・技能が50％を占めて、「思考・判断・表現」および「主体的に学習に向かう態度」それぞれが25％となっていましたが、定期試験がなくなったことで、均等割合になりました。コロナ前は、お母さんと子どもがいるところへ5回くらい実際に訪ね、子どものかわいらしさやかわいらしくなさ、子育ての大変さや楽しさを体感しながら学んできました。しかしコロナでそのような学びの機会が持てなくなりました。そして、校内にWi-Fi環境が整い、その活用が推奨される中で、試行したとりくみです。5人の生徒のうちの1人が入院をしていたので、その生徒に向けて折り紙をつくって励まそうと折り紙づくりにとりくみました。まだそのときは一人一台のPCは実現していなかったので、折り紙のおり方をスマホで調べさせました。ICTの活用として、クラスルームの質問と回答機能を用いて、意見を交流する授業を試みました。入院中の生徒がグーグルミートでつないで参加できるという利点もあります。

しかし、2016年の「保育園落ちた日本死ね」のブログ等の資料を読み解いての日本の子育てについての意見を求めても、「汚い言葉をなぜ使うのか」という程度の感想しか得られませんでした。北海道では保育所に落ちた人など見たこともないし、高校生である彼らが実感を持てないままでの質問だったからです。ジャムボードの活用では、色付き付箋紙で誰がどの意見を記入したかがわかりやすく、画面に描き出される利点がありました。その他、2005年放送の『ガイアの夜明け』「私が子どもを産めたわけ」の視聴後の感想や、育休を3か月とった男性教師の話を聴いた感想をグーグルフォームに記入させました。

参加者からは、定期テストをなくしたのは、管理職からの指示か、また、それは学校独自のものなのかの質問がありました。教務部の提案で決まり、学校独自の方針決定ということでした。さらに、EUは、AIの規制を始めており、むしろ教育評価には使わない方向に進んでいるという意見や、宿題を出して、学校でしか見られなかったものが、学校外でも、隙間時間で見ることができるようになったことは助かっているという意見等が語られました。その一方で、「子どもの字とパソコンの字は違うのではないでしょうか。パソコンの字は無機質で、何かが欠けているのです……字を見ればそのときの子どもの状況がわかるのだと思います」「被服実習のときに写真を撮って提出させようとしたけれど、パソコンの不具合もあって、手書きに戻しました。紙1枚になっているので全体を見渡すことができました。手書きも大切だと思います」等多くの意見が出されました。ここでも、ＩＣＴの活用の仕方と評価とが今後の検討課題の1つであることを確認しました（なお、福間報告は、討論の柱の決定後に加わったレポートで、広義に解釈し②の中で実践報告していただきました）。

（3）家庭科の教科書について考える

廣瀬剛士報告（出版労連）「いま教科書に何が起こっているか、私たちはそれにどうとりくんでいるか」は、大阪府藤井寺市で起こった教科書採択をめぐる贈収賄事件、教科書価格適正化のとりくみ、国連でまたも批判された日本の教科書検定を中心にした内容でした。

1つめの贈収賄事件は、元藤井寺市立中学校長が、市の選定委員だった2020年、大日本図書の中学校教科書が採用されるよう便宜を図ったとして加重収賄罪などで、有罪判決を受けた事件で、元中学校長は飲食やゴルフの接待、現金の提供を受けていました。出版労連としては、今回の事件は許されることではありません。しかし、学校現場からの意見聴取は教科書づくりに欠かせなく、学校現場との交流がますます難しくなったことへの痛手は大きいです。

2つめの教科書価格についてですが、製造原価と比べて不当なほど低く、中でも最も安いのが小学校家庭科と英語で、家庭科の教科書は、292円です。子どものゆたかな学びを保障できる多様な教科書がつくられる道が断たれることがないように教科書価格の適正化が図られるべきです。

3つめは、昨年11月の国連自由権委員会で教科書の「慰安婦」の記述について再度厳しい勧告が出されたことについてです。

参加者からの質問の回答として、デジタル教科書は小中学校と高校では異なり、小中学校用にはつくることが前提で教科書検定がおこなわれており、デジタル教科書は価格も通常教科書以上に抑えられるなどの制度として動いているとのことです。ＱＲコードは検定に入りません。教科書づくりで心掛けていることとしては、誘導するような質問しないこと、なるべく子どもたちに考えさせるような中身にしようと話し合い、Ｂ社では「大切です」「必要です」「そうするとよいです」というような押しつける記述をできるだけ避けるようにしていると説明がありました。さらに、参加者からは家庭科の教科書は道徳と親和性があり、国家の家族政策を実現していくために家庭科は重要視されていると思うけれど、そこに私たちがどう対抗していくのかということが非常に重要であると感じたという感想も語られました。

海野りつ子報告（民教連）「小学校新教科書の特徴」は、小学校新教科書の検討についてです。この検討を通して見えてきたことは、学習指導要領の縛りや教科書検定制度による弊害、教科書編集の見えない努力です。今回、生活の見方・考え方の4つの視点と学習の進め方（PDCAサイクル）が強調されています。

しかし、よく見ると2社の教科書による見方・考え方の提示の仕方には違いがあり、例えば協力についてA社は「家族や地域の人と協力して家庭で生活をしているかな」とすでに前提になっていることを確かめる形で取り上げています。一方、B社は、「生活をよりよくするために協力するにはどうしたらよいか」という考えさせる記述になっています。このような違いは、形をかえ、教科書のさまざまなところに表れていました。また、PDCAサイクルを学習活動に用いるとなると、すぐ結果が見えることだけを課題にすることになるという問題も提起されました。気候変動について考える学習こそ必要なのではないでしょうか。

さらに実践版「道徳」に家庭科が陥らないように注意することが必要です。教科書には隙間時間を使って家族のためにできることを考えるというイラストまで登場しており、そこには「自分の生活時間を上手に使えば、家族や友だち、地域の人たちと一緒に家庭の仕事にとりくむ時間を増やせます」という説明が載せられています。また「ひと針に心を込めて」「気持ちがつながる家族の時間」等の単元名も見られます。このような道徳の項目「感謝」「礼儀」「家族愛、家庭生活の充実」に対応しているような表現です。このような教科書の表現を私たちがどう対峙《たいじ》していくのかを考えていくことが必要です。

参加者からは、「協力」「感謝」ということが想像以上に取り上げられており、家族政策が大きく反映されたものになっていることを実感したという意見も多くありました。また、今回の説明を聴いて小学校は特に教科書が大事になると実感しました等、明快な解説への賛辞とともに教科書への思いもさまざま語られました。

4 分科会のまとめ

最後に、共同研究者により、2日間の分科会をふり返り、討論の柱にそって総括がありました。

(1) 社会にはたらきかける力を家庭科でどう育てるか

この点については、もう少し突き詰めていかなければならないと思いました。今回の山田報告について、社会に働きかける力という点での議論等は、不十分だったと感じました。

参加者から指摘があった「嘆く家庭科」から脱皮し、教科の枠を取っ払った家庭科をつくっていくには何が必要なのか考えつづけていきたいと思いました。

(2)「衣・食」の学びと家族・家庭生活について考える

今回衣・食領域のレポート報告はあったのですが、家族・家庭生活領域のレポート報告はありませんでした。海野報告では、家族・家庭生活を中心に取り上げてもらいました。それで私たちがめざさなければいけない方向性が少しはっきりしてきたのではと思います。渡邉報告では、私学の実情が示されました。教師の職場における位置づけというのは実践と結びついてくる大事なことであり、そのあたりの議論をもっとするべきだったと感じました。生徒が主体的な授業にするためには、どうすればよかったのか、また一緒に考えていきたいと思います。三嶋報告では、コロナ禍の実践、地域の実態について考えさせられました。尾形報告は、とても楽しい報告でした。そして、もっと「ものをつくる」学びが子どもの成長発達にどう関係するのか、なぜ手ぬぐいを教材にしたのかを話し合うとより深められたかなと感じました。福間報告は、コロナ禍で試行されたＩＣＴを活用した授業が、具体的でわかりやすく示され、ここではＩＣＴが有効、ここは使わなくてもよいと尾形報告と絡まり、じっくり考えることができました。

(3) 家庭科の教科書について考える

教科書を研究するということは教科の本質を考えるということだと感じました。私たちは教科書「を」教えるのではなく、教科書「で」教えるということを大事にしていきたいものです。学習指導要領を多面的に読み、教材を創る力、子どもと子ども集団を捉える力が、教師に問われているのであり、これからも共に学びつづけていくことが大切なのだと思いました。

〔大矢英世〕

【レポート一覧】

① 北海道　福間あゆみ　高校
② 埼　玉　山田祐里子　高校
③ 東　京　尾形美和子　中学校
④ 和歌山　三嶋真岐　中学校
⑤ 私学(宮城)　渡邉あずさ　高校
⑥ 全　国　廣瀬剛士　出版労連
⑦ 全　国　海野りつ子　民教連

●子どもの発達と保育――ＩＣＴを活用した授業を試みて
●家庭総合「値上げ」について考えてみよう
●被服製作（手ぬぐい小物製作）の授業実践について
●食品の安全や衛生について考えよう
●学びから発信！アウトプット型授業で輝く生徒を発見しよう
●いま教科書に何が起こっているか、私たちはそれにどうとりくんでいるか
●小学校新教科書の特徴

分科会報告

11

体育・健康・食教育

石田　智巳
金井多恵子
中村　好子
野井　真吾
森　　敏生

同じく体育小分科会の森敏生共同研究者は、分科会全体にかかわる内容として、「『生命（いのち）の安全教育』の問題」と題した討論の投げかけをおこないました。これは、2020年6月に内閣府、警察庁、法務省、厚労省、そして文科省が「性犯罪・性暴力対策強化の方針」を決定し、各学校で今年度から教育を開始しているものです。問題点としては、政府・官邸や他省庁が文科行政に介入していること、そして、「生命の安全教育」と言いながら、性教育の視点やからだの権利の視点が不十分であることなどが語られました。命には健康、性教育、からだ、食などがかかわってきますので、分科会全体の課題として引き取るとともに、「国際セクシャリティ教育ガイダンス」（ユネスコ編）を参考に、「性の教育と性の安全教育を考えること」が呼びかけられました。

1　全体会報告

1日目の午前中は、司会者、共同研究者の自己紹介の後、共同研究者から討論の投げかけがおこなわれました。

体育小分科会からは石田智巳共同研究者が、①協同学習の仕組み方と②ＩＣＴの利活用法について投げかけをおこないました。体育の授業、とりわけボール運動の授業では、教師が教えたとしても、子どもたちがそのまま受け取って上手くなることは少なく、教師と子ども、子どもと子どもの間で何らかの葛藤や対立などの矛盾が起こるため、そこに焦点を当てて検討しようという投げかけでした。

健康小分科会からは、野井真吾共同研究者が投げかけをおこないました。まずは、子どもの生命・生存・発達をめぐる状況についてわかりやすい説明がありました。そして、教員不足、新任教諭の大量退職の子どもへの影響、気候変動（温暖化）がもたらす、食、運動、健康（コロナウイルス含む）への影響、「こども家庭庁」が学校を守備範囲外としている問題、同時に子育てを家庭の問題に矮小化している問題などの現状が語られました。そして、子どもの現実を共有し、国連子どもの権利委員会に届けよう、子ども時代の確実な保障に向けて語り合おうと投げかけられました。

同じく中村妙子共同研究者からは、苦しんでいる子どもたちと向き合って、しっかり声を聞くこと、また、バッシングを受けて自粛ムードが広まっている性教育について、ジェンダー・多様性を含めた包括的な性教育が必要であるという投げかけがおこなわれました。

食教育小分科会からは、金井多恵子共同研究者が投げかけをおこないました。まず、輸入自由化による食料自給率の低下、物価の高騰が暮らしを直撃し、給食にも影響が出ていること、給食時にあらわになる子どもの課題、学校給食がセーフティネットの役割を果たしていることなど、子どもと食をめぐる状況が語られました。次に、食育基本法、栄養教諭制度（２００５年）、食育推進基本計画（２００６年）、改正学校給食法（２００８年）など、教育としての学校給食の位置づけがより明確になっています。それでも、栄養教諭の配置は42％で自治体による差が大きい現状があります。こういう現状がある中で、日々の実践を出し合い交流すること、困難の原因を明らかにし、課題を克服する方法を探ること、そして、学校給食の可能性や食の未来について考えましょうという投げかけがおこなわれました。

投げかけに続いて、全体会では渡邉さやか報告（私学・埼玉・高）「教育の上に成り立つ食の形――循環していく自由の森学園の学食作り」が検討されました。渡邉さんは、埼玉県の自由の森学園の学食に勤務されており、その概要が語られました。自由の森学園は、点数秩序と競争原理を廃し、「学ぶ」ということを中心とした学校として設立されました。70年代になると、高度経済成長の影響もあり、農から工へ、外食産業、加工食品などが多くなり、食品添加物、化学調味料が大量に使用されていきます。そんな中で、吟味された食材（農の持続可能性）、見える化された食事づくり（食の持続可能性）をめざして食堂が立ち上がっていきます。そこでは、「食べること」を「学ぶこと」に位置づけていきます。そして、何よりも自分が感じるおいしい味を見つけることが大切になります。とりくみとしては、家庭科や英語科と食生活部がコラボして授業をおこなったり、食から考える次世代へ続く暮らしの形を考える実践などを展開しています。最後に、廃棄量の少ない運営方法の構築に向けて、課題が語られました。

午後も、大西勇也報告（和歌山・小）「防災の授業――防災cooking」が検討されました。大西さんは、和歌山の公立学校で栄養教諭として勤務しています。水害の多い地域での防災時の食事の実践が語られました。最初に、防災時におさえておきたい基本的な知識について、次に防災用の食品を実際に調理してみての感想などが紹介されました。議論としては、それぞれの地域に起こりうる災害に応じて考える必要があること、また、防災食をおいしく食べる工夫をするのか、防災食はおいしさよりもその機能が優先されていることもあり、食べ慣れておくことが大切ではないかという考え方が出されました。

（石田智巳）

2 体育小分科会報告

今回は1日目午後の全体会の後に実践報告を1本検討し、2日目午前は健康教育との合同分科会を設けた後、もう1本の実践報告を検討しました。午後は2本の報告を交えた議論および小分科会の総括をおこないました。

（1）発達に応じてサッカーのおもしろさを系統的に追求する

大瀬良篤報告（大阪・小）「みんなで楽しくボールを蹴る――じゃまじゃまサッカーの実践より」は、2年から3年へと持ち上がりの子どもに「じゃまじゃまサッカー」を系統的に指導したものです。「じゃまじゃまサッカー」は通常のサッカーの攻防の切り替えがありません。守備できるのが「じゃまゾーン」に限定され、ゾーンを突破してシュートする楽しさを味わいやすい教材です。この実践には、低学年から中学年の発達段階に応じて、「じゃまゾーン」の空いた空間を認識してボールを「シュートゾーン」に運びシュートする（得点する）楽しさを、たくさん味わってほしいというねがい（ねらい）がありました。

2年生の実践では、攻撃3人守備2人で、攻撃する子どもがそれぞれボールを運びシュートをねらいます。1分間攻撃を継続しイニング制で攻防が入れ替わります。攻撃側は「じゃまゾーン」に守備がいないコースを見つけてボールを運びシュートすることが課題です。

3年生の実践では、攻撃側のボールを2つにして、ボールを持たない人とボールを持っている人の連携が生まれるようにしました。ボールを持たない人がシュートゾーンで待ちぶせしたり、パスに走り込むプレイが出現しました。オフサイドになる待ちぶせを良しとするかの議論もありました。ボールを持つ人が相手守備を引きつけて2対1の状況も生まれてきました。

このように学年に応じて教材「じゃまじゃまサッカー」を系統的にバージョンアップさせた実践でした。また、体育実技の後、次の体育までに毎回ゲームの映像を子どもたちが観察し分析する時間を設け、プレイの確かめ、動きの工夫、作戦を考えさせようとしました。

報告を受けて次のようなことが討議されました。

第1は、各時間で何を教えようとしたのか、子どもたちはこの教材のどこにおもしろさを見出したのか、どんな認識が形成されたのかという点です。実践記録を書き報告する際、また報告に即して討議する際にこうした指導と学びの事実を明らかにすることの大切さが確認されました。

第2は、「じゃまじゃまサッカー」の特徴、その系統的な指導と攻守混合型のサッカーゲームとの関連についてです。「じゃまゾーン」の広さで突破の難易度が操作できる教材であることは共通理解できました。攻守混合型のサッカーゲームへの発展、あるいは高学年の学習内容が話題になりました。

（2）苦手な子どももゲームを楽しめるルールの工夫

廣田晋平報告（滋賀・小）「バスケットボールの授業づくり」は6年のバスケットボールの実践です。指導内容のポイントは、①ゴール付近のシュートの習得、②シュートをするためにフリースローレーン（「黄金ゾーン」）に侵入しボールをもらう、③すばやく攻防を切り替える、でした。苦手な子どもも楽しめるようにルールが工夫されました。ドリブルなしでボールを進める、「黄金ゾーン」でボールをもらったら守備はシュートの妨害ができない、攻防の切り替えはサイドラインにそってボールを保持したまま移動できる「ラインマン」をおくというルールです。

「黄金ゾーン」に侵入するプレイの練習は、ハーフコートの2：0、3：1、3：2のオーバーナンバー状況でおこないました。オールコートではコート内の攻撃3人＋ラインマンに対して守備2人の3＋1：2の状況で進めます。まず一方向にボールを運んでシュートにつなげる練習をへて、攻防切り替えを入れたゲーム形式に発展させせました。

報告を受けて次のようなことが討議されました。

第1は、苦手意識のある子どもも参加できるルールの工夫の大切さです。合わせて、今回は教師が決めたルールで進めましたが、ルールを子どもと一緒に話し合って決めることも重要だということです。

第2は、ボール運動の指導では、ハーフコートからオールコートの攻防の切り替えが含まれるゲームに移行する指導のステップが明らかでなく、子どもがつまずくことが共通の課題です。今回の実践はそれに対する1つの提案がされました。それ以外の指導の手立てについてもさらに実践的な検証が必要でしょう。

その他、「黄金ゾーン」がどう生かされたのか、授業支援アプリ「ロイロノート」やワークシートの活用についても話がおよびました。

両実践報告を踏まえた全体討議では、ボール運動の戦術指導の系統を引き続き探求すること、子どもたちの協同的な学習を支援するＩＣＴの活用方法を考案することなどについて意見が交わされました。最後に、ボール運動では子どもたちの能力や経験の差から揉めごとが顕在化しルールの工夫などの手立てが必要になるが、それを教師が予想しつつも、子どもたちと一緒に乗り越えて授業実践をさらに追求したいと総括されました。

〔森　敏生〕

3 健康教育小分科会報告

1日目・午後におこなわれた健康・食教育合同小分科会では、関勝代報告（埼玉・特別支援）「摂食に関して配慮を要する児童生徒について職員間の情報共有と給食対応」と中野道子報告（京都・小）「健康なからだをつくろう！血液バッチリ鉄パワー」に基づく議論が展開されました。これらはいずれも食教育にかかわるものでしたが、養護教諭の仕事や健康教育を考える上でも多くの教訓が共有されました。具体的には、子ども一人ひとりに寄り添うことが大切であり、そのことにより子どもたちが確実に育っていくこと、子どもの育ちのために子ども自身や家庭の様子を知るためには、給食室や保健室を飛び出して子ども、担任教諭、保護者等と顔をつきあわせて交流することが大切であること、さらには、とかく「しつけ知」として押しつけがちな健康教育をどのように子どもの「納得知」にしていくかという課題の克服には教えすぎないことが大切であるということ等が確認されたことは大きな成果でした。

（1）子どもの要求に基づく健康教育

2日目・午前におこなわれた体育・健康合同小分科会では、宮本由香里報告（長野・高）「月経に関わる学びあい――月経講座を実施して」に基づく議論がなされました。高校3年生を対象にした2年間にわたるこの実践のきっかけは、月経（生理）にかかわる体調不良やそれとも関連した心配ごと等を抱えて保健室に来室する子どもたちの存在でした。1年目の講座では、女性における4つのライフステージ、女性のからだ、月経の仕組み、月経リズムや月経周期に関する学習とともに、女子を対象に実施されたアンケートの結果から月経での心配ごとや困りごと、男子に知ってもらいたいこと等が紹介され、グループワークが実施されました。2年目は、1年目の成果と課題を踏まえて、女子だけでなく男子へのアンケートも実施し、その回答も共有された上でグループワークがおこなわれました。

前述のように、「納得知」に基づく健康教育のあり方が問われています。そしてそれには、教えすぎないことだけでなく、子どもの要求に基づく学びをいかに創造するかも大切な要素の1つと言えます。その点、この実践では、アンケートにより子どもの声をていねいに吸い上げて当日の講座を計画することの有用性を確認することができました。同時に、小学生期から性にかかわる知識を種々の機会に伝えていくことの重要性、月経を理由にして水泳授業を見学する女子が多いという実態、月経痛を個人の問題に矮小化してしまうことの問題点等についても協議を深めることができました。

(2) 成長・変化し続ける養護教諭

続く健康教育小分科会では、平井みどり報告(京都・小)「養護教諭として育ててくれてありがとう」を基に議論しました。この報告では、新採1年目の失敗談、成長(変化)を感じさせてくれる子どもたち、子どもに対する保護者の願い、組合やサークルで出会った養護教諭をはじめ多くの仲間の励まし、悩みの先の学び等が、40年間にわたる同氏の養護教諭としての歩みを支え、子どもや仲間とともに育ち合ったことが一つひとつのエピソードとともに語られました。中でも、「今の私になろうと思ったのではなく、必然的にそうなって今がある」という言葉はとりわけ印象的でした。

討論では、いわゆる「モンスターペアレント」の議論が深められ、困った親は困っている親であること、誰かとつながりたいと思っていること等が協議されました。また、子どもだけでなく、保護者も教師も失敗を恐れる傾向にあり、そのような不安が苦情等につながっている可能性も確認されました。

(3) ゆたかな子ども期を支える養護教諭の複数配置

2日目・午後の総括討論では、性暴力や教員の不祥事の問題が話題になりました。そして、これらの問題の多くが人間関係の問題であることを考えると、その解決には子どもも教師も保護者もゆたかな人間関係が必要であることを確認しました。さらにそれには、「教員の多忙化」の解消だけでなく、ゆたかな「子ども期」の保障という観点からも、小学校での35人学級だけでなく中学校、高等学校での少人数学級や栄養教諭の全校配置等とともに、健康教育小分科会としては「養護教諭の複数配置」をこれまで以上に大きな声で要求していくことの必要性、正当性も確認できました。

(中村好子・野井真吾)

4 食教育小分科会報告

今回食教育のレポートは7本ありました。その内2本は、3つの小分科会共通の全体会で、さらに2本は健康教育との合同で、残る3本は2日目に食教育小分科会で報告・討議をおこないました。

（1）一人ひとりに向き合い、食べたい気持ちを大切に見守る（健康と合同）

関勝代報告（埼玉・特別支援）「摂食に関して配慮を要する児童生徒について職員間の情報共有と給食対応」は、知的障害特別支援学校のとりくみでした。アレルギー対応や障害からくる形態食やこだわりへの対応等、きめ細かな個別対応についての報告がありました。支援学校では、色や匂い、味や食感等にさまざまなこだわりがあり食べられる幅が狭い子どもたちがいます。家庭での様子を聞き、給食時間には教室や食堂で子どもの様子を見守ります。担任等から要望があれば調理員と連携し、食べやすい形で個別対応します。こうした食べやすさや食べたい気持ちを大切にした給食を通して、食べる幅を広げていきます。

討論では、支援学校に行き、食べないのが悪いのではなく食べるようになるためにどう支援するかを考え、学校体制をつくることを学んだという発言がありました。一人ひとりの成長発達の可能性を信じて、じっくり見守り支援することの大切さが明らかになりました。

（2）子どもの「知りたい」「学びたい」を引き出す、食の学習（健康と合同）

中野道子報告（京都・小）「健康なからだをつくろう！血液バッチリ鉄パワー」は、子どもの発達を踏まえた日常の給食を大切にした食教育と、各学年に応じた体系的・系統的な授業を通した食の学習の実践報告でした。6年生の『鉄』の授業は、中学生に向けて自分の身体や健康を意識させ、教材を工夫し「知りたい」「学びたい」を引き出しながら、意欲的に学ぶ授業内容でした。子どもたちの実際の姿から発達課題を見極め、日常的な給食を通した食教育と1年生から積み上げる食の学習で、ゆたかな食事感を育む実践は食教育を進める上で学ぶところが多く、参加者からも多くの質問が出されました。健康教育ともつながる内容も多く、養護教諭や担任との連携でさらに可能性が広がります。学校全体で進める食教育の必要性と、そのためにも専門職である1校1名の栄養職員・教諭の配置が重要な課題であることが共有されました。

（3）食育アンケートにもとづく食への意欲を高めるとりくみ

田中久美子報告（山口・特別支援）「みんなちがって、みんないい。――発達段階に応じた食に関する指導の実践」は、肢体不自由や病弱、知的障害の児童生徒が在籍する総合支援学校のとりくみでした。小・中・高の全学部で食育アンケートを実施（事前・事後2回）、その結果から「食に関する指

導の到達目標」を設定し、学校全体でとりくむ意欲的な実践でした。障害によっては困難な目標ですが、できるかできないかではなく「意欲をもつこと」を尊重し、支援しながら長い目で見守ります。教職員が連携して指導用のオリジナルソングや動画をつくり効果的に活用されています。食の自立に向けて、個々の子どものがんばりや成長が見られ、次年度につながりました。参加者からは、食育アンケートが統計的にきちんとまとめられ感心したことや、中学部でおこなった親子料理教室への質問も多く、今後のとりくみへの関心が寄せられました。

(4) 学校独自の献立作成で給食を充実し、教育内容をゆたかに発展させる

東京都教職員組合報告（東京・小）「献立作成で大切にしていること——学校独自の献立作成」は、自校調理方式の学校で、学校独自の献立作成ができる条件を活かした給食を実施している報告でした。栄養価や食品構成を整えるだけでなく、旬や食文化・地場産や安全な食材の使用に努力しながら、学校行事に合わせた特別献立が実施されています。運動会・たてわり班・読書週間、そして各学年の発表に合わせ6日連続でおこなわれた学習発表会の給食等々。子どもの思いや願いを大切にした給食づくりが、学校行事への期待や満足感を増し教育内容をゆたかにするために力を発揮していることが明らかになりました。学校独自の献立作成のためにも1校1名の栄養職員・教諭の必要性をもっと発信することや、今全国で進む給食無償化によって独自献立が統一献立になっていかないような条件整備が重要ということも討議しました。

（5）一人の問題提起が人々を巻き込み、行政を動かす大きな力に

長谷川牧報告（埼玉・小・共同研究者）「給食センター問題を考える会を立ち上げて」は、育休代替の栄養士として9000食の給食センターに着任し2年間のとりくみの報告でした。赴任した給食センターでは驚きの連続、問題が山積した施設でした。「狭くてメンテナンスされていない施設」「調理員不足」「衛生管理基準が守られていない」「給食内容にも支障」等々。子どもたちのために黙ってられないと行動。教職員組合に加入→教育長交渉で発言→「給食センター問題を考える会」発足→「建て替えを求める署名」提出→「市民アンケート」の実施。問題点を知った保護者や市民からはたくさんの意見や要望が寄せられました。知らせることから始まった行動は多くの人を動かし、短期間で大きな給食運動に発展しました。市は建て替えの方針を出しましたが、10年先の見通しで、とりくみは継続しています。分科会では、一人から始まった給食運動とその発展に元気をもらい、今後の運動への期待が寄せられました。

（6）食教育小分科会まとめ

今回は7本のレポートがありました。学校の教育理念に基づいた自由の森学園の学食の実践と、水害の多い和歌山地域での防災授業の実践は全体会で報告されました。健康教育との合同分科会でも2本の報告がありました。生命・安全・成長発達・生活・自立等々分科会共通の課題を、今回は食の実践から全体で共有し討議できたことは有意義でした。また、食健連等他団体からの参加があり、学校給食費の無償化や地場産・有機給食の給食要求は、若いお母さんの参加などかつてない動きが見られ、全国に大きく広がっていると報告されました。本当の意味で日本の農業をどうするのか、の課題を見据えなければならないという問題提起もありました。給食費の無償化の動きの中では、統一献立や質の低下を招かないよう、給食内容を守るとりくみにつなげる必要性も明らかになりました。全体会や合同分科会の報告も含め、給食内容の充実や、食教育を積み上げるために1校1名の栄養職員・栄養教諭の必要性が明らかになり、分科会の共通課題になったことは大きな成果でした。

〔金井多恵子〕

【レポート一覧】

		森 敏生	共同研究者	●討論の投げかけ：「生命（いのち）の安全教育」の問題
		野井真吾	共同研究者	●討論の投げかけ
		中村好子	共同研究者	●討論の投げかけ
		石田智巳	共同研究者	●討論の投げかけ
		金井多恵子	共同研究者	●討論の投げかけ
①	埼玉	長谷川牧	小学校	●給食センター問題を考える会を立ち上げて
②	埼玉	関 勝代	特別支援学校	●摂食に関して配慮を要する児童生徒について職員間の情報共有と給食対応
③	東京	東京都教職員組合	小学校	●献立作成で大切にしていること——学校独自の献立作成
④	長野	宮本由香里	高校	●月経に関わる学びあい——月経講座を実施して
⑤	滋賀	廣田晋平	小学校	●バスケットボールの授業づくり
⑥	京都	平井みどり	小学校	●養護教諭として育ててくれてありがとう
⑦	京都	中野道子	小学校	●健康なからだをつくろう！血液バッチリ鉄パワー
⑧	大阪	大瀬良篤	小学校	●みんなで楽しくボールを蹴る——じゃまじゃまサッカーの実践より
⑨	和歌山	大西勇也	小学校	●防災の授業——防災cooking
⑩	山口	田中久美子	特別支援学校	●みんなちがって、みんないい。——発達段階に応じた食に関する指導の実践
⑪	私学(埼玉)	渡邉さやか	高校	●教育の上に成り立つ食の形——循環していく自由の森学園の学食作り

分科会報告

A 参加と共同の学校づくり

山田　哲也
山本　由美

A分科会は、2022年度までの第20分科会「学校づくりへの子どもの参加、父母・教職員・地域の共同」、第21分科会「教育条件確立の運動」、第25分科会「登校拒否・不登校」、第28分科会「今日の教育改革――その焦点と課題」を、それぞれの研究蓄積を引き継ぎつつ共同研究によって新しい展望を切り開く、ということをめざして合流し、1つの分科会として新たなスタートを切ったものです。

1日目は、石井拓児さん（名古屋大学）からの「子どもの権利を大切にする学校づくりを各地に広げよう」というタイトルの「討論の呼びかけ」を経た全体会をおこない、午後から25本のレポートを3つの分散会に分けて報告と討論を、そして2日目の午後にまとめの全体討論をおこないました。

1 子どもの権利を大切にする学校づくりを

石井さんは、子どもの権利から「学校づくり」を出発させること、特に子どもの意見表明権が、「学校と社会のあり方を鋭く告発し、これを変えていく展望と可能性を含んでいる」と提起します。

そして、今までの各分科会において課題となっている「今日の教育実践の困難さ」の背景に、現代の「教育改革」と教育条件の不整備の問題があるとします。それに対抗していくために、まず第1に、「教育改革」「教育政策」の特質や方向性、その問題点をつかむことが必要であるとします。例えば内閣府、デジタル庁、経済産業省や総務省などのねらいと思惑、例えばコロナ後拡大した教育ＤＸが公教育を切り崩す危険性を併せ持っています。

第2に、教育条件を確立する教育財政をめぐる現状と問題をあげます。

第3に、教職員の権利がどのような状態にあるのかを、子どもの権利保障の観点から検証することの必要性を指摘します。教職員の非正規化が進む半面、正規雇用教職員は極度に多忙化し、「〇〇プラン」といった改革や「評価」を押しつけられています。その中で「教師という仕事」が若い世代にとって魅力的でなくなっているのです。

第4に、「教師の専門性」の変質・解体を導く「教育政策」があることを指摘します。教育ＤＸなどの中で、学習教材・コンテンツが決められ、教育内容の管理統制、国家支配が進められています。

また、近年進められる文科省による不登校対策、例えば「ＣＯＣＯＬＯプラン」（２０２３年3月）は、不登校特例校３００校を全国に配置しようとしています。石井さんは「すべての学校をあらゆる子どもにとって安心・安全な場所へと組み替えていく」のではなく、「不登校経験者」向けに別立てで用意した特例校に向かうレールを敷き、固定化することで社会の分断が進展してしまう可能性があることを指摘します。それによって、公教育が切り崩されることが懸念されるので、「マクロな視点からの論議を進めるべき」と述べます。

対抗軸の可能性としてあげた、ユニセフの「子どもの権利が守られた学校・園づくり」では、子どもの権利の推進が学校づくりにもたらす効果として、「自分や他者の権利を尊重し合うことも学ぶ」「多様性を認める認識が育つ」「自己肯定感を高める」があげられました。

その後、京教組から、ご報告の予定が逝去されて叶わなかった森本博行さんの追悼として「京都奏和高校の教育活動」の紹介がありました。続いて、高知県四万十市から、学校統廃合の対象となっている下田中学の児童・生徒9名と保護者が登壇し、「子どもの意見表明」として学校の存続を訴えました。

以下、午後からは3つの分散会に分かれ、25本のレポートについて報告、討議がおこなわれました。分散会①では、主に登校拒否・不登校の当事者によるレポートや、当事者を支える実践などを中心に、また分散会②と③では、主に地域や学校におけるさまざまな実践や教育政策にかかわる課題などが報告、討議されました。


（山本由美）

2 登校拒否・不登校

登校拒否・不登校の経験を共有し、社会のあり方を問う

登校拒否・不登校にかかわるレポートの報告は、5本ありました。

あさひしづこ報告（東京・小）「その子らしく生きることを支援する――保健室登校の子どもたちから学んだこと」では、養護教諭の立場から、10数年勤務した前任校での3人の子どもたちの数年にわたる保健室での様子が紹介されました。東京教研の不登校・登校拒否分科会に参加することで、無理に教室に戻す必要がないことに気づき、「楽しい保健室ライフ」を過ごせる場を用意する中で、子どもたちが落ち着きを取り戻し、次のステップを模索する姿が示されました。あさひさんは、「学校の抱える課題」として、「チーム学校が教職員を1個ずつの歯車にし、教育活動は〝分業制〟になってしまい、その結果、子どものつらさを教職員で共有することがきわめて少なくなっていること。教職員の一体感がなく、他者評価に過敏になり、教室の枠からはみ出す子どもを認められないなど、教職員の追い詰められている状況」を指摘しました。

稲村史華（千葉・みんなの居場所「童」共同代表）・松山隆一報告（千葉・小）「自分らしく登校できた！」では、小3から「学校に行かなく」なった中3の長男のこと、次男（小4）の保育所と小学校への登校渋り、フリースクール・居場所に通いはじめる経緯などが母親の立場から回顧され、「価値観がひっくり返」り、「条件づきの肯定になっていた」ことや「自分の中にある当たり前」を捉え返したこと、「立ち止まる体験」から「親子関係を見直すきっかけ＝ギフト」を得たことなどが語られました。その後、分科会に参加した稲村さんの長男が松山さんから事前に尋ねた質問に答える場面があり、両親からされてうれしかったこととして「ゲームを一緒にしてくれて、焦っているときに『心配しなくていいよ』と声をかけてくれたエピソードを紹介するなど、当事者による不登校経験がフロアに共有されました。

菱木淳一報告（北海道・特別支援）「次女（高2）の不登校を通して考えたこと――改めて問う、学校の意味」は、組合専従後、特別支援学校に勤める菱木さんが、不登校の子どもと過ごす中で、学校の意味を問い直した道のりが示されました。ゆったりと構える妻とは異なり、「多様な生き方があってよい」と考えているつもりだったのに、不登校に焦りを感じ次女を責めてしまう自分に気づいたこと、その時々に気持ちが揺れ「あたふたする自分」に向き合いながら、「自分

自身の中にこびりついている『能力主義』『偏った価値観』に気づ」いた経緯、「『学校とは、授業とはこうあるべき』を変えていく」必要性などが語られました。根強い能力主義から少しずつ解放されてゆく自己の語りは、多様性を許容する「フラットな学校」を展望する際に大切にすべき価値とは何かを参加者に提示するものでした。他方で、その後の質疑で「『学校に行かなくてもよい』とは思えるようになったが、『りっぱに生きてほしい』という価値観はなかなか捨てられなかった」との発言も参加者から寄せられ、私たちの社会に根強く定着した能力主義を相対化することの難しさもあらためて確認されました。

　福永美鈴報告（全国・登校拒否・不登校問題全国連絡会）「不登校の息子とともに歩んで」は、子どもの悩み・苦しみに寄り添う中で、自分自身の人生のあり方を正面から問い直した迫真のレポートでした。

　小学校時代からはじまった息子の不登校、「ネットを見ている間だけは、モヤモヤを忘れられる」と動画に没入した中学時代、病院勤務の内科医の夫と息子との葛藤と長い時間を経る中で生じた和解の兆し、そして、自分の大きな支えとなった親の会との出会い……。「もう一度私の人生を生きる」と決意し、通信課程で教員免許を取得し、中学の非常勤講師の職を得るまでの経緯を示したレポートに対して、参加者からは「生きてゆくということは、こういうことだ」という共感的な反応が寄せられました。他方で、競争的で排他的な関係を強める今日の社会においては「子どもの人権」を真ん中に考えることがますます難しくなっていて、自己の内面を開示することへのためらいも増していること、こうした状況だからこそ、福永報告の意義が強調されるべきとの指摘もありました。

福永さんは報告の最後、「これまでの学びを通して、不登校やひきこもりは個人の問題ではなく、今の社会全体の問題だと認識を新たにしました」等と語られ、不登校をめぐる経験に触発され、自己を根底から問い直すことが社会を問うことにつながる道筋があらためて確認された報告でした。

西尾美里・西尾詩報告（全国・登校拒否・不登校問題全国連絡会）「Ｍｙホームスクール Ｄａｙｓ」では、学習すること＝登校することという図式を問い直し、それぞれの実情にあった形で学ぶ環境を整える意義が示されました。現在、通信制の高校に通う西尾詩さんは、小・中学校時代の不登校の経緯をふり返り、「スクールカーストを利用したクラスづくり」にしんどさを感じ、いやがらせなどを受けて学校に行けなくなったこと、「学校に戻ることを強要する」姿勢に疑問を抱いたことなどについて語りました。別室登校、週1回のフリースクール、習い事などを組み合わせて自分のスタイルで勉強する環境を整えた当時の様子をふり返り、「不登校であることを特別視せず、自分の意思を尊重してほしい」と、当時の先生たちに要望したいことが示されました。

詩さんの経験を踏まえつつ、報告の後半では母親の美里さんが「ホームスクールの構造化」というコンセプトで子どもとのかかわりをふり返り、本人の意思と親の願いを区別し「主体を乗っ取らない」こと、「自分に合った学び方とペース」を重視するスタンスを心がけたことが紹介されました。学ぶ場所は学校だけではないこと、重要な点は登校の有無ではなく適切な学習環境を整えることだという点が「構造化」という用語に込められていることをうかがわせるレポートでした。

いずれの報告も、登校拒否・不登校をめぐる経験を単なる私的な次元に留めず、社会のあり方を問い直す契機とする内容でした。子どもや保護者の迷いや葛藤、苦しみには、今日の社会が構造的に抱える課題を示し、その乗り越えをさぐる手がかりがあると言えるでしょう。

（山田哲也）

3 地域や学校におけるさまざまな実践

地域の中の学校づくり、「わくわくどきどきの体験」

コロナ禍のもと2021～22年には、各学校レベルの実践報告は激減していました。数少ない例として、小規模校において子どもの意見からオリジナルの学校行事を工夫して創り上げた、といった報告がありました。運動会や部活動、修学旅行を奪われた子どもたちが、こんなことをやりたいと「意見表明」したことを、教師たちが実現させた実践でした。

2023年、学校にさまざまな活動が戻ってきました。しかし、子どもたちのリアルな体験はどうなっているのでしょうか。学力テスト体制や、あてがわれた「個別最適な学び」の中で、あるいは「働き方改革」を〝口実〟とした行事削減によって、コロナ禍前とは大きく変化したのではないでしょうか。

そんな中、子どもたちのリアルな体験の報告が印象に残りました。吉田武彦報告（京都・小中一貫）「地域に根ざし、地域が生きる教育課程づくり――小中一貫校開校4年の三和創造学習」は、福知山市の開校4年目の小中一貫校、三和学園の地域実践の報告でした。

全校児童生徒115名、人口約3000人の過疎地域にもともとあった2小学校と1中学校を地域に残すために、住民が要望してできた小中一貫校です。報告者は設立準備委員会メンバーとして、「ふるさと三和から学ぶキャリア教育」創設にかかわってきました。統合前は密接だった学校と地域の関係は薄くなっていました。地域学習も一からのスタートだった、と言います。教育課程特例校になって「総合的な学習の時間」、学校行事、そして一部の授業を、地域の自然や資源、農業、養蚕、鮭の放流などの産業、地元出身の明智光秀をはじめとする地域の歴史、平和学習などで埋め尽くしました。6、7年で地域の歴史をドラマ、劇化して上演し、7、8年で「三和地域まるごと博物館」と称する1人1テーマ調べ学習にまとめます。カブトムシを体育館に放って素手でつかむ、など「五感で感じる」体験も盛り込みました。

ただし開校と同時に定年退職した吉田さんは、ボランタリーな「地域講師」としての位置付けのみで、年間報酬3万円でフル稼働せざるを得ません。せっかくのゆたかな地域実践の教育課程が、きちんと制度化されているわけではないのです。このようなケースは、他自治体でも見られるのではないでしょうか。

錦真人報告（私学・愛知・高）「主権者教育『18歳選挙権』――自分たちの未来は自分たちで考える」は、「与野党現職国会議員を招いての高校生の選挙体験」との報告で印象的でした。生徒にじかに政治に触れてほしい、「主体者」から「主権者」に育ってほしい、と地元愛知15区の自民党の根本幸典議員、立憲民主党の関健一郎議員、〝本当にたたかう2人〟を学校に招いての公開討論会と、その後の模擬投票（という より事前投票）をおこなったのです。事前学習では消費税の使い道、防衛費の拡大など、発言の趣旨や内容が最低限わかるようにしました。討論会では「進学したいが学費が高すぎる、学費援助してくれる政策はないか」といった質問も出され、直後のアンケートでは「政治を身近に感じた」が29・4％から93・8％に劇的に増加しました。しかし、4か月後の本番の衆院選の実際の投票行動を見ると、「やっぱり傍観者のままだった」と氏は評しています。しかし生徒たちはSNSで政治家のサイトをフォローするようになり。教室で選挙結果を話題にする姿も見られるようになったと言います。

他にも、岐阜聖徳学園高校の中村充報告（私学・岐阜・高）「ICT活用の推進と現状」、小川敦報告（山口・高）「模擬株式会社山口魅来伝統工芸事業グループの地域ブランド化と伝統継承の取組」、中山眞理子報告（多文化子ども自立支援センター）「NZの通信教育から学ぶ――Te Kura（通信教育学校）の在り方」は、地域の中の学校づくり実践、高校での体験的な学びづくりと地域連携のとりくみ、などに関する報告の中で、子どもたちが感動やときめきを感じる体験が報告されました。

小規模校は「子どもの意見表明権」から見て優れている

学校統廃合についての報告として、遠山和子報告（市民団体）「学校は地域の宝――統廃合の撤廃を求めて」がありました。東京では、今複数の自治体で公共施設等総合管理計画を背景とする学校統廃合、公共施設の「複合化」が強行され、各地で紛争が起きています。

町田市は、市独自の学校の「適正規模」を従来の「12～18学級」に拡大しました。その結果、市内の小中学校の3分の1が統合対象になりましたが、背景には公共施設再編で老朽化した施設を統合・改修しようとする目論見がありました。対象校の児童生徒数も400名程度であったり、決して緊急に統合の必要な規模ではないのに、通学路が長くなり路線バスを利用したり、工事が完成するまでプレハブ校舎を利用させるなど、子どもに対する配慮のない計画が進められています。それに対して市内の各地で反対運動が起きています。

そんな中で特に、市街地からやや離れた小さなコミュニティにある小規模な小中一貫校「ゆくのき学園」では、保護者や地域住民だけでなく、卒業生などからも広範な反対運動がいち早く起きました。

遠山氏は、小規模校が子どもの権利という視点から見て優れている点として、第1に、子どもが「意見表明」しやすい、第2に「要求実現」が子どもの目に見える形で実現する、第3に、地域にかかわることができる、第4に、子どもが自然とかかわることができる、点をあげました。

教育行政による、実証のない「小規模校ダメ論」によって、多くの保護者が不安を煽《あお》られて学校逃統廃合計画になかなか反対できず地域の共同から分断される傾向のある中、この指摘は注目すべきものでしょう。

子どもの声から、若い教師たちが実践を

また、主に子ども理解、学校・学級づくりの実践、個（一人の生徒）に向き合う教師の支援、父母・地域の共同などのテーマに関する報告が、5本ありました。

特に、子どもの声、子どもの主体性から出発した若い教師たちによるチャレンジの実践が印象的でした。中村豊後報告（千葉・小）「でこぼこしたっていいじゃない」は、人口流入地域の大規模校、担任を持つ教員の3分の2が若年層教員という状況の中、前年学級崩壊した5年生のクラスの担任として、課題を抱えた男子2人に特に言葉でていねいに向き合い、子どもたちの声から学級で輪ゴム銃大会を開催するなど、関係をつくっていったそうです。職場では他の教師たちにも影響があり、同じように企画をした若い同僚もいたそうです。

中村先生自身、初任時に先輩教師から生活指導の民間サークルに誘われて学びはじめて10年たったそうです。そんな成長過程も感じられ他学級実践の報告でした。

また、母子関係や仲間関係、病気とのたたかいなど、さまざまな困難や生活背景、思春期のゆらぎを抱える子どもの願いに寄り添う実践の報告として、やすだしおん報告（北海道・小）「他教員や管理職との連携――子ども対応にかかわって」、萩原正人報告（群馬・高）「Mを支えて」、後藤静報告（愛知・高）「私だって、学び続けたい！――双方向型遠隔授業における高校生の治療と学業の両立支援」、前田祥紀報告（長崎・高）「生徒の理解を深めるために――各種調査結果の活用について」の報告がありました。

4 教育政策にかかわる課題

職場づくりの課題、ハラスメントに対して

他方、新自由主義的教育改革の中で、多忙化や厳しい評価を背景に「荒れた」職場の報告が近年目立っています。今年も働き方・職場の課題、「働きやすい職場づくり」、労安活動や職場のパワハラなどについての報告が、5本ありました。

佐藤真一郎報告（長崎・教職員組合）「同僚教諭パワハラ訴訟から――教育委員会のハラスメント対応改善を引き出す」では、職場で受けたパワハラに対して、校長が県教委に報告せずに喧嘩両成敗の人事異動がおこなわれました。それに対して、ハラスメント対応についての安全配慮義務違反を争う訴訟を起こし、陳述書のやりとりの後、再発防止も考えて条件付き和解へ至りました。それによって、管理職から教委へ、被害相談があれば文書送付をおこなう、行為者への指導結果は文書記録にすることを義務付ける、など、今後のパワハラ再発防止のための制度化が進みました。

美濃辺あけみ報告（大阪・教職員組合）「パワハラに負けない職場づくり――たたかう職場を支える組合の役割」でも、管理職のパワハラの過酷な実態とその被害・影響の実態、その「たたかい」への共同のとりくみが報告されました。

入倉健乗報告（香川・教職員組合）「マイノリティと人権」では、行政や教師の人権意識の低さとマイノリティ軽視の実態が、小笠原秀春報告（高知・小）「小学校教科担任制の改善のために――4日間で20時間の理科・算数の専科教員として働いて」では、過酷な学校現場の労働実態が語られました。このような状況は全国で出現しているのでしょう。

金井宏伸報告（埼玉・中）「今こそ職場に組合力を――協力・共同を生み出す組合活動と衛生推進活動」は、「一人分会」の職場で労安のとりくみを衛生推進者として職場の声をていねいに聞き取りながら進めていく実践でした。

教育条件整備の重要性、「給食費無償化」は入り口

また、学習権保障、安全・安心の学校づくりに関連して、給食費無償化の動向や、教育条件整備、学校現業職員の労働実態と安心して働ける労働環境づくり、などに関する報告が3本ありました。

東京都教職員組合（八王子市立中学校事務職員）報告（東京・中）「給食費の無償化から教育費の無償化へ」、葉狩宅也報告（京都・教職員組合）「教育請願署名、議会請願のとりくみ――京都府綴喜《つづき》地方の給食無償化を求めるとりくみを中心に」では、給食費無償や、教育費の無償へのとりくみの動向や、その意義などが語られました。

給食費の無償化については、２０２３年に全国で導入自治体が増加しましたが、例えば東京では23区は条件付きも含めてほとんどが導入しているにもかかわらず、財政力で劣る市部では僅かであり、中学校給食制度さえ導入されていない自治体もある「多摩格差」が見られます。都教組の報告からは、保護者の負担軽減、義務教育無償の憲法理念のために、給食無償化は「入り口」であること、実現のために教員と事務職との連携が必要であることが指摘されました。

住田治人報告（出版労連）「いま教科書に何が起こっているか、私たちはそれにどうとりくんでいるか」は、教科書出版にかかわる報告でした。これまで「教育改革」分科会で報告されてきた内容であり、他分科会にとって初めての貴重な情報でした。

教科書販売会社の賄賂問題などもあげられ、教委が勝手に教科書を採択している実態に対して、現場の教師が教科書採択に関与できる仕組みづくりが提起されました。また、文科省が、教科書価格を低価格で固定化しているために、教科書出版企業が、発行部数が少ないと採算がとれずに撤退するケースが増えているそうです。例えば、かつて10社が発行していた小学校国語は現在3社に、「特別の教科」化されたばかりの中学校「道徳」は8社がすでに6社に減少しているとのことです。住田さんは、そのような状況がまるで「国定教科書」状態を生み出しているとして、それが国のねらいであるかもしれない、と述べます。また近年の多くのデジタル教科書の導入については、混乱していてまるで無秩序の状態であると批判します。

永西英俊報告（兵庫・高）「『学校現業職員』について、皆様はご存じでしょうか？――調理員の劣悪な調理環境と待遇の改悪」では、定時制高校の給食調理員の過酷な労働実態と、安心・安全な給食が提供できる財政的条件・労働環境の整備の必要が訴えられました。

5 総括討論

2日目午後の総括討論では、3つの分散会の内容が報告・共有されました。しかし、残念ながら昨年までの4分科会の課題をさらに深めるということには至らなかったかもしれません。「子どもの声」「子どもの意見表明」から出発しよう、という問題提起に応えた報告、討議の内容は見られたと思います。ただ、「職場づくり」の実践に、子どもの姿が見られないのでは、といった指摘もありました。実際に教師が置かれている困難な状況を、どうやって保護者や市民と共有していくのか、といった課題もあるのでしょう。

共同研究者の宮下聡さんは、「登校拒否・不登校」のレポートを聞いて「私は、子どもたちは学校や教師のあり方だけでなく、親を含む大人の生き方、社会のあり方にも問いを投げかけている」とつくづく感じました、と語り、「分科会運営は来年・再来年と進化していきます、いや進化させていきましょう、ぜひご意見をお寄せください」と締めくくりました。

〔山本由美〕

【レポート一覧】

①　北海道　やすだしおん　小学校　●他教員や管理職との連携――子ども対応にかかわって

②　北海道　菱木淳一　特別支援学校　●次女（高2）の不登校を通して考えたこと――改めて問う、学校の意味

③　群　馬　萩原正人　高校　●Mを支えて

④　埼　玉　金井宏伸　中学校　●今こそ職場に組合力を――協力・共同を生み出す組合活動と衛生推進活動

⑤　千　葉　中村豊後　小学校　●でこぼこしたっていいじゃない

⑥　千　葉　松山隆一　小学校　●自分らしく登校できた！

⑦　東　京　中山眞理子　NPO法人　●NZの通信教育から学ぶ――Te Kura（通信教育学校）の在り方

⑧　東　京　遠山和子　市民団体　●学校は地域の宝――統廃合の撤回を求めて

⑨　東　京　東京都教職員組合　中学校　●給食費の無償化から教育費の無償化へ

⑩　東　京　あさひしづこ　小学校　●その子らしく生きることを支援する――保健室登校の子どもたちから学んだこと

⑪　愛　知　後藤　静　高校　●私だって、学び続けたい！――双方向型遠隔授業における高校生の治療と学業の両立支援

⑫　京　都　吉田武彦　小中一貫校　●地域に根ざし、地域が活きる教育課程づくり――小中一貫校開校4年の三和創造学習

⑬　京　都　葉狩宅也　教職員組合　●教育請願署名、議会請願のとりくみ――京都府綴喜地方の給食無償化を求めるとりくみを中心に

⑭　京　都　森本浩行　高校　●京都奏和高校の教育活動

⑮　大　阪　美濃辺あけみ　教職員組合　●パワハラに負けない職場づくり――たたかう職場を支える組合の役割

⑯　兵　庫　永西英俊　高校　●「学校現業職員」について、皆様はご存じでしょうか？――調理員の劣悪な調理環境と待遇の改悪

⑰　山　口　小川　敦　高校　●模擬株式会社山口魅来伝統工芸事業グループの地域ブランド化と伝統継承の取組

⑱　香　川　入倉健乗　教職員組合　●マイノリティと人権

⑲　高　知　小笠原秀春　小学校　●小学校教科担任制の改善のために――4日間で20時間の理科・算数の専科教員として働いて

⑳ 長　崎　佐藤真一郎　教職員組合　●同僚教諭パワハラ訴訟から――教育委員会のハラスメント対応改善を引き出す
㉑ 長　崎　前田祥紀　高校　●生徒の理解を深めるために――各種調査結果の活用について
㉒ 私学（愛知）錦　真人　高校　●主権者教育「18歳選挙権」――自分たちの未来は自分たちで考える
㉓ 私学（岐阜）中村　充　高校　●ＩＣＴ活用の推進と現状
㉔ 全　国　住田治人　出版労連　●いま教科書に何が起こっているか、私たちはそれにどうとりくんでいるか
㉕ 全　国　福永美鈴　登校拒否・不登校問題全国連絡会　●不登校の息子とともに歩んで
㉖ 全　国　西尾美里　西尾　詩　登校拒否・不登校問題全国連絡会　●Ｍｙホームスクール Ｄａｙｓ

分科会報告

B 発達・学力、教育課程づくり

小林　桂子
中村　清二
馬場　久志
深澤　英雄
船越　勝
山崎　雄介
和田　仁

1 全体会

長年検討されてきた分科会再編が、2023年度から実施されました。この再編された課題別B「発達・学力、教育課程づくり」分科会は、旧課題別分科会の「発達・評価・学力問題」「教育課程・教科書」「生活科・総合学習」「特設『道徳教育』のあり方を考える」の4つの分科会に結集していた共同研究者、司会者が集まり、子どもの発達・学力の視点から、教育課程づくりをめぐる諸問題と生活科・総合学習、特別の教科道徳と道徳教育の実践を中心に、総合的・多面的に検討することを目的にした新たな分科会です。分科会では、最初に全体会で今年度の教育政策の特徴や問題点、さらにはそれらを乗り越えていく教育実践や教育運動の視点などを、基調提案の学習や基調実践の検討などをもとにした交流で深めた上で、3つの分散会に分かれてレポートを検討し、最終日にあらためて全体で総括討論をおこなうという流れでこのB分科会を運営しました。

今年度のB分科会の基調提案は、山崎雄介共同研究者から今日の教育課程政策の動向と教育課程づくり・教育実践研究の課題について問題提起をしてもらいました。こうした基調提案の問題提起を具体的な教育実践に即して検討するために、子ども理解と教育実践の視点からは、江尻崇報告（北海道・中）「子ども理解をとおして、学校の在りようを問い直す」、養護教諭の職務の視点から見えてきた今日の子どもたちや学校の実態とあり方について問題提起をおこなった、高瀬久乃報告（東京・中）「養護教諭の職務再考」の2本のレポートがまず報告され、議論されました。

　江尻崇報告は、「宗谷の教育合意運動」で大切にされてきたものを引き継ぎながら、自信のなさや無関心といった少なくない困難を抱えた生徒たちと向き合い、自己理解と他者理解と子ども理解とを重ねながら深め、自分が自分として受け止めあえる学級をめざした実践の今日的価値が語られました。高瀬久乃報告は、この間の子どもたちの変容とそれに伴う新しい政策展開の中で、養護教諭の業務の激増化の状況が詳細に報告されました。しかし、そんな困難な状況の中でも、養護教諭の先生方の懸命な努力で、困り感を持った子どもたちが何とか支えられている実践について、「養護教諭最高！」と誇りを持って語る姿勢に多くの共感が寄せられました。

　他方、教育政策と教育実践の視点からは、今日の教育政策の特徴とそれを反転させる試みとして、生徒たちの学び直しを保障するために、彼ら／彼女らと教職員の自由を大切にしてきた通信制高校の学校づくりの実践である浦田直樹・小山民報告（大阪・私学・高）「学校——すべての人と育ち会い続けたい」、学校司書の立場から、教科書に留まらない、教師のリアルで豊かな教材づくりと授業づくりを支援してきた実践である藤原共子報告（山口・小）「教科書だけでいいですか？——『こんなこと教えたいな』の願いを支える学校図書館」という2つのレポートの検討をもとに、教育政策に対抗していく課題と研究の方向性を探りました。

　浦田直樹・小山民報告をめぐっては、「ゼロトレ・スタンダード体制」ともいうべき、子どもと教職員への管理・統制が強まる中で、「人が人として育っていく」場としての学校のあり方を問い、競争主義の中で心に傷を抱えた生徒たちに、人間らしさや個人の尊厳を打ち立てようとかかわりつづけた実践からあるべき学校像を考えさせられました。藤原共子報告をめぐっては、多忙化が進行する中で教科書を教えるのが精一杯という状況が広がる中で、自主的な教材づくりと教育課程づくりを学校司書の立場から支える実践を通して、あらためて子どもたちには学ぶことの喜びを、教師には教えることのやりがいを回復していく様に、「教育の自由」の大切さが確認させられました。

〔船越　勝〕

2 生活科・総合学習分散会

(1) 分散会基調提案

生活科・総合学習分散会では、和田仁共同研究者より、「子どもが主人公の学校づくり——和光鶴川小学校の教育課程」について基調提案をおこないました。和光では教科書を使わず、「教育の自由」の精神に基づき、手づくりで教育課程が創られています。そして、10年に一度、目の前の子どもの要求や子どもをとりまく生活や社会の変化に合わせて改訂されます。教育課程は本来「教科教育」「総合学習」「教科外教育」の3領域で編成されますが、「総合学習」は「教科教育」や「教科外教育」とつながり、子どもたちにとって意味あるものにデザインしていく役割を果たしており、教育課程の基礎になっていることについて考えました。

（船越　勝）

(2) 自分事として学ぶ総合学習

ウクライナ戦争がおこなわれている中、杉見朝香報告（東京・私学・小）「なぜ、防衛費を上げるのですか？——沖縄学習から、首相に手紙を送った子どもたち」で報告されているように、和光小学校では、6年生が総合学習で「沖縄」を1年間学びます。沖縄の文化、自然、歴史について体験的に学び、たくさんの人と出会い、「平和」を考えます。沖縄を肌で感じた子どもたちは、今の日本やこれからの自分たちを考えたとき、いくつもの疑問が出てきました。「なぜ防衛費を上げるのですか?」「日本に米軍基地があることをどう考えていますか?」皆で議論を重ね、官邸に手紙を出そうということになります。

本来、学んだことは自分の生活につながり、新しい社会を創造する力になります。〝自分事として学ぶ〟とはそもそもどういうことなのでしょうか。自分事という言葉は、新しい学習指導要領のキーワードのひとつですが、そこでいう自分事とは抽象的な自己の傾向が強く、学びの対象であるリアルな生活現実に向き合い、それに変革的に立ち向かう当事者としての自己ではありません。本来の自分事として学ぶことは、他者との共同の中で新しい世界づくりに主体的にとりくむことであり、他者が抱える問題も、他ならぬ同時代を生きる仲間として、公共的な問題と捉え、かかわる、いわば「公共的な自己」としておこなわれる学びなのではないでしょうか。

〔船越　勝〕

(3) 自然から広がる総合学習

人間は、自然を取り入れながら、自分たちの生活をゆたかにしてきました。

加納信幸報告〔埼玉・小〕『教室でミツバチ!?』…いきものといっしょ」は、2年生活科の実践です。教室に持ち込まれたミツバチの巣箱。子どもたちは五感を通してミツバチという生き物に触れ、養蜂家の方にその生態や人間との関係を教わります。そして、屋上に設置された巣箱を観察しつづけ、最後はミツバチの生産物のハチミツを味わい「ミツバチって本当にすごい!」と感動したのです。総合学習としてさらに学びが広がるとりくみだと言えます。

寺下之雄報告〔青森・小〕「ナマズを通しての総合学習」は、かつての地域のシンボルで、町村合併後減少したナマズに焦点を当てました。実際にナマズを見て、興味を持った3年の子どもたちは、街の活性化にとりくむ養殖場のNさんに出会い、話を聞きます。多くの疑問に答えをもらい「ナマズと電気」の実験も経験する中で、ナマズと地域を自分事として捉えていき、ナマズのマスコットづくりや工夫したまとめをし、保護者に自分たちの学びの成果や思いを発表したのです。

本物のモノ・人に出会い、価値ある体験をすることで、リアルな事実を獲得し、地域への思いを深めた実践でした。

〔小林桂子〕

（4）ヒト・モノとつながる総合学習

福田文一報告（東京・小）「小麦の脱穀体験から始まる子どもたちの学び――麦をどのように食べ物にしていくか」は、地域で収穫された麦の束から出発し、子どもの興味関心に依拠して創られた実践です。年間計画で決められた教材をこなすのではなく、「麦をやりたい」という福田先生の新しい挑戦が子どもたちをどんどんかかわらせ、学びを紡いでいきました。教師や子どもの主体性を発揮すること、体験的に学ぶ中で学びが広がり深まっていること、解き明かす過程で子どもが互いを発見し認め合う関係になっている点も注目すべき実践です。

平形眞理子・冨宅奈津子報告（大阪・小）「柏原の伝統産業『注染』で作るあづま袋」は、それぞれ違う学校の家庭科教師が連携し、地域の伝統産業の「注染」を掘り起こし、見事に教材化した実践です。子どもたちは、地域の文化を再発見する中で、産業が減っている事実に目を向け、今も携わる職人の思いに共感していきます。自分事として地域を考え、その文化の素晴らしさを感じてつくるあづま袋は、一般化された家庭科教材ではありません。教材化していく過程をいきいきと話す報告者の姿がとても印象的でした。

〔和田　仁〕

（5）地域の主体者を育てる

羽生和夫報告（岐阜・小）「未来の牛道プラン――牛道小5年生の実践から」は、地域の自慢調べから始まります。家の人からの聞き取りの交流、牛道地区の名産決め、実際に見てきた地区の作物の発表をし、その作物が多い理由を考え、資料を駆使して秘密を探ります。

そして、野外体験学習で、実際に田畑の作物を見、プロの話を聞き、味わい、「おいしい」ことを実感したのです。地区の良さを十分知った子どもたちが最後に描いたのは、実現可能で希望あふれた未来図でした。

廣本康恵報告（山口・小）「『いわくにまちづくりプロジェクト』の取組より」は、5年生の総合学習です。廣本さんは、映画館やテーマパークのある町を描いた子どもたちに、岩国の良さと課題を考えさせます。子どもたちは、廃れてきた商店街の活性化に奮闘する移動商店「軽トラ新選組」Yさんの話や姿に感動し、自分たちもとりくみたいと熱望します。アイディアを出し合い、地域の方の指導でつくった自分たちの作品を祭りで売り、イベントで盛り上げました。売上金を市に寄付し、市の職員とまちづくりについて語り、模型をつくり、プレゼン発表をした子どもたち。皆が望む町の姿がそこには表現されていました。

地域を学ぶ中で地域を自分事として考え、地域の主体者へと成長していく姿を学びました。

〔小林桂子〕

(6) 高校生の探究的な学び

高等学校の学習指導要領が改訂され、2022年度入学生から「総合的な学習の時間」が「総合的な探求の時間」に名称変更され、その他の教科も含めて、探究学習が強調されています。

小田晋報告(山口・高)「深い学びを実現するための探究学習――山口県立熊毛北高校普通科での実践」は、生徒が自分事として考えられるように、課題設定までに時間をかけ、生徒自らが「問い」を見いだす探究力を育成するために、目標の設定を全教職員で共通理解するための見える化、「総合的な探究の時間で身につけたさまざまな表現力が各教科で発揮される」というサイクルを確立して、総合的な探究の時間と各教科の往還を追究、校内研修と学外連携などさまざまな試みを通して、高校生の学習要求にふさわしい深い探究的な学びを実践したものです。とりわけ、総合的な探究の時間の担当教員の的確なコーディネートに基づいて、一部の教員だけの負担にするのではなく、学内での「小さな」相談チームを数多く立ち上げ、生徒の自主的な活動を展開させていくとともに、それを地域や近隣小中学校などとも連携して支えていく実践の構図から多くを学ぶことができました。

〔船越　勝〕

3 発達・評価・学力問題分散会

(1) 子どもに寄り添う教師の働きかけ

勝村功報告(長崎・高)「課題を抱えた生徒――生徒FとFに関わった生徒T」は、Fの高校入学から卒業、現在の状況に至るまでの詳細なレポート内容でした。F(男子生徒)が高校1年の11月に起こした事件の経過が話されました。教室を飛び出した直後に手に持っていた傘を衝動的に投げつけ、窓ガラスが破損した事件を軸にしてFの家族、クラスの人間関係、中学校からの引継ぎ事項、医師との面談内容などが語られました。事件の前後の経過と指導が時系列に述べられました。Fの事件に深くかかわった女子生徒Tの行動や家庭の背景もていねいに展開されました。討論ではFの発達課題を引き出し、寄り添いながらFの成長を促した実践であると指摘されました。また、勝村さんを中心とした学年団の綿密な連携のもと、FとTは高校を卒業し、それぞれの進路で自分の道を切り拓こうとしており、生徒の目線で粘り強くかかわってきたことで、教室の復帰にとどまらない彼らの人生の歩みへの復帰をサポートした実践報告でした。

井神達弥報告（兵庫・小）「漢字指導を通して発達を考える――5人のケーススタディを通して」は、5人の子どもたちの漢字指導を通じて、それぞれの発達に応じた指導法やかかわりを追究した報告でした。大学時代に脳性まひのガイドヘルパーをしていた井神さんは、教員になり、小学4年生のKちゃんに出会います。Kちゃんは、漢字のまとめテストは20点台で、家庭での練習をしてこない子でした。先生は、Kちゃん用のお手本を書いてなぞり書きをするように声をかけます。再テストのたびに点数が伸びて、2学期の終業式では、再テストで100点をとります。子どもをよく観察し、なぞり書きという方法を選択した先生の指導力とクラスの仲間の励ましとによって、Kちゃんは漢字が書けるようになります。その後、4人のそれぞれに課題を持つ児童との出会いがあります。一人ひとりに教育的アセスメントをし、児童の特性を把握した上で、さまざまな指導法を開発し、漢字の習得の保証をさせていった実践報告でした。

〔深澤英雄〕

(2) 子どもの未来と授業づくり

植林恭明報告（東京・小）「主体的に生きる子ども　とは――表現の力を耕し、自分らしく未来を生きる子どもを育てる」は、併設する幼稚園との合同研究を続ける小学校からの報告でした。報告は、国内外の情勢と教育情勢、幼・小の関係に関する諸政策を整理分析し、幼小接続とか小1プロブレムなどと称する諸施策について、小学校での学習の楽しさや期待という視点が弱いと指摘しました。そして「主体性」について、本来こころの中にあるはずの「主体性」を評価のために可視化しようとしたことに文科省などの考えの問題点を指摘し、「安心して多種多様な自分らしさを表現できること」の面から主体性を捉える試みとして、表現の教育の実践を報告しました。いくつかの事例からは子どもの思いや葛藤も読み取れるものでした。報告のまとめとして、魅力を感じる題材の選定、表現の自由の保障と思いを大事にすること、応答的な対話からの信頼関係、表現しきるための技術、子どもの苦労や葛藤への寄り添い、作品を通じた交流と自己肯定感の育みが提案されました。理論と実践を相互に深める重厚な実践報告でした。

天崎能孝報告（愛知・中）「多様性の性を考えて」は、中学校道徳授業の報告でした。導入では色を手がかりにジェンダーステレオタイプに気づかせ、続いて今日話題になっている性差別や性自認などにかかわる言葉への理解を問うていきました。一方で、日常にあるランドセルの色や、トイレの入り口表示はどうしたらいいかと投げかけました。最後には、性的なからかいや嫌がらせはいじめや差別になると確認し、もし友人や家族からセクシャルマイノリティであることを打ち明けられたらあなたはどうするかと考えを問うた授業でした。生徒たちからのさまざまの回答例も紹介され、それぞれ自分の言葉で問いに向き合った様子が見られました。その後の討論では、もしそのことで悩んでいる生徒がいる場合はどうするかなどの現実的課題も論じられました。

　川端雄也報告（山口・高）「『自律型学習者』を育て、子どもたちの一生涯の幸せをめざす授業実践」は、教員主導による伝達型の授業ではなく、子どもたちが自ら学び進めていける学びの場の構築をめざした生物の授業実践報告でした。教えない授業を基調として、授業の流れは、安心な雰囲気づくりと多様な他者との交流を図るペア・チーム学習と伝え合い、自分で選んだ学び方の探求、節テストとアウトプットの作成があり、前後にふり返りがあるという構成です。定期考査は実施せず、何度でもやり直せるテストや課題が課せられ、問いへの解答や考察に加えて、粘り強さと試行錯誤が見えるアウトプットを求めているとのことでした。そして「信頼して、任せて、待って、支える」ことを大切にしているという報告でした。その後の討論では、生徒たちのゆるやかなつながりをどう評価するか、多様な生徒の主体的とりくみをどう見てとるかなどの論点や、実験やフィールドワークはどうするかなどの発展課題が出されました。

(3) 教師っていいな

　渡来和夫報告（北海道・高）「参議院選挙（２０２２年７月10日〔日〕投開票）にあわせた、模擬投票の取り組み」は、主権者教育にとりくんだ報告でした。「政治的中立性」に配慮して、懸念を示す同学年、管理職と慎重に同意を得る段取りを踏み実施に漕《こ》ぎ着けたとのことでしたが、その際に著名校での前例も追い風になったそうです。実践は現代社会と倫理の授業にて学年全体でおこない、政策を調べたり比較をする２週間の調べ学習を経て、選挙管理委員会より借りた投票箱を使い実在の政党名で投票をするという学習でした。主権者教育をどうするかは他校も悩んでいたようで、このことは校長会でも話題となり、資料を各高校に紹介するという展開にもなりました。とりくみの結果、選挙のことを家族と話したという生徒からの報告もあり、学校で学んだことが家族と話題になるという成果もあったそうです。報告者からは、ふり返るとこれまで自己規制してしまっていた大事な実践テーマがあったのではないかと気づかされた経験だったと感想が語られました。

（馬場久志）

4 教育課程・教科書分散会

・分科会固有の教科等として「道徳科」の実践の交流、理論的深化について

奥野正作報告（山口・中）「道徳教育とICT教育――教育現場で行われていることと問題点」を受けてフロアから、道徳でICTを使うとしても一番問題ない形での使い方を考え・提案準備しておくことに重要性がある旨の意見がありました。この点は、裏返すと、ICT等の機器を実務として使いこなせるようにならないと提案できないことを意味します。この点は課題となるでしょう。また、重要な論点として、ICTを使ったとしても内面の自由を侵害しないことは何よりも注意すべきだという意見がありました。

遠藤依里報告（北海道・小）「生きているということ」では、道徳にかかわる実践報告がありました。報告タイトルは谷川俊太郎の詩から借用したとのことで、その実践は、谷川の詩のように、ふだんの生活にある子どもの一人ひとりのありのままの姿がゆたかに語られていました。「押し付け」にならないように注意深く言葉を選び、子どもたちを励ましながら、安心する教室と時間をつくる。こうしたことを原則として、日々の積み重ねの中にこそ現れる子どもたち自身の変化を支点として、「道徳教育」を捉え、柔らかな対向的実践としての提案でした。

・子どもの発達の事実に基づく教育課程づくり、そのもとでの、授業をはじめとする教育活動の展開という「教師の専門性」の内実の深化

西田陽子報告（京都・高）「学年集団づくり（学校づくり）のとりくみ」では、進路多様校の子どもたちが授業だけでなく行事、学年集会を通じて成長していく姿が語られました。とりわけ、学年通信のとりくみを軸に学年・学校・教育課程づくりが具体的に示されました。報告を受けて、フロアから、学年通信を見ていくとその中に生徒の声の変化・成長を読み取ることができ、義務制の学校の先生の実践に重なる特徴があるとの感想がありました。「声」が聞き取られ、共有されていく積み重ねの中で子どもたちが変わっていく3年間の教育課程づくりの報告でした。

江田幸雄報告（埼玉・小）「『スクールアシスタント』としての取り組み」では、再任用10年以上の経験の中で感じた学校の変化について報告されました。さまざまな施策を背景に、教員が子どものことを見れなくなってきていること、わかる・できる・楽しいが一体となった学びにこだわれなくなっている現場の状況が率直に報告されました。報告はベテランであるがゆえの思いが滲《にじ》むものでしたが、この10年ほどで戦後教育の先達が積み上げてきた知恵、子どもたちのための学校の姿が大きく変貌してしまったことにあらためて気づかされました。

旧24分科会で教育課程づくりの重要な部分を占めていた教科書問題の報告として、鈴木敏夫報告（教科書ネット）「政治と教育と教科書」と吉田典裕報告（出版労連）「この１年、教科書に何が起こったか、私たちはそれにどうとりくんできたか」の報告がありました。私見ですが、教育関係者にとって「教科書」・検定制度についての知識は必須の教養であることを強調しておきたいと思います。

報告の中で目を引いたのは、「教科書無償」によって見落とされた教科書単価という論点です。教科書発行者にとって、教科書の単価（国語７６１円、算数６４６円、家庭２９２円）があまりに安すぎることが問題だと言います。製作費に見合っていない価格のために発行者の撤退が続いています。撤退がさらに進んで教科書が全国で１つという事態もすでに目前です。そうなれば、教科書への介入が強く進んでいる今、よりましな教科書が選べないという事態は民主教育にとって大きな困難となるでしょう。

また、現在示されているデジタル教科書の単価（紙の38％）では採算がとれないと言います。デジタル教科書の普及のためならば文科省は単価を上げるのでしょうか。文科省全体に占める教科書無償措置関連予算は４６４億円ですが、財源が乏しい文科省は増額できそうもありません。またデジタル教科書発行をめぐる法整備も未解決のものが多数あると言います。無理に進められている教育ＤＸは学校現場にさらなる混乱をもたらしそうです。

・令和の日本型学校へのオルタナティブとしての、私たちの学校像の明示

私たちが求めていく学校像ですが、先の西田陽子報告（京都・高）からは、進路多様校として「定員割れは避けたい」、だから「きちんとした」学校として（一応）見えるように服装指導はていねいにするという教職員の考えが言及されました。このことの背景には、高校入試をとりまく環境（高校間競争、ひいては高校統廃合政策）に由来するものです。すでに少子化の時代になって久しく、高校の間口は子どもの数に対して十分広いわけですから、競争環境を緩和し、すべての子どもたちに手厚い（少人数）高校教育を提供する条件は整っているはずです。

駒形和洋報告（京都・中）「ＧＩＧＡスクール構想――中学校の現状と課題」では、想像を超えた状況がやってくるか

もしれないという危機意識があらためて確認されました。また、ＩＣＴ関連の政策が下されるたびに問題はないか検討できるようにし、あればその都度物申せるように勉強しておくべきだということも確認されました。例えば、デジタルドリルを保護者負担（５９９円）で導入され、使うように言われたが、特別支援の子どもたちにも買うことになっているのは矛盾です。これは、副教材を選ぶ専門性が毀損されていることでもあります。「おかしい」と言えることは言っていくことが重要です。

高田孝平報告（滋賀・小）『「わかる・できる・楽しい」』が実感できる授業を目指して――子どもの思考の流れと手立てを大切にしたみんなでつくる授業」は、初めて経験した研究主任についての報告でした。課題意識にあったのは、職場の意欲を削ぐことのないよう、「授業者がやってよかった」と思えることだと言います。そのために工夫したのは「語り合うこと」だと言います。それは同僚の先生の「声」が聞けるような、同僚と「出会い直す」校内研づくりのとりくみでした。フロアからは、担当教科の授業づくりへの埋没を避けるためにも、学級づくり、学校づくりの視点を統一的に持ってとりくまれたことの重要性が指摘されました。またそうすることで、校内研によくありがちなパターン化、押しつけのしんどさ、意味のない「仮説」への拘泥が避けられたのではないかという発言がありました。教師たちの実感を掘り起こしながらやるからこそ、学校が子どもたちのわかる・できる・楽しいを追求する場所になっていくのだという道筋が確認されました。

（中村清二）

5 総括討論

分科会の最後、全体会に戻っての総括討論での主な論点をあげておきます。

第1に、子どもの事実にもとづく教育活動の組織や、それを教育課程づくり、ひいては私たちならではの学校像につなげていくという視点では、いくつかのレポートでの、ＩＣＴの利活用、地域の人や物に触れる学びについての実態報告や提案が貴重な成果となりました。特に前者については、それを批判的に使いこなし、不要な保護者負担等を抑止するためにも、本分科会での実践・研究の交流を深めていく必要があります。

第2に、例えばベテランの目から、あるいは「つどい」などの場での学習を積んだ目から見れば否定的にも見える学校や教師の状況について、「なぜそうなっているのか」を感受する私たちのセンスをさらに高める必要性が確認されました。例えば、特に若い教師で授業中の机間巡視が減って、タブレット画面を注視することが増えているという事象や、服装・身だしなみについての厳しめの校則の存在といった事象について、自分たちの経験や「こうあるべき」から性急に評価を下すのでなく、文脈・背景をふまえた対話を進めていくことが重要です。

第3に、今回の分科会では、養護教諭、学校司書、スクールアシスタントといった、さまざまな立場から学校や子どもの現状に切り込んだレポートが複数あったことで、単なる「役割分担」としての「チーム学校」を超えて、学校や教育課程のあり方についての視野が広がったのは貴重な成果でした。

総括討論最後に、若い教師から「孤独では一歩が踏み出せない。まずは隣の人と話をすることから」との発言がありました。まさにその一歩を踏み出すための分科会になったというのが実感です。

（山崎雄介）

【レポート一覧】

山崎雄介　共同研究者　●基調提案

①北海道　遠藤依里　小学校　●生きているということ

②北海道　江尻　崇　中学校　●子ども理解をとおして、学校の在りようを問い直す

③北海道　渡来和夫　高校　●参議院選挙（2022年7月10日（日）投開票）にあわせた、模擬投票の取り組み

④青　森　寺下之雄　小学校　●ナマズを通しての総合学習

⑤埼　玉　江田幸雄　小学校　●「スクールアシスタント」としての取り組み

⑥埼　玉　加納信幸　小学校　●「教室でミツバチ⁉」…いきものといっしょ

⑦東　京　福田文一　小学校　●小麦の脱穀体験から始まる子どもたちの学び――麦をどのように食べ物にしていくか

⑧東　京　高瀬久乃　中学校　●養護教諭の職務再考

⑨東　京　植林恭明　東京教育連絡会　●主体的に生きる子ども　とは――表現の力を耕し、自分らしく未来を生きる子ど

もを育てる

⑩ 東京　杉見朝香　東京教育連絡会
●なぜ、防衛費をあげるのですか？――沖縄学習から、首相に手紙を送った子どもたち

⑪ 愛知　天崎能孝　中学校
●多様性の性を考えて

⑫ 岐阜　羽生和夫　小学校
●未来の牛道プラン――牛道小5年生の実践から

⑬ 滋賀　高田孝平　小学校
●「わかる・できる・楽しい」が実感できる授業を目指して――子どもの思考の流れと手立てを大切にしたみんなでつくる授業

⑭ 京都　駒形和洋　中学校
●GIGAスクール構想――中学校の現状と課題

⑮ 京都　西田陽子　高校
●学年集団づくり（学校づくり）のとりくみ

⑯ 大阪　平形眞理子　冨宅奈津子　小学校
●柏原の伝統産業「注染」で作るあづま袋

⑰ 大阪　浦田直樹　小山民　高校（私学）
●学校――すべての人と育ち合い続けたい

⑱ 兵庫　井神達弥　小学校
●漢字指導を通して発達を考える――5人のケーススタディを通して

⑲ 山口　奥野正作　中学校
●道徳教育とICT教育――教育現場で行われていることと問題点

⑳ 山口　藤原共子　小学校
●教科書だけでいいですか？――「こんなこと教えたいな」の願いを支える学校図書館

㉑ 山口　廣本康恵　小学校
●「いわくにまちづくりプロジェクト」の取組みより

㉒ 山口　川端雄也　高校
●「自律型学習者」を育て、子どもたちの一生涯の幸せをめざす授業実践

㉓ 山口　小田　晋　高校
●深い学びを実現するための探究学習――山口県立熊毛北高校普通科での実践

㉔ 高知　矢田一仁　小学校
●「教師っていいな！」のための多忙

㉕ 福岡　仁方越愛　小学校
●うさもみマッサージ店オープン！――人とのつながりの中で

㉖ 長崎　勝村　功　高校
●課題を抱えた生徒――生徒FとFに関わった生徒T

㉗ 全国　鈴木敏夫　教科書ネット
●政治と教育と教科書

㉘ 全国　吉田典裕　出版労連
●この1年、教科書に何が起こったか、私たちはそれにどうとりくんできたか

分科会報告

C 主権者の教育と生活指導・自治活動

小川　京子
春日井敏之
木村　哲郎
三村　和則

1 全体会

再編されたC分科会「主権者の教育と生活指導・自治活動」の全体会は、共同研究者の鎌倉博さんからの基調提案で始まりました。基調提案では、改訂された「生徒指導提要」において、子どもの権利条約が明記され、校則改正などについても言及されていること。管理強化に基づく競争人材の育成ではなく、「子どもの最善の利益」のための学校づくり、教育実践が求められており、「子どもの意見表明権」の尊重など、人権尊重に基づく子ども観、教育観の重要性が強調されました。また、これまでの生活指導、自治活動に関する実践を、例えば子どもの意見表明権を請願権につなげていくなど、主権者教育にどのように結びつけていくのかについても議論が要請されました。

その後、全体会では、佐伯宗信報告（私学・大阪・高）「パッチギ、イカゲームを通じて直面した生徒の成長と課題――『学ぶ文化祭』、応援団の取り組みから見えてきた生徒の姿と指導」から議論を深めました。中学校までのいじめ、不登校、貧困、虐待、学力不振などによって深く傷つき、比較と競争を煽《あお》られ、学びからスポイルされてきたような生徒たちの課題は大きなものがありました。高校入学後の教師へのため口、呼び捨て、学習からの逃避など、さまざまな形での教師への反発を「異議申し立て」として捉え受け止めていくことから実践が始まりました。そうした生徒たちに対して、学ぶこと

を放棄しないで、「わかる楽しさを感じ、世界が違って見えてくる経験をしてほしい」と、行事と学習をセットにしたとりくみが展開されていきました。例えば、体育大会では、並行して「充実ノート」と呼ばれる社会科の授業内容を整理してコメントを書いていく実践がおこなわれ、3年生のリーダーが1年生にかかわり教えたりしていくとりくみとして定着していきました。また文化祭では、各クラスで「在日コリアン、はだしのゲン、白旗の少女」といったテーマを設定し、夏休み中から学習を深め、ときにはこれまで踏みつけられてきた自分自身の姿とも重ねながら、展示発表につなげていきました。また、生徒総会に向けた学級での議案書討議の中で、資料として配布された小中学校の頃をふり返った2年、3年の文章を読み、自分自身のこれまでの生活をふり返り、勉強、学校、友人関係のことなどを綴り、語り合う生徒たちの姿も生まれました。しかし、とりくみのプロセスでは、困難な家庭状況、深い自己否定感、人間関係の不器用さ、手ごたえのある学び体験の乏しさなどを抱えた生徒たちとの間で、さまざまなトラブルも発生し、担任として尽きない葛藤や悩みが、報告の中で率直に語られました。

　討論の中では、次のような点について議論を深め共有されていきました。①深い傷つきとさまざまな困難を抱えて入学してくる生徒たちに対して、未熟さも自覚しながら何とかしたいと悩み向き合っている担任の姿から、生徒とつながっていくこと、生徒同士をつなげていくことについて学ぶ点が多くある、②教師への反発や批判をどう受け止めていくのか。着火点は別のところにあり、とりくみに乗り切れない生徒のSOS、教師のペースでまたレールに乗せようとしていることへの拒否といった意味もあるのではないか、③生徒たちが、自分と向き合い、自分の体験を対象化している。その体験と学びをつなげながら、綴り、語り合っていくとりくみを通して、他者とのつながりも生まれていっている。そこでは、同学年の横のつながりと同時に異学年のナナメのつながりが生まれている、④自分の生活に根差しながら深めた学びを共有し、そこから社会、世界へと視野を広げていくことをめざしている実践であり、自分、他者、社会とどう向き合っていくのかについて、とりくみの中で引き続き問いつづけていく必要がある。

また、2日目の午後の全体会では、分散会から推薦を受けたレポート2本の報告・討論がおこなわれました。1本目は、横山貴信報告（滋賀・小）「ほっておかない――あたたかい眼差しのある学級を目指して」でした。ここでは、特に発達障害の子どもの理解と支援が重要なテーマとなりました。子どもは自分なりのストーリーを生きていること。しかしこれがうまく伝えられないために、周囲にわかってもらえなくて反発を受ける。これが、コミュニケーション、人間関係の課題として指摘され、共感できない子どもといった見方をされる。しかし、「困った子どもは困っている子ども」という当事者の視点から捉えれば、共感できないのではなく、「共感されにくい子ども」として捉え、教師がその点を理解して共感していく必要があるのではないか。また、できないかできるかといった「0《ゼロ》か100」の捉え方ではなく、願いとともにできるようになるという捉え方が大切であり、他の子どもたちと一緒に願いを育んでいくこと、学校生活を一緒に楽しむようなとりくみの大切さについて議論が深められました。

2本目は、廣林研史報告（香川・高）「主権者の育成を目的とした、生徒の主体性を引き出す探究活動」でした。主権者の育成を目的として、総合学科で3年間の「育成プラン」を立てて、生徒の主体性と協働性を引き出していく探究活動について報告・討論がおこなわれました。特に、1年時のインタビューシップは、「産業社会と人間」の授業と連携しながら、地域の中小企業家同友会の協力を得て、1つの企業に1人の生徒が訪問し、働く意味やその企業のアピールポイントなどをインタビューしてまとめるジョブシャドウイングのとりくみとしておこなわれました。2年には総合的な探究の時間を使った「進路探究」の授業で、各班でさまざまな社会問題を探究テーマとして選択し、文献を読み関係機関などとも連携しながら、個人論文を作成し、3年時は個人論文の完成と2年生に対しての各班でのプレゼンテーションがおこなわれています。特に、当事者である高校生が全体会にも参加し、具体的なとりくみについていきいきと語ってくれた内容は説得力があり、その姿に圧倒されました。それは、生徒たちが個としての主体性と協働性を育み、社会的課題の探究に自身の進路や生き方を重ねながら成長している主権者としての姿がそこにあったからです。

（春日井敏之）

2 A分散会

小学校2本、中学校1本および高校1本の実践報告がありました。

東京都教職員組合報告（東京・中）「全員で成長・成功するためのひみつのノート」は、体育大会、合唱コンクールなどの行事への生徒たちの思いを、「ひみつのノート」で共有するという実践です。家庭学習用の自主学習ノートを「行事の練習やクラスのことを書いてきてもよい」とすることで、生徒たちはリレーの走順、バトンパスのこつ、合唱についての思いなどを書いてきます。それを印刷して全員に配布し、「ひみつのノート」に貼り合わせて共有していくのです。最初は実行委員などリーダーたちが口火を切りますが、やがてあまり発言しない生徒や、練習で活躍できない生徒も書いてくるようになります。「やらされる」行事を「自分たちが主役」のそれに転換すると同時に、一人ひとりの思いが交流され、相互理解が深まる中で、対面のかかわりの中でも変化が生まれ、生徒たちの関係性が着実に深まっていることが感じられる報告でした。

井上ゆみ報告（岡山・高）「校則変更について」は、農業・家庭の専門教育を中心とした高校で、生徒が主体となって校則改正にとりくんだ報告でした。ここ数年「ブラック校則問題」から、教育行政も含めて「校則改正」を後押しする流れがあります。井上実践の特長は「校則を大人任せにするのではなく、自分たちが考え提案したい」という生徒会の思いを尊重しながらも、①根拠を示す、②就職試験に着用可、③安全面、など学校の管理運営面からの要求をしっかり示していることです。それによって、生徒たちは弁護士からのルールメイキングの学習や、就職先の企業との意見交換、アンケートなどを実施し、自分たちで新しいルールをつくることにチャレンジしていきます。苦労しながらもこうした過程を経ることが、生徒たちに正に主権者としての力量をつけることではないでしょうか。この4月から新校則実施。「服装チェックを自分たちで実施するなど、その表情がぜんぜん違う」との報告がとても印象的でした。

藤田上報告（兵庫・小）「ゆっくりつながる　ゆっくり進む」は、コロナ禍の2年間で担任した3人の子どもと学級に関する実践でした。3人の共通点は学校に来られない／来づらいことですが、当然ながら登校できない状況やその背景は異なっています。実践者の基本的なスタンスは、「子どもの本当の願いは何なのか、わずかなかかわりの中からていねいに読み取る」というものでした。決して急がず、保護者と連携しながら、同じテンポの応答を積み重ねる中で、子どもたちの「願いや可能性」が明らかになり、その「立ち上がり」につながったたくさんのエピソードが語られました。もうひとつのスタンスは、登校できていないとしても、学級の子どもたちに状況を伝え、仲間意識を育てることです。学校外でのつながりが登校を支えた事例や、卒業式前日に当事者の子どもから学級に届いた感動的な手紙が、その意義を雄弁に物語っていました。

井上由希報告（滋賀・小）「作文のとりくみを通して」は、小学校3年生の学級で、「なんでも作文」にとりくんだ実践です。子どもたちは毎週金曜日に自由に作文を書き、それを学級通信「ほんわか」に載せて、全員の作文を読み合います。最初は戸惑いながら書いていた子どもたちも、自分を自由に表現し、自分を知ってもらう／友だちのことを知る楽しさの中で、「ほんわかが楽しい」「毎日書きたい」「書かないのをがまんできない」という反応に変わっていきます。学習が厳しく自分で書き進められない子どもは、その時間に話している内容を実践者が文章にします。ほとんどはゲームの内容ですが、まわりの子どもたちがフォローする場面もあり、リアルな世界でのつながりや安心感が形成されていきます。作文を通して、子どもたちの自己認識や他者認識が更新され、少年期らしい伸びやかで活気のある教室が生まれていることが感じられる報告でした。

田中光則報告（群馬・教職員組合）「部活を子どもたちに返すために――自治活動としての部活の形を構想する」は、今日学校の働き方改革の大きな焦点となっている部活動問題に関するものでした。前半では部活動が抱える構造的な問題について、歴史的経緯を踏まえた報告者の研究的な考察が示されました。後半では「地域移行があまり進んでいない」自治体の中学校に勤務する報告者が、「部活動は（生徒が）自主的・自発的におこなうもの」との立場から踏み切った、平日の一定時間までしか顧問ができないことを認めさせるとりくみ（２０１８年）。さらに顧問自体を明確に断るとりくみ（２０１９年）について報告がなされました。これらの過程で報告者が直面した葛藤や管理職、同僚とのやりとりは、今後全国の職場でも発生する先行事例であると感じました。また生徒たちはどう反応したか、さらに「自治活動としての部活動」はどうあるべきかをめぐって議論が交わされ、喫緊の重要な課題であることが確認されました。

（木村哲郎）

3 B分散会

本分散会では小学校2本、中学校1本および高校3本の実践報告がありました。

横山貴信報告（滋賀・小）「ほっておかない――あたたかい眼差しのある学級を目指して」は、21年間で勤務した8校での実践を順に教職上の自己の成長と重ね、報告しました。先生は特別支援学級で子どもの理解に合わせたわかる授業の大切さを学び、そうした授業を追求する姿勢が身につきました。手のかかる子どもには手をかけつづけるという姿勢や、困った子どもは本人が困っている子という子ども観を自ら醸成しました。討論では、わかる授業の先に学級づくりが可能となるという考え方が示されましたが、その際の学級とはどういう学級か、単に仲良し集団で波風立たない学級か、それとも自治的集団としての学級か、そのことを明確にしていくのが今後の課題として残されました。

古山直幸報告（島根・小）「子どもを真ん中にした学級づくり」は、前学年まで悪評のクラス、その中の発達障害の子どもを中心にすえた4月から3か月間の実践報告でした。事件もなく平穏に経過しました。その理由は何でしょうか。討論を通して、人間の多様性を前提に、問題行動や荒れていた前学年までの生徒指導記録を読んで「おもしろい」と思える子ども観、4月に学級の問題状況を分析した手法とその分析の正しさ、子どもの行動に対する先生の率直で語彙ゆたかな感情表現（「嫌やなあ」「寂しい」「あったかい」「優しさ」）、および子どもの否定的な過去を問題にせず、子どもの関心を未来に向けようとする姿勢などが成功の理由として見えてきました。

坂田恵理報告（福岡・中）「優等生ヤンキー、卒業。――そして新たな出会いへ」は、前年度、喫煙を疑われながらも卒業し定時制高校に入学した女生徒の成長と指導の記録と、今年度出会った発達障害をもった生徒の指導の記録で構成されていました。討論では、後者の生徒の指導について、職員間での情報共有の重要性が確認されました。しかし、生徒の声を聴くことの大切さ、他の生徒との関係をつくるという着

目はよいのですが、その生徒に働きかける方策を持つことの必要性、排除と隔離から他の生徒との時間と場所の共有への進展は評価される一方、他の生徒と共同活動を仕組む見通しを持つことの重要性などが課題として指摘されました。

木村眞悟報告（新潟・高）「10年目の模擬投票」は、「未成年模擬投票」事務局（模擬選挙推進ネットワーク？）のマニュアルに基づきおこなった模擬投票と生徒の政治意識の向上についての報告でした。この模擬投票は実際の国政選挙と知事選挙の候補者・政党を対象にし、同じ期日におこなうという点が特徴です。各候補者・政党の政策学習も授業の時間を使っておこなわれます。討論では、選挙は政治参加の一部にすぎない、しかし間接民主主義のため、自らの利益を実現するリーダーの選出は政治参加の最も重要な部分であるという捉え方の重要性や、その理解の上で、ふだんの生徒会や学級会の役員選挙にとりくむことの意義が指摘されました。

廣林研史報告（香川・高）「主権者の育成を目的とした、生徒の主体性を引き出す探究活動」は、生徒発案で自主的に計画した数学授業、地産地消をめざし地元企業と連携した生徒会のとりくみ、および地元企業での1人1企業のインタビユーシップを通した進路探究学習という、総合学科の3人の生徒がそれぞれ報告した3本で構成されていました。討論では、これらのとりくみ内容と報告した生徒の姿から「主権者になりうる生徒」が育っているかが問われましたが、自分で考えて動く力、人前で表現する力、グループ行動する力が十分に育っているということだけでなく、校内で意見表明権や請願権を行使できていたという観点からも、答えはもちろんイエスでした。

織田卓報告（大阪・高）「明日も行きたい学校、行ってみてもいいかなって思える学校って？」は、7～8割が不登校経験者だが中退がほとんどない通信単位制高校が、学校教育として大切にしている事柄と生徒の声を紹介し、学校のあるべき姿を問うた報告でした。討論では、全教員が立ち会う学校説明会、生徒と仲良くなる時間としての入試、生徒が来られる日程に合わせ複数回、個別でもおこなう入学式、1人のために1時間かけ複数の教員が参加する三者面談などに見られる、個に合わせたていねいな指導がおこなわれていることが重要な点として注目されました。なおこの高校には理事会はありますが、全教職員が労働組合員で経営権を実際に握っています。一般に職員会議が形骸化している中、この点もよい学校のあり方として示唆に富むものとなりました。

〔三村和則〕

4 C分散会

C分散会では小学校1本、中学校1本、高校3本の計5本の報告があり、特に今回は生徒会実践が3つありました。コロナ禍で行事ができなかった間に、生徒が行事を運営する経験が不足し、継承されてきたものが断絶してしまいました。やっと行事ができるようになりましたが、以前の形に戻すのではなく、今の生徒たちと一緒に新たにどうつくり上げていくのか。生徒たちのつながりや自主性をどう育てていくのか。また、地域の人々や、他校の生徒など外部の人とどうつながるのか。中・高校生は「地域の担い手」として期待され、ボランティア活動は社会を知る良い機会にはなるが、学びが少ない活動になってしまうとただの無償労働になってしまう。子どもが社会の一員になりたいと思う気持ちを大切にしつつ、せっかく活動ができるので教師も子どもも「やりたい」と思える楽しい活動をつくるためにはどうしたらいいのか、などが話し合われました。

秦和範報告（京都・小）「新しい世界の扉を少しずつひらこう」では、太郎とサラを中心に、コミュニケーションの力をつけクラスも成長することで、2人が安心できる居場所をつくっている実践です。太郎は友だちとかかわるスキルが乏しくてトラブルになることが多くあり、相手の気持ちを考えることが苦手でした。サラは場面緘黙症《かんもくしょう》で、思っていることを言葉にできないことで苦しんでいました。担任の秦さんは、太郎が暴言や良くない行動をしたときに「友だちとのかかわり方は1、2年の頃よりかはだいぶ良くなってきている。太郎はこれだけ変われてすごい」とがんばりを認めつつ「これからは相手を傷つけずに楽しむかかわり方を一緒に考えていこう」と声をかけ、太郎の得意な動画編集や係での活躍と承認の場を意図的につくり出しています。その後、太郎はスポーツ係になり、みんなにドッチボールを教え、班長になることで活躍の場が増えていきます。サラも音楽係として係の中で相談するときに秦さんが「紙に書いてみたら」と言い、筆談で考えを伝えます。この筆談を見ていたまわりの生徒とも筆談をするようになり、支えてくれる児童とのかかわりが増えます。そして、担任と児童だけでなく、子どもたちに誰が何に困っているかを相談することで、サラを見る目が温かいものになっていき、サラが自分の思いを書けたことに驚き拍手が起こります。思いをていねいに聴き取りながら、不安に寄り添うことが、サラに周囲とかかわる勇気を与えます。一人ひとりの感情や事実をていねいに聴き取りながら、それを可視化し整理をし、関係修復を図っていく実践でした。

中野秀一報告（私学・熊本・高）「地域貢献活動を通じた熊本の自主活動――広がりとその展望」では、他校の生徒との合同で開催する「高校生フェスティバル」「全国高校生交流会」や地域貢献活動を通して成長したMを中心に報告がありました。Mはコミュニケーションが苦手で中学の頃は欠席も多かったが、地域活動でまわりから「ありがとう」と言われる経験にやりがいを感じ、地域でのがんばる大人との出会いや皆でやること（協働性）の楽しさを感じていきます。さらにMに影響を受けた周囲の生徒も活動に加わるようになり、かかわりが広がっていくとりくみでした。

平井雅人報告（和歌山・高）「生徒会行事を通しての生徒たちの成長と自主活動の活性化――主体的に取り組む力の育成をめざして」では、平井さん自身が若手教員と一緒にゼロから体育大会を立ち上げたことが「何とかなる」という原体験になり、それと同じように現任校の生徒会未経験の生徒たちが県生徒会連絡協議会の事務局を担当したときに、サポートはするもののなるべく生徒に任せることで、苦労したことさえも、それが自信となり成長していく実践でした。

北村敏明報告（高知・中）「中学生の主体性を育む――城西中生徒会活動から学ぶこと」では、教頭と若い講師がペアになって生徒会を担当し、「生徒たちが考え、計画し実行する」実践であり、体育祭や修学旅行といった行事だけでなく、さらに地域防災活動や生徒会役員選挙にも主体的にかかわるとりくみをしています。生徒に「どうする?」と問いかけ、主体性を促すとともに不安な思いを聴き取り打ち合わせに時間をかけ、生徒も教師も「楽しくて仕方ない」という活動をつくり出していました。

櫻井善行報告（愛知・高）「『過労死防止啓発授業』を通した生徒の意識への接近――Z世代への対話を試みて」では、地元の大企業であるT自動車で起こった「在職死」が「過労死・労働災害」と認定されなかったことにたたかいつづけたドキュメント番組や、過労死家族の会や弁護士の方など当事者の方に講演していただく「労働教育」の実践でした。主権者教育とは、社会をよりよく変革する一員になることであり、社会の現実を知って自分は何ができるのかを考えていくことです。現実に起こったことだからこその重みが突き刺さりますが、自分の目で確認し、なぜそのようなことが起きるのかを考えさせることが今必要になっていると感じました。

〔小川京子〕

【レポート一覧】

		鎌倉　博	共同研究者	●基調提案
①	群　馬	田中光則	教職員組合	●部活を子どもたちに返すために――自治活動としての部活の形を構想する
②	東　京	東京都教職員組合	中学校	●全員で成長・成功するためのひみつのノート
③	新　潟	木村眞悟	高校	●10年目の模擬投票
④	愛　知	櫻井善行	高校	●「過労死防止啓発授業」を通した生徒の意識への接近――Z世代への対話を試みて
⑤	滋　賀	井上由希	小学校	●作文のとりくみを通して
⑥	滋　賀	横山貴信	小学校	●ほっておかない――あたたかい眼差しのある学級を目指して
⑦	京　都	秦　和範	小学校	●新しい世界の扉を少しずつひらこう
⑧	大　阪	織田　卓	高校	●明日も行きたい学校、行ってみてもいいかなって思える学校って?
⑨	兵　庫	藤田　上	小学校	●ゆっくりつながる　ゆっくり進む
⑩	和歌山	平井雅人	高校	●生徒会行事を通しての生徒たちの成長と自主活動の活性化――主体的に取り組む

力の育成をめざして

⑪ 岡山　井上ゆみ　高校
●校則変更について

⑫ 島根　古山直幸　小学校
●子どもを真ん中にした学級づくり

⑬ 香川　廣林研史　高校
●主権者の育成を目的とした、生徒の主体性を引き出す探究活動

⑭ 高知　北村敏明　中学校
●中学生の主体性を育む——城西中生徒会活動から学ぶこと

⑮ 福岡　成宮　武　小学校
●子どもたちの「やりたい!」の声からはじめよう

⑯ 福岡　坂田恵理　中学校
●優等生ヤンキー、卒業。——そして新たな出会いへ

⑰ 私学（大阪）　佐伯宗信　高校
●パッチギ、イカゲームを通じて直面した生徒の成長と課題——「学ぶ文化祭」、応援団の取り組みから見えてきた生徒の姿と指導

⑱ 私学（熊本）　中野秀一　高校
●地域貢献活動を通じた熊本の自主活動——広がりとその展望

分科会報告 *D*

子ども・青年たちの生きたい社会づくり
——平和・環境・ジェンダー平等と性を手掛かりとして

安藤聡彦
久保田貢
杉田真衣
関口久志
中嶋みさき
長屋勝彦
前田浪江

1 本分科会の課題

私たちの分科会は、4つの課題別分科会が合同してできました。「思春期・青年期の進路と教育」「ジェンダー平等と教育」「平和と国際連帯の教育」「環境・公害問題と教育」の4つです。

課題別分科会それぞれの歴史がありますが、テーマに着目してみると、第二次世界大戦後（アジア・太平洋戦争後）の世界で展開されてきた社会的問題と、深いかかわりがあります。核兵器の禁止、各地の紛争・侵略の国際連帯による解決、公害問題にはじまる環境権の保障、地球環境の破壊の阻止、女性を搾取・暴力の対象とするあらゆる差別の根絶、さまざまな性的指向・性自認を持つ人々の尊重・包摂する世界の創造、競争と選別により奪われた主体的・個性的・創造的学びの回復、自分らしい人生選択を可能にする青年期を保障する教育と社会などです。

そこには苦しみ悩む人々、社会的な弱者の姿が浮かんできます。すなわち4つのテーマを通底して、人権を質的に発展させ、貧困や暴力のない、自然と共生する健康な生活の実現をめざし、持続可能な環境のもとすべての人の幸福を実現する＝すべての人を包摂するもうひとつの未来社会を展望するというテーマ（柱）があります。

それと同時に、未来社会を築くのは現在の子ども・青年です。私たちは子ども・青年の声に寄り添うだけではなく、彼ら自身が生き、活動する状態に私たちのほうが参加させてもらい、ともにもうひとつの未来社会をつくる姿勢を持ちたいと考えました。一見バラバラなように見えるテーマをつなぐもうひとつの柱は、子ども・青年とともにこれからの社会を考える点にあります。

ＳＤＧｓの17の各目標にも、４つのテーマは関連し合います。またＳＤＧｓの方法的目標として、子ども・青年とともに歩むという視点があると捉えられます。

2 全体会

初日は、全体説明ののち、一同に会して考えたいレポートを7本とりあげ、全体会として学びを深めていきました。２日目は、午前中から午後にかけて3つの分散会に分かれ、５～6本ずつのレポートについて報告と討議を続けました。その上で、最後にもう一度全体会を開催し、感想共有と総括討議をおこないました。以下、すべてのレポートの概要と討議の要旨を記録しておきます。

○三坂央報告（私学・東京・高）「大東学園高等学校　平和の授業での取り組み」

三坂報告は、総合学習「平和」の実践報告でした。この高校では、総合学習に1年「性と生」、２年「平和」、３年「人権」があります。それらの成立には、学校経営の民主化によって、生徒たちを管理の対象から「権利の主体」とする変化があり、総合学習設置に至った経緯がありました。実践は、戦争の悲惨さへの共感に留まらず、平和の担い手としての行動化までが目標となって、沖縄の過去と現在から未来を見つめる内容となっています。参加者からは「加害被害を超えた人間への注目がいい」「今後、戦時性暴力にも性の総合学習と合同でとりくんでほしい」などの声がありました。

○木村好一報告（出版労連）「いま教科書に何が起こっているか、私たちはそれにどうとりくんでいるか」

木村報告の中心は、「Ⅰ　大阪府藤井寺市で起こった教科書採択をめぐる贈収賄事件について」「Ⅱ　教科書価格適正化のとりくみについて」「Ⅲ　国連でまたも批判された日本の教科書検定」の3点についてでした。Ⅰでは、この事件にかかわる出版労連のとりくみなどについて説明されました。Ⅱでは、１９５０年代に原価計算したままの多くの教科の教科書は、あまりに低価格で採算が全く合わないこと（近年の紙価格の高騰）、それによって教科書を出版する会社が減少している問題点を指摘されていました。減少すれば「国定化」同様になっていきます。参加者からは、新しい小学校教科書の変化の状況、教育政策がさまざまな点で半世紀ほど遅れているという意味では共通点があるという指摘等がありました。

○神部泰報告（広島・教職員組合）『「はだしのゲン」削除問題から考えるこれからの平和教育』

神部報告は、かつては全国を牽引した広島の平和教育が、文部省の是正指導により痩せ細る中、低下した平和意識の実態調査の反省から、２０１３年に副教材「ひろしま平和ノート」がつくられ、小中高の各学年の平和教育の教材として使われるようになり、十分とは言えない内容でも掲載された『はだしのゲン』は平和教育の重要な教材だったこと、今年の改定で『はだしのゲン』だけでなく「第五福竜丸事件」も削除されたことを報告しました。この背景には外部の圧力が推測され、市教委からは納得のいく説明はなく、差し替えの教材は大きな後退で、平和教育のねらいは変質し、核兵器廃絶から核軍縮へと変わってしまうということです。参加者からは、広島の平和教育を広めるための出版が望まれる、Ｇ７広島ビジョンの問題点、教育への圧力が強まっていることなどが出されました。広島ならではの平和教育を発信していくことが望まれます。

○日暮かをる・永野佑子報告（民主教育研究所）「すべての子どもたちに科学と人権の『包括的性教育』を！」

日暮・永野報告は、２００３年7月の「七生養護学校（当時）事件」をメインとしたもので、レポーターはそのときの教員でした。内容は、以下4点です。

①日本の「性教育」が世界から取り残されている背景として、「七生養護学校事件」のふり返り

②バッシングで、七生が大事にしていた教育目標の人間としての尊厳を守る教育が奪われ、性教育が停滞して全国の民主的教育が後退

③それでも長い闘いの結果、２０１３年裁判で勝訴が確定して、都議と都教委の違法性と七生の教育の正当性を証明

④２０２２年の障害者権利条約国連審査は、「包括的性教育の実施」を日本政府に勧告

力強い内容は、日本の性教育と民主教育の未来を拓くことにつながっていました。

参加者からは、「性教育バッシングのねらいは旧教育基本法を改悪し、憲法を骨抜きにして、戦争ができる国にするための教育介入だった。七生から20年後の今、その通りの情勢となっている。それを阻止するためにもバッシングを乗り越

えよう」との声がありました。

○東京都教職員組合報告（東京・中）「保健体育における男女共習――課題と展望」

報告は、中学校で、生涯スポーツを目標に上から導入された男女共習の体育（東京）の実態を明らかにするものでした。他者の視線を意識する思春期只中の生徒にとって、彼らの求める運動と共習できる運動の間のズレ、混合の交流の難しさを共有しました。会場から混合ダブルス可能な競技で、ジェンダー差や意識を利用して競技し勝利をねらう実態も出され、質問から、実践者の体育の目標（「いのちを大事にまもる」「楽しく体を動かす」）がわかると、会場ではジェンダー・レスの体育・スポーツのあり方を考え合いました。男性中心の近代スポーツを見直す必要性が理解され、そうすれば、男性が優しくなることを学ぶ良い機会になるとの意見もありました。

○蒔苗克敏報告（青森・高）「青森県の教育条件向上を目指して――経済的理由による中退および学費滞納調査に取り組んで」

時苗報告は、全国の「私立中高生の経済的理由による中退および学費滞納調査」に１９９８年の開始時から協力してきた青森私教連が、２０１４年の就学支援金制度改正を機により主体的にとりくんできたことに関するものでした。改正をどう捉え何を求めるかを議論し、調査結果がいつも厳しい青森県の実態を訴えて世論形成をはかることになりました。県内すべての私立高校の協力を得ることをめざし、県独自に記者発表をおこなって調査結果を示してきました。こうしたとりくみは国や県を動かし、また組合のない学校を含む全私立高校が協力するまでに至っています。報告を受けて、私立と公立それぞれの状況や、朝鮮学校の排除にかかわる指摘があり、誰もが行きたい学校に行けるために垣根を越えて運動する必要性が確認されました。

○澤田あや子報告（静岡・高）「男子高校生の『援助希求』行動向上のために――相談室運営と文学の授業から」

澤田報告は、男子のパワーの世界では出しにくい、弱った自分をどこで言語化できるのか、家族以外で安全地帯になる相談室のゲートキーパーとしての役割をもとに7年間相談室長を担当し、男子の自発的な相談人数が急増した経験の背景と授業実践とを重ねて報告しました。「木曽殿最期」の授業で、義仲が今井に弱音を吐いた場面を話し合い、武士道・友愛など関係性について自由に意見を交わした直後の放課後、主人公たちに身を重ね自分の「寂しさ」について相談室に吐露しにきた男子生徒がいました。文学を介在して自分の気持ちを言語化する力を育み、援助希求行動を訓練する場になっているという指摘がありました。

3 分散会

【第1分散会】

○山口良二報告（静岡・高）「エバーグリーン20年目を迎えて――なぜ、エバーグリーン」

エバーグリーンは地域の高校生を中心にした平和を学ぶゼミナールです。ここまで20年間、どのような講演会をおこなってきたのか、また教育のつどい等で得られたつながりをもとに、さまざまな地へのフィールドワークを試みたことを説明されました。指導する山口さん自身が大きな発見があったこと、高校生の世界が広がる営みであったことをお話しされました。エバーグリーンで学んだ元高校生からは、地域や農業と平和との関連を学び得たという話がありました。参加者からも、みんなの成長している様子が見られて感動を覚えたという感想がいくつも寄せられました。

○竹井久義報告（岡山・高）「今、日本はどのように戦争に備えているか――ウクライナ戦争から平和を考える」

竹井報告は、授業のはじめのアンケートで高校生の興味関心の多数が表題のテーマだったので、この内容で展開した実践に関するものでした。毎時間、ワークシートを用意して、必要な知識を確認し、その上で高校生に問いかけます。特にウクライナの情勢についてていねいに説明されている状況がよくわかりました。そして、グループで日本の他国への武力行使の是非について考えさせ、集団的自衛権について切り込む内容ともなりました。参加者からは国際条約や条文についてていねいに説明する必要性や日本国憲法成立経緯とアジア・太平洋戦争についての学習の重要性等の確認がありました。

○十川康彦報告（兵庫・小）「子どもの知りたいに応えたい」

十川報告は、小学4年生を対象とした保健体育での性教育実践に関するものでした。教科書の「体の成長とわたし」の単元をさらに発展させて、からだの名称、内性器や月経、射精の仕組み、多様な性について子どもたちが楽しく主体的に学ぶ工夫をして、からだの権利を保障する内容となっています。参加者からは「小学校からからだの権利学習をしていく必要がよくわかった。文部科学省〝生命（いのち）の安全教

育〟の教材は、〟からだは大切〟と言いながら性もからだも学びはない」との声がありました。

○内田智恵・中西美紀報告（京都・中）「性の多様性の学習づくり」

教員の学びを大切に、地域とも協働し、「性の多様性」の理解を広げ深めた中学校養護教諭の実践報告でした。報告者は、まず自分が民間研修で科学的な知識を学び、その知識を自校研修や「官制研修」で他校へと地域全体に広げて共有化して、授業の基盤をつくり上げていきました。結果的に自校だけでなく地域全体校種を超えた理解と実践につながっていき、人権に基づく包括的性教育普及の手本ともなる内容となっていました。それを支えたのが〟性教協〟京都北部サークルでした。30年以上、多種多様な人とともに学習会を重ね、一般向け展示会も開催しています。参加者からは「30年を超える歴史、自校以外の地域全体とのつながりがすばらしい、バッシング後は個人的にしかできなかったが、参考になった」などの賞賛の声が多くありました。

○光真志報告（埼玉・中）「性の多様性――中学2年『いのちを大切に考える学習』」

光報告は、中学校2年生の「総合的な学習時間」における

「性の多様性」をテーマにした実践に関するものでした。学校だけでなく、地域も含んだ、性の総合学習となっています。外部講師と生徒との手紙や質問回答の交流も含み、一過性の講演で終わらせない工夫もされていました。この実践ができる背景には、教員・助産師などでつくるサークル活動の存在がありますが、それだけでなく学校活動への明確な位置づけ、外部講師との連携なども大きかったということでした。子どもたちの変化もよくわかり、世界の流れから遅れている人権としての「性の多様性」の学びを保障する内容となっていました。参加者からは「性の学びの基盤づくりの大切さが理解できた」との声がありました。

【第2分散会】

○江田伸男報告（埼玉・高）「家庭科で憲法を観る、ジェンダーを観る」

江田実践では、DVD『憲法を観る』を見て憲法の考え方を学ぶ、前文、9条、24条、男らしさと戦争、9条と24条の関係等、6つの文章の中から1つを選びジグソー法で意見交換をする、ジェンダーイコール動画を見て感想を書き、ジェンダーイコール社会をめざすシナリオをつくる、まとめとしてベアテ・シロタのDVD鑑賞と、憲法の平和的生存権とジェンダー平等について扱うなど、実に多彩なアプローチをしています。男らしく生きたい、女らしく生きたいという個々の生徒の生き方は尊重すべきだが、ジェンダーバイアスにからめとられてはいけない、学校で男女差別が再生産され、ジェンダーバイアスへの葛藤もある、家族の問題など生徒が心に抱えている言いづらい意見も言い出せるような場であってほしいという意見がありました。

○鈴木博美報告（民主教育研究所）「家庭科で考える『家族』とジェンダー――ひきこもり・子どもの虐待から考える」

鈴木さんが担当した高校2年選択科目「生活文化と環境」には受験競争に疲弊し、家族間の問題に悩む生徒がいます。「家族」についてどんなテーマで学びたいかと生徒に問いかけ、1学期は「ひきこもり」、2学期は「虐待」を取り上げました。ひきこもり当事者のルポを読んだり、虐待の記事を調べたり、ルポライターのお話を直接聞き質問する機会もつくります。生徒の疑問・関心を中心に据えながら、家制度や近代家族など、家族問題を解明する上で必要な知識についても学びます。その過程で自分と向き合い、授業が自身を表現できる居場所になった生徒もいます。家族の問題は家族という閉じた場でのみ対処するのではなく、社会に安心して相談できる場がもっと必要だという意見がありました。

○三家本敦志報告（山口・特別支援）「男性育休はジェンダー平等を実現させる最適解――取りたい人が取れればいいのではない」

三塚本さんは、当初1年の育休をとる予定でしたが「子育ては期間限定」との思いに至り、2年4か月とりました。日本は両親が同時に取得可能という制度を持ちながら、現在男性育休取得者の大半が1か月程度。半年、1年以上というまとまった期間をとることで子どもと向き合い、仕事優先の考え方が揺さぶられ、育休中の経験はその後も影響を与え、仕事一辺倒の価値観が変わっていきます。男性教員の育休をとる姿は生徒にもロールモデルとなります。組合として、男性育休取得が当たりまえになるよう今以上に権利の要求を練り上げていくとともに、誰もが育休を取得しやすい職場環境をつくっていくべきという声があがりました。

○森嶋光報告（長野・高）「温室効果による地球温暖化と環境負荷が少ない暮らし――株式会社アトリエＤＥＦさんに学ぶ」

森嶋報告は、「科学と人間生活」の授業で地球温暖化を取り上げ、環境に負荷をかけず自然と共生する家づくりをめざす住宅建設会社のとりくみを紹介した実践の報告でした。地球温暖化の原因を説明するだけではなく、環境負荷が少ないことも暮らしていく上で大切だと考えてつくった授業です。土に還せる自然素材の使用、太陽光発電、雨水タンクによる貯水といったとりくみを生徒に知らせました。報告に対しては、理想的な家ではあっても費用が高く、生徒にとってどれだけ現実的かという指摘や、地球環境問題というと難しく感じられるので身近な「住む」という観点から考えたのはよいという指摘がありました。人間が有する「居住の権利」という視点で膨らませるとさらにおもしろくなるのではないかとの意見もありました。

○宮城登報告（大阪・中）「ウクライナ侵攻のもとでの社会科教育」

宮城報告は、生徒たちが戦争について考えた社会科の授業についてのものでした。２０２１年度にとりくんだ「平和についてのレポート」では、少数ながら祖父母から聞いた戦争体験について書いてきた生徒たちがおり、また高齢化が進む中、自分たちが発信して次の世代に引き継ぐことを意識した意見が多く見られました。２０２２年度にはロシア軍によるウクライナへの侵攻、難民や核兵器の問題について、ニュースや中高生による新聞への投書をもとに考え合う授業をつくりました。報告を受けた議論では、子どもたちがきちんと受けとめていることが感じられたとの感想が語られました。また、特設にするのではなく宮城さんのように教科の中に位置づけ、実践を財産として残して積み重ねることが重要だとの指摘がありました。

○**加藤豊裕報告**（**愛知・小**）「**同時翻訳システムを使用した日韓国際共同授業の取り組み**」

加藤報告は、同時翻訳システムを使ってオンラインでソウル特別市の小学校とおこなってきた交流についての報告でした。2022年度は国際交流クラブの活動としておこない、自己紹介や学校・地域の紹介をしたり、朝鮮半島の歴史を学んだりしました。クラブであると時間割の調整が難しいため、2023年度は外国語の授業で交流をおこなっています。報告後、子どもたちは何を学んだのかとの質問があり、さよならと手をふったりおもしろい顔をして笑いが起きたりした瞬間がいいなと思った、交流の内容は忘れたとしても交流したという事実や相手の顔を見た、声を聞いたという経験に効果があると考えるとの応答がありました。今後の目標、夢は何かとの質問もあり、韓国との交流を進め、同僚たちにも促したいとの応答がありました。

【第3分散会】

○**稲次寛報告**（**兵庫・高**）「**戦争を学び発信する高校生——鶉野飛行場跡から**」

稲次報告は、高校生が、グループの探究活動で地域にある戦争遺跡の鶉野《うずらの》飛行場や基地に関する戦死者を調べたり、地域の戦争体験者で、特攻隊員の手紙や交流の体験の記憶を持つ人、建設工事に携わった人、空襲で避難してきた人たちから聞き取りをしたり、それらの成果から地域の小学生との交流での語りや、大人のツアーの戦争遺跡ガイドのとりくみについて報告しました。参加者からは、戦争の原因を考えさせた点がよい、戦争の話で暗くなりがちな平和学習を楽しい活動にしていくことが大切だ、などが出されました。次世代に戦争を語り継ぐために、戦争体験者の生の声を記録することができる最後の世代となる若い世代の役割が重要になります。

○**今泉宏報告**（**長崎・高**）「**学校の被爆実態の継承——被爆者**（**卒業生**）**の手記を通じて、本校の原爆被害を継承する**」

今泉報告は、勤務校が戦時体制に向けて開校、原爆で勤労動員の教員、生徒200人以上が犠牲になった記録があり、平和学習の充実をめざし、当時の職員や卒業生の手記などから歴史を掘り起こし、朗読や紙芝居、音楽などで原爆の体験や歴史を継承し伝える活動を進めてきたことを報告しました。

8月9日の平和学習には賛否両論あるが、世界情勢や加害の歴史を学びたいなど前向きな生徒が多いこと、広島工業高校と交流していることも紹介されました。会場からは、身近に戦争被害がほとんどない地域の高校生は戦争や平和に対する知識や意識は乏しい、戦時下の工業高校を掘り起こすと加害に迫ることができるなどの意見が出されました。被爆の現実や被害を教材化し、被爆地から全国に教材の発信が望まれます。

○菅原賢一報告（東京・中）「14歳が訴える戦争と平和——子どもの不安を受け止める授業」

菅原報告は、ウクライナの問題が取り上げられなくなったことへの違和感から、美術の授業で、ゲルニカや戦争を体験した子どもの作文などで生徒の感性を揺り動かし、直接的、間接的に戦争や平和について学習したことをもとに造形表現する授業実践を報告しました。抽象画を描かせるに当たっては絵画の基礎を多面的に学ばせてから戦争や平和を表現させるなど、心に残る平和学習のあり方を考えさせられる実践でした。それぞれの絵に込められた生徒の意識や願いが紹介され、生徒の作品が今回の教育のつどいのチラシや要綱に掲載されたことから、参加者は抽象画を完成させる過程に注目し、ゲルニカの模写への報告者の思いや生徒の疑問や感じ方、作品を完成するまでの指導のステップはどうかなどの質問が出されました。

○佐藤卓報告（私学・東京・高）「生徒の疑問を大切にする高校総合『人間の性と生』の授業——関係性・身体の性機能・性的同意をめぐって」

佐藤報告は、総合「人間の性と生」のうち「関係性を考える～性交・身体の性」の部分でした。生徒の学ぶ動機をもとに関係性の学習から身体の学習へ授業を組み立てていました。「ふれあいの性」で身体の部分を線で結びそこから性交を導く展開や、日常的な性への疑問を初級編（俗説への正しい解答）から上級編（性のお悩みごと回答）へ導き、生徒同士で答えを考え科学的知識を学ぶ展開には、生徒の主体的関心を引き出す工夫が見られました。ただ、80年代男性誌の「女性の性交拒否『イヤよ』の内実は同意だ」という記事は生徒をおびやかすのでは？　身体部分の接触の事例は異性愛の影響がありＬＧＢＴＱの視点は入っている？　高校生対象の性の商品化の影響を受けている子どもへの指導との関連性は？　など疑問が出され、今の生徒の現実や目線が厳しく問われました。実践の全体像を検討しきれず残念でした。

○大日方光報告（長野・高）「一人で試行錯誤した『包括的性教育』」

大日方報告は、定時制高校（長野）での、LHRや社会科の授業を活用した、性的同意・性暴力、避妊、性感染症、自慰の授業実践に関するものでした。性的同意は同世代の発案した紙芝居を使用して、高校生の本音を引きだし、対等な性の関係と同意の意味を考え合いました。ただ避妊や自慰の授業では、生徒が心を閉ざした場面もあり、対話の難しさがありました。報告者の「生徒と対話可能な授業にしたい」という思いに、「生徒との関係性を築く」「生徒が疑問を出せるグループワークを取り入れる」「あたたかい受け答えをする」などと意見がありました。教師から見えない人生体験のある青年の心には、直接せまる他に、教科を媒介に間接に性行動を考え合う授業もできます。性の歴史や文化から高校生の性の課題にせまる授業が課題になりました。

4 まとめ

多角的な視点で人権・平和・ジェンダーなどの問題を捉えることができた点で、とても興味深い分科会となりました。

おわりの全体会での杉田真衣共同研究者のコメントは、今後の本分科会にかかわる実践づくりと討議にとって大事な問題提起となっていますので、ここに再録しておきます。

＊　＊

大きく2点について。1つは人間理解にかかわる。戦争、暴力や差別における抑圧─被抑圧の関係をどう捉えるかという課題がある。例えば、加害者と被害者の関係にかかわって、加害者が被害者でもある場合についての言及があった。こうした現実を重層的に捉えようとするときに、「みんな同じ人間なのだから」（討論であった発言）という認識へと一足飛びに行かずに、加害／被害の構造をていねいに読み解く必要がある。その際、マジョリティ─マイノリティという構造にかかわる現在の理論的な到達点として、一人の中にも複数性があるという認識枠組みがある。学歴、経済的条件、ジェンダー、セクシュアリティ、障害・病気、国籍・民族など、一人の人でもその社会的な位置は複数存在している。こうした理解が認識の深まりに役立つのではないか。

2つ目は、学びにおける当事者性をめぐる問題である。言いかえると、共同研究者の中嶋みさきさんが言った「他人事ではなく自分事に」ということだ。レポートでは子どもたちの感想や意見が多く紹介されたが、気をつけなければいけないのは、どれだけ子どもの自前の言葉で書いているのか（「自分事」となっているのか）がわかりにくいということだ。教員が気に入るようなことを書けばよいというわけではない。とはいっても、わかりやすく自分に引きつけていればよいというわけでもなく、「自分事」としているように見える記述や発言にも注意が必要だ。言いにくいことを言ったらよいかというと、そのことで子どもをしんどくさせることがあるので、逆に言わせないための配慮が必要になる場合もある。安全・安心な場づくりと、生きることを励ますような学びとを両立させるという、難しい課題がある。この課題に対峙《たいじ》するにあたって肝となるのは、教材選びである。澤田報告での文学作品のように、文学の世界に入り込み、味わうことで、自分がいま直面している現実を間接的にでも他者へとひらいていく回路がつくられる。言いたいことが言えることも、言いたくないことを言わずにいることも保障される環境をいかにつくるか、きれいごと（他人事）と当事者性のあること（自分事）との間にある難しい課題に対し、教材を媒介させるという方法があることを今回あらためて学べたように思う。

【レポート一覧】

①	青森	蒔苗克敏	高校
②	埼玉	光　真志	中学校
③	埼玉	江田伸男	高校
④	東京	菅原賢一	中学校
⑤	東京	東京都教職員組合	中学校
⑥	長野	森嶋　光	高校
⑦	長野	大日方光	高校
⑧	静岡	山口良二	高校
⑨	静岡	澤田あや子	高校
⑩	愛知	加藤豊裕	小学校
⑪	京都	内田智恵 中西美紀	中学校
⑫	大阪	宮城　登	中学校
⑬	兵庫	十川康彦	小学校
⑭	兵庫	稲次　寛	高校
⑮	岡山	竹井久義	高校
⑯	広島	神部　泰	教職員組合
⑰	山口	三家本敦志	特別支援学校
⑱	長崎	今泉　宏	高校
⑲	私学(東京)	佐藤　卓	高校

- ●青森県の教育条件向上を目指して――経済的理由による中退および学費滞納調査に取り組んで
- ●性の多様性――中学2年「いのちを大切に考える学習」
- ●家庭科で憲法を観る、ジェンダーを観る
- ●14歳が訴える戦争と平和――子どもの不安を受け止める授業
- ●保健体育における男女共習――課題と展望
- ●温室効果による地球温暖化と環境負荷が少ない暮らし――株式会社アトリエDEFさんに学ぶ
- ●一人で試行錯誤した「包括的性教育」
- ●エバーグリーン20年目を迎えて――なぜ、エバーグリーン
- ●男子高校生の「援助希求」行動向上のために――相談室運営と文学の授業から
- ●同時翻訳システムを使用した日韓国際共同授業の取り組み
- ●性の多様性の学習づくり
- ●ウクライナ侵攻のもとでの社会科教育
- ●子どもの知りたいに応えたい
- ●戦争を学び発信する高校生――鶉野飛行場跡から
- ●今、日本はどのように戦争に備えているか――ウクライナ戦争から平和を考える
- ●「はだしのゲン」削除問題から考えるこれからの平和教育
- ●男性育休はジェンダー平等を実現させる最適解――取りたい人が取ればいいのではない
- ●学校の被爆実態の継承――被爆者（卒業生）の手記を通じて、本校の原爆被害を継承する
- ●生徒の疑問を大切にする高校総合「人間の性と生」の授業――関係性・身体の性

⑳ 私学(東京) 三坂 央 高校
㉑ 全国 鈴木博美 民主教育研究所
㉒ 全国 日暮かをる・永野佑子 民主教育研究所
㉓ 全国 木村好一 出版労連

機能・性的同意をめぐって
●大東学園高等学校　平和の授業での取り組み
●家庭科で考える「家族」とジェンダー――ひきこもり・子どもの虐待から考える
●すべての子どもたちに科学と人権の「包括的性教育」を!
●いま教科書に何が起こっているか、私たちはそれにどうとりくんでいるか

分科会報告

E 子どもの人権と学校・地域・家庭・文化活動

生田　周二
齋藤　史夫
塩崎　美穂
増田　修治
森田　満夫

1 8月19日【午前】

（1）課題提起

最初に、共同研究者からの課題提起がおこなわれました。

①日本国憲法と人権としての教育を俯瞰的に捉える

第1に、森田満夫報告（共同研究者・立教大）「課題提起：日本国憲法と人権としての教育を俯瞰《ふかん》的に捉える」は、日本国憲法（以下、憲法）および子どもの権利条約を拠り所とする「人権としての教育（条理・本質）」の具体化の課題を提起しました（以下、概要）。

つまり今日的な新自由主義的教育政策下の競争的社会・学校環境や徳目化・規範化・厳格化（「全国学テ」・徳目道徳・「ゼロ・トレランス／学校スタンダード」等）が、人権としての教育の前提での受容応答関係（子どもの意見表明権（子どもの権利条約第12条）等）に困難をもたらしました。そうした困難があるから、今こそ子どもの「人権としての教育とはなにか」をミクロ的に読み解いてきた戦後教育遺産（例えば「応答的対話・内心の自由・人権の本質（人間の尊厳）」を大切にしてきた生活綴方教育実践等）に学ぶ必要があります。同時にそれを担う「教育者の学び・自己形成」への人権保障も課題としてマクロ的・俯瞰的に捉えることも重要です。

②乳幼児教育における子ども理解と小学校との接続

第2に、塩崎美穂報告（共同研究者・東洋英和女学院大）

「課題提起：保育の自己責任論、子どもの声を聴くこと」は、1990~2000年以降の民営化、「教育」の自己責任の強調、「保育」の購入感覚、「お稽古事化」など、保育・教育の公共性の変容の中での「子どもの声を聴く」課題を提起しました（以下、概要）。

今の、子どもたちの個別到達項目（チェックリスト）を点検評価対象として評価（ジャッジ）する状況があり、それゆえ子どもの人間全体を理解（アセスメント）することを充実させることが重要です。つまり子どもたちには既存社会に適応するだけではなく、現状を改革・刷新できる未来の市民になりゆく力が必要であり、そのためには乳幼児期以降の子どもの教育を、「保護の対象としての子ども」の教育観や意見表明をし合う成人市民並みの熟議民主主義教育観から、「すでに声をもっているすべての人間の声を前提とする公教育空間」として成人同様「子どもの声を聴く」教育イメージへ転換（挑戦）する必要があります。

③子ども・若者支援と子どもの声を聴く

第3に、生田周二報告（共同研究者・奈良教育大）「課題提起：子ども・若者支援と子どもの声を聴くこと——不登校、居場所を中心に」は、不登校に象徴される子どもの疎外状況に対応として、子どもの居場所と遊びづくりとして、家庭・学校以外に子どもの声を受けとめる主観性・空間性・関係性を有する「第3の領域」（居場所）を創る課題を提起しました（以下、概要）。

つまりこうした課題へのとりくみには、安心・安全な「居場所」の中で、子どもが「心のエネルギー」を貯め、自らの声を聴く「対話」が重視される中で、「自尊感情」が醸成され「自立」してゆくサポートの視点（子どもの権利条約第12条「意見表明権」）、そしてゆっくり休み、静かに過ごし、まったり活動し、自分の好きなことを中心に異年齢と遊びながら、基本的自尊感情もゆたかにし、次の学びのステップへ至るエネルギーを貯めるサポートの視点（子どもの権利条約第31条「休み・遊ぶ権利」）の大切さが示されています。こうした視点は、不登校など課題を解決するターゲットを絞る支援だけではなく、すべての青少年の成長を促すユニバーサルな支援に活かされることが大切です。

④子どもの遊びと文化の権利

第4に、齋藤史夫報告（共同研究者・東京家政大）「課題提起：『子ども時代と発達が害される状況』に抗し子どもの権利条約をホリスティック（総合的）に実現する課題」では、特に第31条「休息・自由時間、遊び・レクリエーション、文化的生活・芸術の権利」を重視することを提起しました（以

下、概要）。

国連・子どもの権利委員会は「社会の競争的な性格により子ども時代の発達が害されることなく、子どもがその子ども時代を享受することを確保するための措置を取ること」（第4・5回勧告、２０１９年3月5日）、ユニセフ「子どもの幸福度」調査は日本の子どもの精神的幸福度が先進国38か国中で37位（２０２０年、ワースト2位）としました。また国連・子どもの権利委員会声明も、コロナ禍での第31条「休息・自由時間、遊び・レクリエーション、文化的生活・芸術への権利」を実現する創造的代替策の模索をよびかけました。子どもの権利条約のホリスティック（総合的）な捉え方や多様な遊び・文化的活動の交流を通して、「子ども時代と発達」を補償する知恵と力を深めることが求められています。

⑤学校における子どもの人間的発達の危機とＩＣＴの功罪

第5に、増田修治報告（共同研究者・白梅学園大）「課題提起：乳幼児における子ども理解と小学校との接続――『非認知能力』と『認知能力』の相互作用を考える」は、コロナ禍以降に学級崩壊が頻繁し、「タブレット端末を使わせる」だけのＩＣＴ教育の弥縫策《びほうさく》的実態（弊害）がある中で「じっくりと考え、自分の思考を経て、発言する」学びを創る課題を提起しました（以下、概要）。

つまり学級崩壊のクラスでは、「言語能力の低さ」が目立ち、その一因として、ＩＣＴ機器があげられています。学級が崩壊すると、授業が成立しなくなり、ＩＣＴ機器（タブレット端末）を使わせることで、一見静かになるからです。例えば6年生授業「三人の武将」で、インターネットを使って織田・豊臣・徳川の格言を調べさせていましたが、何もまとめず授業時間中30分もネット調べ学習に費やしていました。ここには、思考を経ない学習で子どもを動かし、表面的に授業を成立させる問題点があります。そもそも、荒れる学級の子どもほど、教材に対峙《たいじ》し、自分の考えを練り上げゆく学びを実現する授業の成立が喫緊の課題となっているのです。

2 8月19日【午後】

(2) 子どもの声を聴く

渡辺基子報告（大阪・こども園）「1歳児との日々」は、前年度まで第15分科会「保育と幼年教育」でくり返し議論されてきた保育の市場化問題も取り上げつつ、具体的な乳児保育の実践事例を俎上《そじょう》にあげ、保育運動や幼年期研究についてともに考える提案でした。4つの公立幼稚園と6つの公立保育所を3つの認定こども園へ統廃合する行政的事務的対応には、「保育者の専門性への無理解・軽視」が透けて見えます。渡辺さん自身、それまで幼稚園勤務であったにもかかわらず、未経験の乳児保育担当の管理職に突然配属されました。施設の広域化や園の大規模化も加わり保育業務が増大した結果、職員間の話し合いの時間がそれまで以上にとりづらくなるのですが、こうした状況下でも渡辺さんたちは、公立幼稚園から認定こども園への移行期における、保育士と幼稚園教諭との対話の場を大切にしつづけました。1歳児の子どもの育ちをていねいに理解する保育実践には、保幼小の接続期カリキュラムや保育無償化による保育内容の「お稽古事化」といった課題を含め、今後も学校教育や社会教育にかかわる方々とともに考えていきたい論点がたくさん含まれていました。

芳澤比奈子報告（千葉・小）「自分も人も大切――教室でのけんか、戦争から考える人権」は、1年生と一緒に人権について考えることをねらいとし、道徳絵本『くれよんがおれたとき』（かさいまり：さく／北村裕花：え、くもん出版）を読んだり、「いじめについて」の感じ方を話し合ったり、被爆を描いた『おこりじぞう』（山口勇子：さく／四国五郎：え、新日本出版社）を通して戦争について理解したりして、子どもが自ら他人の痛みを知り、自分や友だちを大切にすることについて思索することを試みた提案でした。芳澤さんは実践を通して、友だちを傷つけてしまうかもしれない言葉をのみこみ、人を悪く言ってはいけないという規範を強く内面化した子どもが本音を言わないでいることに気づきます。また低学年では思いのほか「差別的な見方」はなく、高学年になるにつれて「できる・できない」などの一面的な評価によるいじめがあることについても言及していました。戦争によって日常の暮らしを奪われる理不尽さに気づいた子どもたちの学習経験が、今後どのように民主的な人権意識の醸成につながっていくのか、対話的な実践の継続が期待されます。

小山晃範報告（愛知・小）「コロナとマスクと子どもの思い」は、コロナへの対応が必要になった1年目2020年度の6年学級通信、翌2021年度の3年、2023年度2年の道徳授業で、子どもの声を聞くことを試みた実践でした。法的根拠がなくても「人のためにマスクをしよう」と子どもの行動を規制する様は、戦中に「国のために……」と戦争への加担を強いたことと同型の「雰囲気で行動を縛る」由々しき事態ではないか、子どもたちに「黙って従っていればよい」「意見を言わないほうがよい」と意見表明の権利を自ら手ばなすことを強いているのではないかといった警鐘を含む提案でした。教師や学校の保身体質を払拭し、憲法で保障されている「内心の自由」や「表現の自由」を実現すること、意見や感じ方の異なるコロナについて子どもたち自身が自ら考え意見を交換することの意義などについて、参加者一同考える時間を持つことができました。

なお、当日、会場での提案を聞くことはできませんでしたが、苫米地太郎報告（青森・高）「不登校の息子が大学を目指すまで」は、乳幼児期から青年期までの子どもの育ちにかかわって、保護者や保育者・教師の悩みや喜びをテーマとするE分科会全体を網羅する提案であり、資料だけではありましたが貴重な実践が共有されたことを付しておきたいと思います。

(3) 地域における教育・文化環境づくりの課題と展望

大谷和平報告（東京・中）「遊びは子どもの主食——伝統ある地域の子どもまつりと教育実践」は、遊びを大切にする2つの方向性を持つ報告でした。1つは地域のとりくみです。1975年からの「足立子どもまつり」は、青空の会と子ども劇場が中心となって、子どもが集まって一緒に楽しむコーナーと平和を考えるコーナーをつくり上げてきました。このとりくみは現在、板橋、武蔵野、足立において退職教員などの努力で継続されています。第2に地域のとりくみを参考にした学校での活動です。「足立子どもまつり」に参加していた報告者が、おやじの会が学校を会場に主催する「納涼祭」を「遊びを中心とした行事」として、ＰＴＡ、開かれた学校づくり協議会、学校とで実行委員会を組織し2022年に実施しました。生徒による遊びコーナーの計画と運営など、〝地域で子どもを育てる〟とりくみとしても位置づけられました。こうした実践ができる余裕をつくり出すために、教職員増員による1人あたりの負担軽減の重要性も指摘されました。

佐藤浩美・森田有紀報告（山梨・教職員組合）『『山梨の子ども白書』にとりくんで――子どもたちのしあわせを願ってよっちゃばる」は、長野県で作成された子ども白書を参考に、2020年に退職教員と山梨高教組とが中心になり編集委員会を組織し、子ども白書を作成・刊行しました。作成の最大の目的は、「児童憲章」と「子どもの権利条約」の精神を大切に、「県内の子どもと教育にかかわる個人や団体の可視化とネットワークづくり」です。2021年に創刊号を刊行し、2022年版では子どもの川柳や作文など子どもたちの思いを直接伝える試みをはじめ、2023年版ではウクライナ侵攻問題やそれに伴う軍事予算の大幅増などを受けた「子どもと平和」特集や中学生が作成した「ジェンダーかるた」の紹介など、一貫して「子どもの権利保障の追求」を理念的な支柱として編集しています。

3 8月20日【午前】

(3) 地域における教育・文化環境づくりの課題と展望

2日目の午前は、前日に引き続き、「地域における教育・文化環境づくりの課題と展望」というテーマで報告・討論がおこなわれました。

藤川晴美報告（広島・市民団体）「子どもたちに『国際平和文化都市』広島にふさわしい文化の拠点としての図書館を‼」は、「広島の文化の未来を考える教職員の会」（2023年2月結成）での運動を中心にした報告です。問題の経緯は、広島市中央公園内にある図書館群（こども図書館、中央図書館、映像文化ライブラリー）の耐震化のための現地建て替えが、2021年11月に突如、中古の商業施設の高層階（8F～10F）への移転提案がされたことに始まります。この背景には、図書館をはじめ誰もが安く利用しやすい公共施設が、「にぎわい創出」の名の下に分割・縮小・廃止され、民間資本参入（Park-PFI）の「利益」を生み出す事業に姿を変えられようとする大型開発事業があります。移転に伴い基幹図書館としての公共的な機能が果たせるのか、関連施設が位置する「平和の軸線」という文化的環境の保持をどう考えるのか、などの問題について他の市民団体とも連携しながら活動を続けています。

堀口清志報告（兵庫・研究者）『『大学誘致ありき』で子どもたちや地域住民の命・人権・教育を守れるのか——市街地に残る貴重な王子公園の役割を考える』は、神戸市の王子公園をめぐって、2021年に示された「再整備素案」において大学誘致が一方的にめざされ、それに対して大学生、高校生への働きかけも含めて多様なとりくみで反対の声をあげている事例報告です。この問題の背景には、政府の骨太方針（2022年6月閣議決定）に至る大学機能の強化を図る方向づけ「未来を支える人材を育む大学等の機能強化」があり、また都市公園法の改正により資産運用、民間との連携などがめざされている方向性があります。これに対して、地域住民・市民、研究者・専門家も交えた「王子公園あり方検討会」を設置し、「検討会」で練られた原案を元に公開ヒアリング等をしながら民主的な手続きに沿って再整備されることを願うとりくみが進んでいます。

（4）地域に根ざす学校づくり

地域に根ざす学校づくりの最初の報告は、横山傑報告（北海道・高）「苫小牧での『子どもたちの幸せを願う教育の会』の取り組み——子どもたちの学びと成長を支えられる地域作りを目指して」です。2013年、北海道議会で原発や憲法などの教育実践にとりくむ教師個人をやり玉にあげ、道教委が学校現場への指導に乗り出しました。教育現場を支えるための共同を広げるために会がスタートしました。

参加が広がり、すべての子どもの学ぶ権利、子どもの貧困、特別支援教育、不登校、居場所づくりなど多様な問題に応えるテーマで例会を続けています。幼児期から就職してからの職場まで、子どもたちが幸せに生活できる地域社会のために、高校での実践も進めながら地域の連携を模索しています。幼稚園からの子どもの育ちの共有、働ける職場づくりなどの大切さが論議されました。

2人目は細田孝哉報告（北海道・小）「地域に根ざす体験学習の小学校づくり——北海道長沼町　まおいの学びのさと小学校」です。1986年、札幌で発足した「新しい教育・学校をめざす研究会」以来のとりくみを経て、2023年4月に開校しました。社会科教員だった細田さんは、通信課程で小学校教諭免許も取得して校長に就任しました。

体験から身体的に理解する、ディスカッションから新しい知見が広がる、「感情の自由・知性の自由・人間関係の自由」の3つの教育目標を掲げています。保護者のほとんどはNPOの会員になり、地域の人たちともつながり、地域に根ざした体験から学ぶ学校です。日本の教育を変えていく突破口として発信していく大切さなどが論議されました。

❹ 8月20日【午後】

(4) 地域に根ざす学校づくり

3人目の報告は美濃辺あけみ・荒西克招報告（大阪・市民団体）「旧池田北高校を支援学校に！――コロナに負けず運動を広げた3年」です。池田北高校は2014年に募集停止が発表され、野球部員と校歌を演奏する吹奏楽部OBとともに署名を集めたものの廃校となり、きれいな校舎がそのまま建っています。

池田市には特別支援学校がありません。朝9時の学校開始に、7時30分のスクールバスを待たなければなりません。池田市の障害児が通う豊中支援学校は、400人をこえるマンモス校で、廊下で授業、理科室が普通教室になるなど、十分な教育環境にも事欠いています。「豊能地域の支援教育を考える会」を設立し、学習会、旧池田北高校見学会、放課後等デイサービス訪問、保護者とつながるための「スクールバス追っかけ隊」などにとりくんできました。2023年3月、大阪府北西部に新しい特別支援学校が設立されることとなりましたが、実現にはまだ4、5年かかるとのことなので運動を続けます。すべての子どもたちの学習権を保障するという課題の重要性が論議されました。

最後の報告は、分科会2日目に会場に駆けつけた「(2)子どもの声を聴く」の幸田灯・大西輝報告（香川・小）「クラスの『荒れ？』と子どもの意見表明について考える」です。ベテランの小学校教諭幸田さんと新任3年目のフレッシュな大西さん、お二人での報告です。幸田さんは特別支援学級を担当しているため、通級の学級に入ることも多いので、多くの学級の姿を見ています。

ゼロ・トレランスの導入によって規律・管理・統制が求められ、余裕のなさから多くの先生が子どもの声を聴かずに厳しい指導をしています。子ども同士の相互監視を強めたことで「取締官」になることで居場所を確保する子どもも出てきました。翌年、その子どもたちの5学年を担任した若い先生のクラスは荒れてしまいましたが、子どもの話をていねいに聴きつづけました。6年生になった子どもたちは「去年はちょっとやり過ぎたよね」などと言いながら何事もなかったように毎日を過ごしています。子どもの権利条約、子どもの声を聴くことの大切さが、みんなで論議されました。

【総括討論】

全体として、レポート発表が多かったため、十分な報告時間や討論時間がとれなかったのが、残念でした。もう少し、レポートをていねいに討議する時間を確保することが、大きな課題のように思われました。

総括討論においては、さまざまな問題などが語られました。

滋賀からは、「オンライン参加だったが、あらためて『私たちがやりたいことってなんだろう。うれしいことも悲しいことも含めて考える必要があるのではないか』」との感想が語られました。

他には、「子どものいろいろな状況を見直す機会になった。現場のしんどさも地域とつながることで変わって行く」「子どもの権利条約を教師自身が知らないこと」などが語られました。

不登校経験者で、今は大学院生である学生からは、「学部時代に権利条約を学び、それを中心に考えてきたこと」や「若者が、不安感から保守的な行動をとっているので、もっと語りかけていくことが大切ではないか」との問題提起がおこなわれました。

兵庫からは、特別支援学級の担任をしており、「まわりに迷惑をかけてはいけない」という意識が強かったが、大学付属特別支援学校に行ったら、「迷惑をかけ合うことが良いことだ」という意識に変わった。その要因として、「周辺の人間が変わることが大切であるということがわかったことが大きい」という大切な提起がありました。

岐阜からは、「組合に加入させた人は、必ず守ること。子どもの声を聴くということを大切にしてきたこと」などが、話されました。

香川からは、「保護者の声を聴くことが大切であること。心でつながることこそが教育なのではないか」という指摘もありました。

最後に、共同研究者からのまとめがありました。

齋藤共同研究者からは、「子どもをトータルに理解していくことが大切であること」「子どもの権利条約を通して、世界と対話していく時代になったと思う。だからこそ、一緒に子どもの思いを実現していくことが必要なのではないか」との話がありました。

森田共同研究者からは、「故小川太郎氏の6つの願いを実現していくことが、人権を守り発展させていくことになること」などの指摘がありました。

生田共同研究者からは、「今回は、子どもの声を聴くという肝となる部分を聞けてよかった。文化的側面の準備なども学べた。子どもの居場所づくりを大切である」との提起がありました。

塩崎共同研究者は、「保育の中に、職階があるのがよいのだろうか。怖い先生が担任したあとがたいへんになるのは当たり前である。噛みつく子がいるが、好きな人だから噛みつくのだと考える必要がある。イタリアなどを見ると、『人間は風土や風景の中で育っていく』ということがよくわかるからこそ、学校と組まなくてはいけないことが重要になってきているということがわかった」などの話がありました。

増田共同研究者からは、「1・2年生で荒れたクラスを3・4年生で力で押さえることをすると、5・6年生でまた荒れるということが起きる。ある荒れた学級が複数ある学校では、人事で女性を5人出し、男性を5人入れるということをおこなった。強い指導で押さえようとしているが、愚かな方法だと思う。また、担任と私が2時間かけて、母親の異性関係の問題を知ったが、すぐには変わらなかった。その子が、学年最後のお別れ会の中心になってがんばってくれた。子どもはすぐには変わらなくても、その困難を共有してあげることや待つことで成長していくのだということに信頼を持ってもよいのではないか。大学で担当している『学級経営論』では、一人ひとりが自分は愛されているんだ、と実感させることが大切であることを伝えていること」などが話されました。

レポートが多く討論が大変でしたが、さまざまなレポートから、「地域・教師と子どもが密接に関係しているからこそ、学校を変え・地域を変えていくことが急務であること」が共通認識になったように思われる分科会でした。

【レポート一覧】

森田満夫　共同研究者
●課題提起：日本国憲法と人権としての教育を俯瞰的に捉える

塩崎美穂　共同研究者
●課題提起：保育の自己責任論、子どもの声を聴くこと

生田周二　共同研究者
●課題提起：子ども・若者支援と子どもの声を聴くこと――不登校、居場所を中心に

増田修治　共同研究者
●課題提起：乳幼児における子ども理解と小学校との接続――「非認知能力」と「認知能力」の相互作用を考える

齋藤史夫　共同研究者
●課題提起：「子ども時代と発達が害される状況」に抗し子どもの権利条約をホリスティック（総合的）に実現する課題

①　北海道　横山　傑　高校
●苫小牧での「子どもたちの幸せを願う教育の会」の取り組み――子どもたちの学

② 北海道　細田孝哉　小学校
③ 青　森　苫米地太郎　高校
④ 千　葉　芳澤比奈子　小学校
⑤ 東　京　大谷和平　中学校
⑥ 山　梨　佐藤浩美　森田有紀　教職員組合
⑦ 愛　知　小山晃範　小学校
⑧ 大　阪　美濃辺あけみ　荒西克招　市民団体
⑨ 大　阪　渡辺基子　こども園
⑩ 兵　庫　堀口清志　研究者
⑪ 広　島　藤川晴美　市民団体
⑫ 香　川　香田　灯　大西　輝　小学校

びと成長を支えられる地域作りを目指して

●地域に根ざす体験学習の小学校づくり――北海道長沼町　まおいの学びのさと小学校

●不登校の息子が大学を目指すまで

●自分も人も大切――教室でのけんか、戦争から考える人権

●遊びはこどもの主食――伝統ある地域の子どもまつりと教育実践

●「山梨の子ども白書」作成にとりくんで――子どもたちのしあわせを願ってよっちゃばる

●コロナとマスクと子どもの思い

●旧池田北高校を支援学校に！――コロナに負けず運動を広げた3年

●1歳児との日々

●「大学誘致ありき」で子どもたちや地域住民の命・人権・教育を守れるのか
――市街地に残る貴重な王子公園の役割を考える

●子どもたちに「国際平和文化都市」広島にふさわしい文化の拠点としての図書館を!!

●クラスの「荒れ?」と子どもの意見表明について考える

分科会報告 *F*

障害児教育

山﨑由可里

1 全体会

障害児教育分科会は、第1日目の午前中を全体会とし、基調報告と特別報告がおこなわれ、その後、討議に入りました。午後から第2日目にかけては、6つの小分科会に分かれてレポート報告・討議をおこないました。

(1) 基調報告

高木尚氏の基調報告では、戦争と平和、多様性の尊重と人権保障、障害問題にかかわる情勢について言及されました。

次に、「教育全般そして障害児教育をめぐって」として、●深刻な教員不足、●免許更新制度廃止に伴う新たな研修管理の押しつけ、教員への負担増、●子どもの権利条約を反映させて改定された「生活指導提要」、●学校設置基準作成後も続く支援学校在籍者増と解消されない教室不足・教員不足等問題、●国連勧告で問題を指摘された4・27通知、●栃木、兵庫等での寄宿舎廃舎に抗する運動とそこから明らかになった「教育的入舎」を認めさせる必要性などに言及されました。

そして、昨年の三木裕和氏基調報告で用いられた「学習指導要領至上主義」を引き継ぎ、●2006年教育基本法改悪により、その条文を反映させた学習指導要領の押しつけがいっそう強化されたこと。一方で、「『こころとからだの学習』裁判」(七生裁判)の高等裁判所判決(2011年9月、最高裁も追認)では「学習指導要領の法的拘束力を限定し、現

場の自主性を尊重」しなければならないと判断されており、この判決を逸脱することは許されないことが確認されました。

続いて、「障害者権利委員会の勧告をめぐって」として、「隔離された特殊教育（Special Education）の永続化」という「勧告」の指摘について言及されました。なぜあえて「特殊教育」という用語が用いられたのか？　その意味するところは、「隔離」とは、「場」の問題だけでなく「隔離された特別の教育目標・方針のもと教育活動が行われている実態」＝「隔離された特殊教育の永続化」である、と鋭く指摘されました。「勧告」が示す、（ｂ）通常の学校へのアクセスと４・27通知、（ｃ）合理的配慮、（ｄ）通常の教育の教師の研修および意識変容、（ｅ）通常学校におけるコミュニケーション方法、（ｆ）高等教育へのアクセス、これらら解決されていくことが（ａ）「隔離された特殊教育の永続化への懸念とインクルーシブ教育への権利の確認」につながるのではないか、と「勧告」の構造を読み解かれました。

そして、１９６０～70年代の「特殊教育体制」にＮＯ！を突き付けた「権利としての障害児教育」論、その後50年の実践・研究を積み重ねてきた２０２０年代に至り、「（教育の機会均等を実現した養護学校義務制の）実質化」の意味は、「本当にすべての子どもたちに適した教育実践・その内容をつくりあげられているだろうか？」という自問自答と教職員の集団的な研究活動を自らに課すものである、と述べられました。

最後に、「子どもを真ん中に」の意味——討論のよびかけとして、太田堯先生、園原太郎先生の「子どもを真ん中に」にかかわることばが紹介され、●子どもたちの願いにふれ、思いを寄せる、●子どもたち、そして子どもたちをとりまく保護者、家族、地域の声を探る、●子どもたちを真ん中にした集団での検討、を大切にした討論をよびかけ、「そこに私たちの喜びもあると信じます」として基調報告をまとめられました。

（2）特別報告「F障害児教育」分科会の分科会名称をめぐる議論の経過とさらなる討論のよびかけ

特別報告では、越野和之氏より、課題別分科会を7分科会に再編するという教育のつどい事務局からの提案を契機に、①再編の是非、②分科会の名称変更の2点について、司会者・共同研究者会議の議論が紹介され、今後の議論の方向性について示されました。

まず、1月23日の会議では、①再編の是非については、本分科会の参加者数・レポート数の多さを踏まえ、統合等はしないことを確認、②の名称については、事務局提案の「障害児の発達と学び」をたたき台に、「今日の障害観に合わせた表記（例えば「障害のある子ども」など）にすべき」「『子ども』は青年期も含みうるか?」「『特別支援教育』へ移行して15年経ち、『特別支援教育』を用いる可能性も検討すべき」、などの意見が出されたことが紹介されました。次に2月27日の会議では、越野氏から、日教組時代の教研の記録である『日本の教育』をはじめとした資料をもとに、１９６０年代の日教組教研「特殊教育分科会」での討議以来、「権利としての障害児教育」の理念が込められた「障害児教育」という分科会名称に至った経緯が示されました。また、２０２２年のD小分科会（青年期の教育Ⅰ－高校・高等部）で「すべての教員が当事者、支援者であるという自覚が持てるような枠組みの検討を」という要望があったことにも言及されました。そして、「ひとまずのまとめ」として、①つどい事務局の名称変更の提案にはなぜ「障害児教育」を変更するかの必要性が明確に示されておらず、直ちに名称変更する必要はない、②「特別支援教育」は行政用語であり、かつ「障害児教育高コスト論」と分かちがたく、使用には慎重でありたい、③ICFや障害者権利条約、青年期教育の延長・進学問題を視野に入れ、「障害」「児」「子ども」などの語を用いることについてさらに検討を重ねるべき、と小括されました。

今後の議論の方向性として、これまでの議論に加え、ICFや障害者権利条約の前文に示された「障害が発展する概念」を踏まえ、①障害は機能障害（impairments）を有する人と

「（社会的）障壁」の相互作用によって生じること、②国連の障害者権利委員会総括所見（２０２２年）における、日本の障害者制度がパターナリズムと医学モデルを基本枠組みにしており、法律や公共政策に関する協議への障害当事者の参加が不十分などの批判も視野に含めながら、名称のあり方に関する議論を積み重ねることが提起されました。

以上、２つの報告後、会場からは、10本の発言がありました。以下、その一部を紹介します。

●子どもも教師もしんどい元凶……インクルーシブ教育に逆行する、いわゆる４・27通知による支援学級２３４学級減等の問題（大阪市）、●知肢併設校による教室不足等問題……児童生徒４７５名１０５学級なのに教室75、養護教諭４名から３名に減（東京）、●「子どもを真ん中に」保護者と教師の協働を……先生方にはもっと直面している「しんどさ」を語ってほしい、子どもとともに親も育てられた、親も教師と一緒にがんばろう（滋賀・保護者）、●オンラインで仲間とつながる授業づくり……若手研修で和太鼓の指導案を作成したところ、指導教員らから学習指導要領べったりの授業計画を強要され、悩みに悩んでいたときにオンラインでの相談の機会ができ、その相談相手だった方々と会場で対面できた喜びの発言（東京）などです。

2 A小分科会（子ども期の教育Ⅰ：小学校①）

A小分科会では小学校の障害児教育について5本のレポートが出され（当日は４本のレポート検討と論議）、議論を深めました。2日間で延べ40名の参加がありました。

桜井梓報告（大阪・小）「お互いに課題に向き合う通級の先輩後輩」は、通級指導学級での実践報告がされました。子どもたちに、在籍校や学年の垣根を超えて学び合う仲間としてつながり、互いに育ち合ってほしいことを意図して指導を組む教室運営をする中での、ある4年生と1年生をペア学習で出会わせるとりくみについての報告でした。互いに課題に向き合いながらも、4年生に憧れ、自分の未来も楽しみにすることができるようになった1年生。1年生の姿に自分の過去を重ね、彼と接することであらためて自分の成長を感じて、それを後輩にしっかり伝えることができた4年生。子どもたちのやりとりが目に浮かび、声が聞こえてくるようないきいきしたお話でした。

吉井広人報告（千葉・小）「情緒障がい児学級実践」は、自閉症・情緒障害学級での実践報告がされました。異動して最初の年に出会った、学校に対する大きな不信感をもった子

どもたちと保護者たち。挑発的な行動や暴力が日常化していた中で、彼らの思いに寄り添い、語りかけ、またご自身で学んできた心理学も拠り所にすることで、子どもたち自身が自分を見つめ、思いを言葉にしていくことを支えた実践でした。また、校長の不当な迫害を受けながらも、子どもたちからエネルギーをもらいながら組合・地域の運動につなげていった経緯についても語られました。

今川大海報告（北海道・小）『「やりたい」子どもの思いに寄り添って、世界を共有して――小学校特支学級1年生　遊びをとおしてつながりを』は、自閉症・情緒障害学級の低学年児童の担任としての実践が語られました。さまざまな子どもたちがいる中、トラブルをきっかけに話し合って皆で楽しめることを考えたり、子どもが「やりたくない」と言えば、本人が興味をもってとりくみやすい「入口」を提案して子どもの気持ちを「やりたい」に変えていくなど、常に子どもたちに寄り添っていく大切さが学べるお話でした。

田中みなみ報告（岐阜・小）『「1人でできた」をめざして――応援団と共に』は、知的障害学級でかかわった女子児童の変容についてでした。自閉症による困り感がかなり強い2年生の「あき」。「日常生活でできないことが多い」という理由で、母親が知的障害の特別支援学級を希望したそうです。田中さんは、彼女の「できるようになりたい」という気持ちに寄り添い、彼女は応援されることが好きなことから「応援カード」をつくりました。このカードを心の支えにして、自分で自分を応援しながら、給食を食べたり鞄《かばん》を片づけたり学習にとりくんだり……と、少しずつできることを増やしていった「あき」の姿が報告されました。

まとめとして河合隆平さんから、子どもたちが学校に来ていること自体に価値があるということ、そして、学級が「文化」も「生活」もつくっていくというお話がありました。

3 B小分科会（子ども期の教育Ⅰ：小学校②）

参加者は両日合わせて30人。小学校の先生やOB、OGが中心でしたが、中学校や特別支援学校からも参加がありました。レポートは5本で、通常学級での実践や特別支援学級での実践が報告されました。

坂根真実子報告（広島・小）「教材・教具の紹介――手指を使って」。通常の学級や特別支援学級で、さまざまな課題のある子どもたちに、納得のいかないものを子どもには手渡さない、と教材・教具にこだわった報告でした。子どもたちの課題だけでなく、こうしたら楽しんで学習できるのではないか？と子どもたちの表情を思い浮かべながら、さまざまな教材・教具を手作りされていました。通常学級での課題の子どもたちとの実践では、荒れた子どもたちの心の中にある学びたい、賢くなりたい気持ちを捉え、教材・教具を工夫し、算数の学習でつながって行く様子も報告されました。

野村亮介報告（愛知・小）「特別支援学級での国語科指導実践――ことわざカルタを用いた想像力および集団の中で遊ぶ力の涵養《かんよう》」。先生自身が好きなことわざのおもしろさを子どもたちに伝え、子どもたちに「文化を手渡していく」報告でした。なかなか授業に向かうことができないCさんが、ことわざカルタの実践では、自分でも絵を描きたいと意欲的にとりくみ、友だちを褒める姿が見られたそうです。別々のクラスの子どもたち同士がことわざカルタという1つの教材でつながり、成長していく様子が感じられました。

池田翼報告（奈良・小）「みんなで学ぶことばの授業」。動作化から話し言葉での話し合い活動への発展をねらった、絵本の読み取りについての報告でした。はじめは、今までの学習とは違い発展した学習活動に戸惑う子どもたちでしたが、授業を続けていく中で、自分なりに論を組み立ててみんなに考えたことを話そうとする真くん、友だちの読みに揺さぶられるものの自分の読みを確かにしていった咲ちゃん。絵本での学習を通じて子どもたち同士の学び合う様子に実践のおもしろさを感じました。

松本綾乃報告（群馬・小）「妙義山《みょうぎさん》とぼく――子ども自身の力で何かをつかむとき」。自分の思いと違うことに出会うとギャン泣きになってしまうユウトくんとの2年間のとりくみの報告でした。ユウトくんの不安や悲しみにユウトくんとともに寄り添い、ゆっくりと彼の気持ちを言葉にしてあげるとりくみの中で、ユウトくんが、こうすればよかったんだね、こういうやり方もあるのかと気づき、泣かずに「まあいいか」と思える力を育んでいく姿は参加者の共感を呼びました。

東京教職員組合報告（東京・小）「東京で性教育やってみた」。子どもたちの知りたい、考えたい、話し合いたいという願いに応える実践の報告でした。キラキラタイムと名付けた性教育での授業は、子どもたちに自分にとって幸せだと思える人生を選択してほしいという先生の願いも含まれていました。授業を通じて子どもと保護者がつながることができたことも報告され、保護者も性教育で学び合っている様子が語られました。あたり前の価値観で学んでいく子どもたちの様子は性教育の大切さを確かめることができました。

どの報告も、その先生らしさを活かした授業づくりの報告であり、障害児学級は、通常学級で学べないから取り出す場なのではなく、その子たちにあった授業と教育課程を用意しているからこそ必要なのであり、それをゆたかに深めていくことの値打ちを確かめ合いました。

討論の中で、泣いている子どもを、うるさいから、他の子どもの学習の邪魔になるからと、早く泣き止ませることだけを担任教師に求め、障害のある一人の子どもにじっくり向き合うことを許さない今の学校のあり方を問う発言が若い先生からありました。青年教師の切実な問いは多くの教師に共有される問いです。この問いから目を逸らすことなく、憲法と子どもの権利条約、障害者権利条約を生かす教育をつくり、広げていくことの大切さを話し合いました。

4 C小分科会（子ども期の教育Ⅱ：特別支援学校）

C小分科会は学生2名を含む13名の参加者で、特別支援学校小学部のレポート5本をもとに討議しました。

茗荷絢子報告（滋賀・特別支援）「ゆっくりじっくり Tちゃんの心に寄り添う――Tちゃんを巻き込んだクラス集団を考える」は、「やってみようかな」という思いがゆっくりと育っていく過程が大切であり、子どもの気持ちに寄り添い関係を築いていった2年間の実践をまとめた報告でした。先生自身がまわりにどのように見られているのか心配しながらかかわっているときに、同僚からの言葉を受け心強く感じたことを語られたことが印象的でした。

佐々木健太報告（滋賀・特別支援）「Rちゃんのこと」は、自分の思いを出すこと、それが認められること、他者と共有できる喜びを感じることを大切にしたいと、絵本を題材に、笑いと、「しなければならない」という意図を外すとりくみなどの報告でした。その後に見られるようになった問題行動に教員集団で話し合いをおこない、課題を共有しアドバイスをもらうことができたとのことでした。

才藤大和報告（和歌山・特別支援）「不思議なA君の強み、もっと伸ばしたい！――A君との2年間を通して」は、A君の世界を受け止めながら、教師とのかかわりから友だちへも興味を向け、場面を共有できるようにとりくんだり、自分から気持ちの切り替えができるよう合意形成や提案交渉をくり返すことで想いを受け止めてもらった経験を積み、思いを伝えたり相手の話を聞いて受け入れられるようになった実践報告でした。

橘ミレイ報告（福岡・特別支援）「私の気持ち、わかってくれる？――軽度知的障害の児童の実践」は、軽度知的障害でおとなしいために、他の児童の指導が優先されることが多かった子どもの気持ちを受け止めて信頼関係を築き、読書を通して友だちと仲良くしたいという興味が出てくるなど、生活の広がりが言葉の広がりにつながった報告でした。学習指導要領に沿った厳格なカリキュラムをとっている学校事情として、児童だけではなく教師も息苦しさを感じる中でも子どもに寄り添う指導をと奮闘している様子が語られました。

藤木直報告（静岡・特別支援）「きりさんの思い、わたしの願い――想いを伝え、やりとりする力の獲得を目指して」は、思いと違うことを要求されたときには他害が出て、なぜ問題行動を起こしてしまうのか本質に迫れない3年間を過ごしてきたきりさんの担任に。彼女の気持ちを受け止めることで、きりさんは穏やかに自分の気持ちを伝えたり気持ちを切り替えられるようになり、きりさんの様子が変わったことで、周囲の見方も少しずつ変化していった報告がされました。

今回は初めてレポーターとして参加された方が多く、ていねいに子どもの気持ちを受け止め、信頼できる関係づくりを築いていっている様子が発表されました。また、他職種から教員に採用された方のレポートが2本あり、学校の文化に不思議さを感じたことや厳しさを感じたことが話されました。

参加者一人ひとりが感想や現在の職場の状況などをゆっくりと語れる時間もあり、一人で複数の児童生徒を見られることが自分たちの力量であると思わされてしまう職場条件の厳しさや、何でも語り合える教員集団をつくることが安心して働くことのできる職場づくりにつながり、どのように仲間を広げていくかといった課題が見えました。さらに2日目には三木先生ランチセッションも急遽《きゅうきょ》設定され、軽度と呼ばれるお子さんの思春期の難しさについて、アンとサリーの心の理論から説明していただきました。

5 D小分科会（思春期の教育、青年期の教育：中学校、中学部、高等部）

参加者

両日ともに、全国から約25人が参加しました。特別支援学校、障害児学級、高等学校教員等、思春期、青年期の子どもたちをとりまく関係者がつどい、2日間、レポートをもとに、意見交換や討論ができました。

レポート報告

今年度は、高等部期のレポートが2本と例年に比べ少なく、思春期、青年期を合わせた分科会となり、以下の7本のレポートが報告されました。①近藤弘司報告（埼玉・中）「Rと共に2年間――不登校、引きこもり気味の生徒への取り組み、実践」、②足立紀夫報告（岐阜・中）「『わかった！』と思える瞬間は宝もの――中学校通級指導教室をとりまく状況」、③垣見亜紀子報告（滋賀・特別支援）「せんせい、あのね…――顔をみて話すと、ほら！聞こえるハナさんの〝ことば〟が！」、④阪倉季子報告（滋賀・特別支援）「ようこそ日本へ、私たちの学校へ――〝学校〟で大事にしたいことって何だろう？」、⑤野口裕子報告（宮城・特別支援）「『優しく』って、どうするの？――『優しい』が分かる触れ合いの体験をやってみよう」、⑥渡辺まみ報告（東京・特別支援）「遼のままで生きられる世界を求めて」、⑦大西友里絵報告（京都・特別支援）「どこよりも 明るく 楽しく 協力的で 笑顔で 仲良しな クラス♡」です。

全体を通して

限られた時間の中でレポート報告をもとに実践を深めていくという制約はありましたが、それぞれの実践や実践に込める思いの〝核〟に、少しずつ迫っていくことができました。加えて、全国でのさまざまな状況を出し合い、制度面などについても情報交換しました。障害児学級や通級指導教室の校内や社会的立場の役割や難しさ、特別支援学校の中での学部間のつながりや引継ぎの難しさ、年々厳しくなる教育条件など、自治体による違いはありながらも、共通して抱いている苦しさやしんどさも話題に上りました。しかし、それだけではなく、「〝困っている子〟は、未来の社会を教えてくれる子たち」という言葉で討論中に表現されたように、子どもの姿をていねいに受け止め、周囲とつながり、粘り強く実践をつくりだしていっている場では、校内での実践のあり方や卒業後の居場所など、確かに変化が生まれ、社会が変わっていっている事実があることを共有できました。

「ベテランの○○先生と同じようにはできない」といった声も出される中で、何を普遍化できるか。子どもも教師も〝やりたいこと〟に立ち返り、等身大に、〝楽天性〟をもって周囲とつながり、実践をつくっていくこと。厳しくなる情勢の中でも、〝したたかに〟〝しなやかに〟〝つぶれずに〟実践を続けていくこと。実践の力をあらためて感じることができ、参加者それぞれが励まされました。

また、思春期、青年期をつなげて討議することで、視野を広げ、それぞれの時期に込める思いや実践の意義、共通して願うこと等に視点を向けることができました。

6　E小分科会（障害の重い子・青年の教育）

参加者は、1日目20名、2日目19名で、レポート6本をもとに討議を深めました。

中野亜希報告（滋賀・特別支援）「〝見てる⁇〟〝見られてる‼〟〝見てね‼〟――Aちゃんの6年間の育ちから」は、施設入所で人口呼吸器をつけ難聴も疑われる小6のAさんの報告でした。「やりたい」気持ちを肯定的に認められて育ったAさん。6年生になり共感を求めて他者を意識するように成長。最後の文化祭で観客の視線を受け止めつつ、自分の活動をやり遂げることができました。障害の重い子のコミュニケーションや友だち関係について意見交換しました。

小川真奈美報告（滋賀・特別支援）「人生の土台をつくってもらった養護学校12年――輝き続ける娘、母もまだまだ奮闘中」は、学校卒業後12年になるお子さんを持つ保護者で、学校時代をふり返りながら、教育をめぐるさまざまな現状にも問題提起した報告でした。我が子に寄り添った教員を例にして、「子どもについて、数値で測れないようなことがわかること。それこそが専門性なのではないか」と本来の専門性について語っていました。また、コロナ禍で保護者から頼りにできなかった学校の存在意義についてあらためて問いかけていました。

江口凡太郎報告（北海道・特別支援）「高等部訪問学級での実践報告――3年ぶりの東京方面見学旅行準備から、怒濤《どとう》の半年間」は、①訪問生Aさんの東京方面見学旅行、②年度途中で訪問学級に転籍したTさんの実践報告でした。②では、明日の命が危ういTさんのために「元担任に会いたい」「友だちに手紙を送りたい」というTさんの願いを、さまざまな人と手をつなぎながら次々に叶えた実践でした。参加者から「やり切った、と言える実践ではないか」と感想がありました。

若山健太報告（埼玉・特別支援）「『医療ケア対策検討委員会』の取り組み」は、埼高教障教部で医療ケア問題にとりくんだ報告でした。医ケア対策会議を重ね、学習会や保護者に向けてアンケートも実施し、要求書作成、医療的ケア単独県交渉もおこなったていねいで積極的なとりくみで、他県の参考となる内容でした。また、各県で看護師の雇用形態や雇用条件は異なるので、全教の力を借りながら各県で情報交換していく重要性を確認しました。

松本一色報告（東京・特別支援）「もっと見て、もっと触れて、楽しい世界を広げて」は、タオルや手を噛むのが日常で、腕の引き込みや掌の屈曲のある高2のAさんの実践報告でした。Aさんの姿勢づくりを学びの土台として大切にし、相撲好きのAさんに「はっきょいどーん」の絵本を導入して見る力、対戦相手のバルーンを手で押す力を引き出します。子どもの願いを出発点とした授業のあり方について意見交換しました。

古澤弘之報告（岡山・特別支援）「主体的に人や物に働き掛けながら活動するために」は、子どもたちにとって「主体的」とは何かを探り、さまざまなITやICTを活用し自作教材をつくり、できるかぎり子どもの反応を待ち、意味づけを重ねて、主体的な動きを引き出す実践報告でした。「自分は子どもの思いを受け止めてきたのか考えさせられた」などの意見が出て、参加者が日々の実践をふり返る機会ともなりました。

全体討論では、①障害児教育は「子どもの〝願い〟を真ん中に」実践を進める大切さ、②教師の専門性とは子どもを数値で捉えるのではなく、子どもに願いを尋ね、思いを汲み取ることができること、2点を確認しました。

7 F小分科会（制度・権利保障・運動）

F小分科会は6本のレポートが報告されました。

藤井佳樹報告（山口・特別支援）「子どもの発達に必要なことは…――障害児の子育てを経験した、ある特別支援学校教員の回想と提言」は、特別支援学校教員である前に、親の立場で我が子の出生から社会に出るまでの過程で、各ステージでの適切な支援の重要性についての報告です。討論では私たち特別支援学校教職員の子どもを観る目やかかわり方を問われ、子どもから学ぶ姿勢を通して教員同士で子どもを支援していく大切さを確認できました。

松川俊博報告（香川・特別支援）「ＩＴ・メディア機器活用事例について」は、特別支援学校での児童生徒がより楽しく理解しやすくなるような視点で、授業・行事等の学校生活に落とし込めるよう、ＩＣＴの活用事例をふんだんに取り入れ、報告されました。討論ではＩＣＴの無理のない使い方や見る側の視点でつくる必要性、ＩＣＴでどんなことを子どもに身につけさせるかについて考えました。国の施策でもある情報の活用がどこまで教職員の業務かについて引き続き検討していく必要性を共有できました。

西岡敬生報告（兵庫・特別支援）「和特ふるさとプロジェクト――ふるさとで生きていける社会づくり」の表題にある、和特（わとく）とは兵庫県立和田山特別支援学校のことです。学校が進路学習・現場実習等を通して、地域に障害理解・特性理解を進めていく実践です。進路主任の立場を活用し、児童生徒の将来のためにイキイキと新しいアイディアを取り入れました。地域の方の生徒理解が進み、よいところの発見や特性をいかした仕事へのマッチングの可能性も広がりました。ともに作業しながら「持ちつ持たれつの関係」にもなれること、特別支援学校での地域と共同の可能性を広げられることを確認できました。

2日目は、寄宿舎の報告がまとめて3本ありました。

田中秀典報告（高知・特別支援）「日々のドラマから寄宿舎の魅力、よさについて振り返ってみよう」は、子どもたちとの舎での生活の中で、指導員としての喜びや充実感、元気がもらえる瞬間を自作の「アナログパワーポイント」を使い、気持ちのゆたかさや成長を感じる場面について、子どもの心の動きを手にとるように、報告されました。「名前の由来」のとりくみでは、「性と生」の支援として、お家の人たちが、どんな思いで出産に臨んだかや、つけた名前の意味や思いを知るための実践でした。舎全体でとりくむことで一体感が高まり、友だちへの理解が進んだことを確認できました。

竹野ハナ報告（東京・特別支援）「職員とのかかわりを求める女子舎生――中学部から高等部へ」は、寄宿舎生活を中学部から高等部で送る女子生徒に対し、側で寄りそう指導員の立場を通して生徒の成長を見つめる実践でした。さまざまな「不定愁訴」を訴える生徒に、不調の原因や求めているものさがし、そして人とのつながりが広がる中で舎生役員に立候補するまでの歩みがありました。社会に出て行く生徒への人間関係づくりについて、生徒とともに考える時間の必要性や職員同士の共通認識の重要性について共有できました。

長谷川弘貴報告（東京・特別支援）「寄宿舎で育む自立の力、外出支援の取り組み」は、病弱生徒の舎での「外出プログラム」を通じて、ある生徒の余暇時間へさまざまなやりたいことを見つけ、本人の世界の広がりを見せた実践です。人とのかかわりや交流を持つことのなかった生徒が、読書好きから図書館までの外出を計画、目的地への移動の大変さを実感

【レポート一覧】

高木　尚

① 北海道　今川大海　小学校

② 北海道　江口凡太郎　特別支援学校

③ 宮　城　野口裕子　特別支援学校

④ 群　馬　松本綾乃　小学校

⑤ 埼　玉　近藤弘司　中学校

⑥ 埼　玉　若山健太　特別支援学校

⑦ 千　葉　吉井広人　小学校

⑧ 東　京　東京都教職員組合　小学校

⑨ 東　京　松本一色　特別支援学校

⑩ 東　京　渡辺まみ　特別支援学校

⑪ 東　京　竹野ハナ　特別支援学校

⑫ 東　京　長谷川弘貴　特別支援学校

⑬ 静　岡　藤木　直　特別支援学校

し、地図アプリの利用に発展、関心のある分野が増えていきました。生徒の成長から保護者からの感謝のあいさつの報告もあり、あらためて寄宿舎の価値を確認できました。

●基調報告

●「やりたい」子どもの思いに寄り添って、世界を共有して——小学校特支学級1年生　遊びをとおしてつながりを

●高等部訪問学級での実践報告——3年ぶりの東京方面見学旅行準備から、怒濤の半年間

●「優しく」って、どうするの?——「優しい」が分かる触れ合いの体験をやってみよう

●妙義山とぼく——子ども自身の力で何かをつかむとき

●Rと共に2年間——不登校、引きこもり気味の生徒への取り組み、実践

●「医療ケア対策検討委員会」の取り組み

●情緒障がい児学級実践

●東京で性教育やってみた

●もっと見て、もっと触れて、楽しい世界を広げて

●遼のままで生きられる世界を求めて

●職員とのかかわりを求める女子舎生——中学部から高等部へ

●寄宿舎で育む自立の力、外出支援の取り組み

●きりさんの思い、わたしの願い——想いを伝え、やりとりする力の獲得を目指して

⑭	愛知	野村亮介	小学校
⑮	岐阜	足立紀夫	中学校
⑯	岐阜	田中みなみ	小学校
⑰	滋賀	茗荷絢子	特別支援学校
⑱	滋賀	垣見亜紀子	特別支援学校
⑲	滋賀	阪倉季子	特別支援学校
⑳	滋賀	佐々木健太	特別支援学校
㉑	滋賀	中野亜希	特別支援学校
㉒	滋賀	小川真奈美	特別支援学校
㉓	京都	宮崎夏子	小学校
㉔	京都	大西友里絵	特別支援学校
㉕	奈良	池田　翼	小学校
㉖	大阪	近友順子	特別支援学校
㉗	大阪	桜井　梓	小学校
㉘	兵庫	西岡敬生	特別支援学校
㉙	和歌山	才藤大和	特別支援学校
㉚	岡山	古澤弘之	特別支援学校
㉛	広島	坂根真実子	小学校
㉜	山口	藤井佳樹	特別支援学校

●特別支援学級での国語科指導実践――ことわざカルタを用いた想像力および集団の中で遊ぶ力の涵養
●「わかった！」と思える瞬間は宝もの――中学校通級指導教室をとりまく状況
●「1人でできた」をめざして――応援団と共に
●ゆっくりじっくり　Tちゃんの心に寄り添う――Tちゃんを巻き込んだクラス集団を考える
●せんせい、あのね…――顔をみて話すと、ほら！聞こえるハナさんの〝ことば〟が！
●ようこそ日本へ、私たちの学校へ――〝学校〟で大事にしたいことって何だろう？
●Rちゃんのこと
●〝見てる⁇〟〝見られてる‼〟〝見てね‼〟――Aちゃんの6年間の育ちから
●人生の土台をつくってもらった養護学校12年――輝き続ける娘、母もまだまだ奮闘中
●「させる」から「やりたい」を支える支援に――「LD等通級指導教室」の担当になって1年で学んだこと
●どこよりも 明るく 楽しく 協力的で 笑顔で 仲良しな クラス♡
●みんなで学ぶことばの授業
●自分らしく生きるために――生と性を考える
●お互いに課題に向き合う通級の先輩後輩
●和特ふるさとプロジェクト――ふるさとで生きていける社会づくり
●不思議なA君の強み、もっと伸ばしたい！――A君との2年間を通して
●主体的に人や物に働き掛けながら活動するために
●教材・教具の紹介――手指を使って
●子どもの発達に必要なことは…――障害児の子育てを経験した、ある特別支援学校教員の回想と提言

㉝　香　川　松川俊博　特別支援学校　●IT・メディア機器活用事例について
㉞　高　知　田中秀典　特別支援学校　●日々のドラマから寄宿舎の魅力、よさについて振り返ってみよう
㉟　福　岡　橘ミレイ　特別支援学校　●私の気持ち、わかってくれる?――軽度知的障害の児童の実践

※㉓㉖のレポートは、報告者が当日欠席となったため、討議できませんでした。

分科会報告

G　青年期の学びと大学づくり

光本　滋

1　本分科会の開設の経緯とねらい

「青年期の学びと大学づくり」は、分科会再編により発足した新しい分科会の1つです。本分科会では、今日の大学の状況を中心にすえ、そこにあらわれた問題を教育全体とのかかわりの中で捉えていきたいと考えています。そのために、中学・高校など他の学校種、さらには学校以外の教育に関心を持つ参加者とともに、次のようなことを検討していく予定です。

①学問・教育に対する国家統制の強化、このことを可能とする新自由主義の改革手法（外部からの目標設定、評価と資源配分を用いた支配）は教育にどのような影響を及ぼしているか。

②現代の若者・学生の人格形成と「学力」にはどのような特徴が見られるか。それらはいかなる教育実践上の課題を提起しているか。

③高校教育と大学教育を一体的に「改革」しようとする「高大接続改革」は教育に何をもたらしたか。中等教育と高等教育はどのように共同すべきか。

④統制的な教員養成政策は大学の教職課程にどのような影響を及ぼしているか。未来の教員を担う教員の養成と再教育（研修）の課題は何か。

これらは、旧26分科会「国民のための大学づくり」の議論の柱を引き継ぐものです。また、たまたま司会者・共同研究者とも旧分科会と同じ顔ぶれとなりました。とはいえ、本分科会は、旧分科会を単純に継続するものではありません。広い意味での大学の問題、すなわち制度的な大学に限定されない自由な学問の場としての大学の創造を、これまで以上に幅広い参加者とともに考えていくことをめざします（基調報告）。

分科会は2日間開催され、参加者数は16名（1日目）、19名（2日目）、提出されたレポートは7本でした（基調報告を除く）。レポートのうち1本（岩井紀子・小林規子報告〔東京・中〕「子どもの目、子どもの思いはどこに――『機械』の世界の中で」）は報告者の事情により報告がおこなわれませんでした。

2 高校教育と「青年期の学び」の諸相

分科会1日目は、自己紹介、共同研修者からの基調報告に続いて、高校から3本のレポートがおこなわれました。

(1) 共通テストへの違和感

1本目は、西田真理報告（富山・高）「共通テストの得点率と評定及び英語検定との相関関係」でした。2022年度に担当した生徒の学校、実用技能英語検定、記述模試、共通テスト（自己採点）の各成績から、教員が考える生徒の学力と成績の間に少なからずズレがあることを明らかにし、その原因や教育上の課題について考察するというものです。

共通試験がセンター試験から共通テストになったことに伴い、英語には大きな変化がありました。配点に関しては、リスニングの比重が総得点の25％から50％になったこと、出題形式・内容に関しては、リスニングで1回読みやノンネイティブの発話の聴き取りを求められるようになったこと、リーディングの総単語数が大きく増えたこと（センター試験は約4200語、22年度共通テストでは6127語）などです。読まなければならない文章量が増えただけでなく、比較しなければならない資料のデータ量も増加しています。さらに文法を知らなければ読み解くことができない選択肢もあります。高得点をとるためには、解答の手がかりとなる情報を瞬時に見つける必要がある、「考えるヒマを与えない」出題であると西田さんは言います。

このような中で、学校の成績がよく、記述模試の成績も良好であるにもかかわらず、共通テストの自己採点が著しく低い生徒、逆に、学校成績はあまりよくないにもかかわらず、共通テストで点数をとり、国公立大学に合格した生徒がいます。このようなギャップが見られることについて、西田さんは、共通テストは基礎学力以上のものを問うものであり、地

元国公立大学をめざす層の生徒にとって厳しいものになっていると言います。そして、入試における共通テストの比重が高まる中、これまでのような指導を継続してよいのか迷うときもあると述べました。

報告に関して、共通テストの英語の問題は試験時間が足りないから悪いのか、内容自体が悪いのかという質問がありました。西田さんは、広告やスケジュール管理など「身近な素材」を読ませることに傾斜する余り、文学作品などを読んで味わう授業ができなくなっていることの問題を挙げました。このような英語教育の枠付けについては英語教育界から批判がありました（国語も同様）。しかしながら、共通テストの出題内容について大学はほとんど関心を払っていません。英語教員の違和感をきっかけに、生徒たちの感覚についても検討しながら、英語教育の目的、英語力とは何かを議論し、発信していくことが大切です。

(2) 教科指導の本質の追求

2本目は、樋掛雅則報告（富山・高）「教科『情報』の入試導入がもたらすもの」でした。富山高校では2021年度、校長から授業時数削減の提案があったのに対して教職員が反発、週替わりで時間割を入れ換える方式で決着しました。「情報Ⅰ」の導入に関しては、共通テストの新教科としての実施、大学側の入試での利用などが決まっていくに従い、教育課程上の扱いが議論されてきました。この間問われたのは、「教員は教科の垣根を越えた対話ができるのか」「学校のあり方を決めるような対話ができるのか」だったと樋掛さんは考えています。

学習指導要領が変わり、「倫理」や「日本史探究」など、内容に大きな変化が起きた科目があります。しかしながら、科目の括りが変わらないため、これらが教育課程全体の見直しに結びつくことはほとんどありません。これに対して、「情報」は教科の新設です。足りていないものや盛り込みたいものなど、現在の教育課程の問題を議論するきっかけとなることが期待される科目であると樋掛さんは見ています。

重要なのは、教科指導の根底に「自分で納得するまでものを考えたり、調べたり、質問したりする習慣をつける」というこころざしを貫くことです。そのために、2023年度から教務部部長代理を務めるようになった樋掛さんは、各教科がセクショナリズムに陥ることなく、機能するセクションとなるための議論と体制づくりを進めています。その結果、情報の授業だけに専念する教員を置くのは難しい、各教科の力を各教科の指導によりつけるという現在の体制に情報を入れるのは困難である、という2つの理由を挙げ、「情報Ⅰ」でつける力を、各教科での学びで育んでいく力と重ねて追求する「情報教科指導クラウド」の考え方が提案されました。並行して、教育課程委員会における各教科から出された課題の検討、教科指導の視野を広げたり、教科横断的な指導について検討する機会をつくるための「互見授業」のとりくみなどを進めています。

報告と関連して、次のようなことが討論されました。情報には、大都市部以外では専任を置くことができない、原理的なものに到達することが難しいため、大学入試に出すことに意味があるのか、高校生の負担の増加も無視できないといった問題がある。情報が共通テストの科目に位置づいたことより、「何が正しいのかわからない状態」が生じました。これを奇貨《きか》として、「これまでの状態」に何を足すか、何を削るかではなく、この学校は何を大事しなければならないかというところに戻って考えることが重要です。入試に位置づけることについては、大学は何を目的としているのか、本当に必要としているのか考える必要があります。高校の実情や高校教育への影響について発信していくことも重要です。

(3) ギフティッドの子ども理解

3本目は、中村順子報告（富山・高）「3つの大学での学び――家庭科・ギフティッド・英語多読」でした。中村さんはかつて、「忙しくても、ついうっかり仕事を最優先してしまうタイプ」だったと自己分析します。担任をしながら2つの学年の被服系の検定を担当していた20代、食物は担当者が実習回数を裁量できるのに対して、被服は作品完成が絶対であることから、文字通り自転車操業の毎日でした。30代になり、副担任を希望したもののかなわず、再び担任となった矢先、中村さんは病に倒れてしまいます。入院そして出産を経て、多忙な職業生活から離脱することになります。かつての勤務校では、3人の同僚がいずれも子育て中に精神疾患により病気休業と復職をくり返しました。担当教科では「家庭の事情」を理由にした早期退職の流れが止まらず、そこに保護者からの理不尽な訴えが拍車をかけています。中村さんは、精神科や心療内科への通院や服薬の経験はないものの、「綱渡りをしてきた」という実感があると言います。育休制度をフル活用しなければ命と家族の生活を守ることはできませんでした。

中村さんは2010年、長期派遣研修により修学した富山大学大学院教育学研究科で「特別支援教育におけるGT(Gifted and Talented)教育導入の可能性に関する研究」(修士論文)にとりくむことになります。1990年代以降、日本でも発達障害という言葉が一般に知られるようになり理解と支援の輪が広がりました。その結果、特別支援教育の制度的確立に至ったことは周知の通りです。これに対して日本におけるGTに関する注目は、理数系の教育における〝才能開発〟の側面に偏っており、子どもの心理的特性・能力特性や本人の自己理解の程度等に注意を払っていません。対象の認定やアセスメントの仕方についてもわが国の社会に適した独自のガイドラインの策定が必要になるだろうと中村さんは述べます。

最後に、中村さんは2015年からとりくんできた県民カレッジのボランティア講師、英語多読の紹介活動等の経験を語りました。現在は佛教大学通信教育課程に在籍し、英語教員免許の取得をめざしています。

参加者からは、子どもの状況を成績で見ることの問題、「主体的に学ぶ態度」の評価を入試で不利にならないように扱う必要があることなどが発言されました。一方で、発達障害との関係や英才教育との違いがわかりにくいとの意見もありました。ギフティッドへの注目は学校における子ども理解や学習観を問い直す視点をもたらすものだと言えそうです。新たな理解を言葉にしていく教育実践が求められています。

分科会2日目も、ひきつづき高校から1本の報告がおこなわれました。

(4) 高校生の自主的な活動

高校からは、岩下明寛・水田福夫報告(群馬・高)「主体的な実践を通して――伊勢崎商業高校・科学研究班の取り組み」です。水田さんは生徒の自主的な活動である科学研究班の世話をしています。岩下さんは群馬県立伊勢崎商業高校の卒業生であり現在大学1年生です。

報告は、放送愛好会の部員であった岩下さんが制作した科学研究班の活動紹介のビデオの上映からはじまりました。科学研究班は２０１７年に理科好きのＡさん（当時1年生）が理科教員とともにはじめた研究活動が継続しているものです。周囲には〝コケ部〟と呼ばれていますが、部活ではなく生徒の自主的な課外活動とされています。ビデオでは、２０１９年に科学研究班に加わったＢくん（当時1年生）らがおこなったコケの生態、特性に関する研究の内容、２０２０年度に加わったＣくん（当時1年生）のコケの繊維で靴をつくり商品化するという提案がＧＩＡ（Gunma Inovation Award）の大賞を受賞したことなどを紹介するものでした。コケの研究はＢくんの卒業後も継続しており、２０２２年度には公益財団法人日本科学協会のサイエンスメンターを活用し、関連の企業や大学の研究室からアドバイスを受けています。Ｃくんはこの活動を評価され大学の総合型選抜に合格しました。また、岩下さんが制作したビデオも、ＮＨＫ杯全国高校放送コンテスト・ドキュメント部門で群馬県大会の最優秀賞を受賞するなどしています。

参加者からの、理科教員の指導や学校として活動を支える体制があるのかという質問に対しては、理科室の利用の便宜がはかられているものの、活動は生徒の自主性が強いとの回答でした。高校生の活動が社会的に評価されたり、企業のアドバイスを受けたりしていることには、高校と地域のつながりや商業高校の特性が生かされていると言います。一方で、ＧＩＡなど〝社会実装〟のアイデアを競わせるコンテストは何を評価しているのか、アイデアの信頼性なのか、それともプレゼンや映像技術なのかという疑問も出されました。高校生の自主的活動を誰がどのように評価すべきなのか、それを励ますにはどのような教育が求められるのか問いつづける必要があります。

3 高等教育政策の動向と大学づくりへの影響

（1） 競争による大学の研究・教育の支配

大学の動向に関するレポートの1本目は、長山泰秀報告（全大教）「市民一人ひとりの学びを置き去りにする『大学改革』路線への批判」でした。長山さんはレポートの目的を、「市民がかつて思っていた大学とは異なる姿のものに変わりつつある」現在の大学が向かっている方向とその原因、関係者にとっての課題を明らかにすることだと言います。

国立大学の研究・教育がめざす方向を政府が決め、資金配分により推進する動向が顕著になっています。近年の例としては、２０１６年以降の運営費交付金の「重点支援」による国立大学の類型化があります。２０２４年度から大学ファンドによる助成を開始する「国際卓越研究大学」、２０２３年度に開始された「地域中核・特色ある研究大学」への支援は、国立大学だけを対象とするものではありませんが、大学・分野を「選択・集中」して育成する手法は共通です。

こうした政策の背後には、政府内の力関係の変化がありまｓ。近年は内閣府の「科学技術・イノベーション戦略」の関連予算が増大する一方、文教予算の中でもとりわけ高等教育予算は減額される傾向が顕著です。「国際卓越〜」や「地域中核〜」などは政策・予算とも内閣府が握っており、これらの下で文系の縮小・廃止を伴う大学再編が進められています。さらに、２０２４年度から「理工農系」の学生を対象とした修学支援新制度の拡大がおこなわれることは法の下の平等に反する事態です。このような中で、市民が政府の大学政策に関心を持ち、生活や日本社会の問題との関連でどのような課題があるかを考えていくことがいっそう重要になっていると長山さんは指摘しました。大学自身も積極的にそうした場をつくっていく必要があります。

報告に関連して、次のような問題提起等がありました。コロナ危機は、日本学術会議のように政府から独立した専門家の集団が役割を果たすことの重要性を示しています。大学では研究環境を競争的にする体制が強固となり、多くの研究者が任期付にされ雇止めに遭っています。それにもかかわらず、研究者から批判の声が上がりません。粘り強く主張するよりもデータを見せ、競争的に白黒つけようとする傾向が強まっています。高校段階で数学系と非数学系で「文理」がわかれてしまうこと、学生が大学の研究がどうなっているか知らないうちに競争的な体制に組み込まれてしまうことなど、問題は構造的です。

(2) 淘汰・撤退促進策としての私大助成

２本目は、三宅祥隆報告（日本私大教連）「私立大学をめぐる情勢と問題——振興から淘汰《とうた》へ」でした。三宅さんは報告冒頭、次のことを確認しました。すべての大学は法令上、同等の高等教育機関である。私立大学は日本の高等教育において大きな役割を担っている。にもかかわらず私立大学の学生の学費負担は非常に重い。この困難の要因は高等教育に対する公財政支出が少ない上、国立大学に偏重している高等教育費のいびつな構造にある。

報告では、私大助成（私立大学等経常費補助）制度の変質と淘汰・撤退促進政策の本格化が指摘されました。私大助成は1980年の補助率29・5％をピークとして以降後退を続け、2015年度には補助率が10％を割り込むに至っています。これと裏腹に、政府は配分に「メリハリ」をつけると称して、私学助成を財政誘導の手段としてきました。第2次安倍政権ではここに経済競争力強化に大学を動員する政策が加わります。「私立大学等改革総合支援事業」（2013年度〜）では、大学は「特色ある教育」など4タイプに申請して採択されなければ私大助成が目減りすることになりました。「教育の質に係る客観的指標による配分見直し」（2018年度〜）では、私立大学の「教学マネジメント」を点数化し、低位の大学は私大助成が減額される方式としました。

近年、政府は私立大学の淘汰・撤退政策を本格化しています。定員割れの大学に対する私大助成の減額率は年々厳しくなっています。文科省はさらに、2022年10月、収容定員充足率50％未満の学部が1つでもある大学には学位の分野の変更等を伴う学部の改組・新設等を認可しないと発表しました。また、2024年度からは、定員充足率、財務状況のいずれかに問題がある場合には修学支援新制度の対象から外すとしています。このように、政府はあらゆる手法を用いて私立大学を淘汰・再編し、「成長分野を牽引する」とされる理工農系へのシフトなどの政策を推進しています。三宅さんは、「学術の中心」として「真理の探究」をおこなう大学の役割を否定し経済至上主義にひた走る政策を転換させなければならない、と結びました。

報告に関して、各地の大学の状況、勤労者を含めて大学で学んでいる人々の状況が語られました。データサイエンスをはじめ、近年急増している新分野や文理融合の学部等は専門性が長い期間通用するようなものではありません。大学が新設の組織にどれほどの見通しを持っているかは、2022年の設置基準改正により導入された基幹教員（他大学との兼任も可能）の構成を見ることによりわかるはずです。個別的な要求にとどまらない国民的な要求を見出すためにも、大学のあり方を考える場をつくることが重要になっています。

4 次年度に向けて

2日間の報告と討論を通して、旧分科会が掲げてきた「大学づくり」の課題に「青年期の学び」を意識的に捉えようとすることにより迫ろうとする本分科会の意義と、いくつかの掘り下げるべき論点が浮かび上がってきました。共同研究者

（丹羽徹・光本滋）は、次のようなことを次年度に向けての課題として挙げました。

①「青年期の学び」を思春期以降の発達段階にある者の学びと考えるか、もう少し上の世代の学びまで広げるのか検討しなければなりません。レポートからは、人間の発達を固定的に捉えるべきでないことや正課の教育以外の場面での活動を通した学びの可能性などが示されました。

②高校からの報告は、いずれも教師集団や学校の主体的なとりくみが重要であることを浮き彫りにするものでした。これらとつなげて、高校・大学等でおこなっている「主体的な学び」や入試改革の意義と課題を明確にしていくことが必要です。

③レポートの中には、教師の学び、教師像に関する問題提起を含むものがありましたが、教員養成、研修等の問題を直接扱うものはありませんでした。これらについて次年度以降、継続して議論していくことができるように工夫しなければなりません。

④現在の教育政策への対抗軸を形成する上でも、国民の要求、願いをつかむことが大切です。それらは教育の実践と研究を通して把握する以外ありません。学校（大学）の中でも、学校（大学）の間でも、希望をたたかわせ、考えるべき問題や共同していくための課題を明確にしていくことが求められます。

【レポート一覧】

① 群馬 岩下明寛 水田福夫 高校 ●主体的な実践を通して――伊勢崎商業高校・科学研究班の取り組み
② 東京 岩井紀子 小林規子 中学校 ●子どもの目、子どもの思いはどこに――『機械』の世界の中で
③ 富山 中村順子 高校 ●3つの大学での学び――家庭科・ギフティッド教育・英語多読
④ 富山 樋掛雅則 高校 ●教科「情報」の入試導入がもたらすもの
⑤ 富山 西田真理 高校 ●共通テストの得点率と評定及び英語検定との相関関係
⑥ 全国 長山泰秀 全大教 ●市民一人ひとりの学びを置き去りにする「大学改革」路線への批判
⑦ 全国 三宅祥隆 日本私大教連 ●私立大学をめぐる情勢と問題――振興から淘汰へ

憲法と子どもの権利条約がいきて輝く教育と社会を確立しよう

集会アピール

教育のつどい2023は、8月18日から3日間、東京都内で開催され、開会全体集会と5つの教育フォーラム、18の分科会に、オンライン参加を含めてのべ約3500人の保護者、市民、学生、教職員等の参加があり大きく成功しました。全国各地から参加されたみなさん、ご奮闘いただいた現地実行委員会のみなさん、開会全体集会会場・北とぴあをはじめ、教育フォーラム・分科会会場、特に明治学院高校のみなさんなど、すべての方々のご協力・ご尽力に心から感謝と敬意を表します。

子どもの意見を聴き、子どもの最善の利益を第一に、子どもの可能性を信じること

開会全体集会には会場とオンラインを合わせて1000人の参加がありました。立教大学名誉教授・浅井春夫さんの講演「子どもを大切にする教育実践と国のあり方を探求する〜子どもへの無関心の政治に抗して、私ができること〜」では、子どもを大切にする教育実践は子どもの事実・現実・真実に関心を持ち続けることであること、〝あらたな戦前〟となる可能性が大きい時代に政治的教養は子どもたちにも教職員自身にも必須であること、からだには「からだの権利」があり、からだへの危害に対しては抵抗権があることなどが話されました。歌や詩を織りまぜ、惹きつけられる講演となりました。

分科会では、子どもたちが学校や家庭での生活を丸ごとコロナ禍のもとで過ごさざるをえなかった中で、教職員や保護者、市民のみなさんが子どもたちに寄り添い、一人ひとりの声を聴き、子どもの実態から始める実践が報告されました。学校でコロナ禍前よりむしろ管理・統制が強められることがあるもとでも、教職員は子どもたちがいきいきとゆたかな子ども時代を生きられるよう力を合わせていることがわかりました。

ICT・タブレットを活用する授業づくりの実践報告も増えています。一方的に押し付けられて使うだけでなく、課題や問題点を共有し、子どもたちのためにどのように使うことがよいか模索していることがわかります。

再編された課題別分科会では、ジェンダーや包括的性教育、LGBTQ+等に関する多彩なとりくみや、ウクライナ問題で子どもが学び意見表明する授業実践、登校拒否・不登校が取り上げられました。また学校統廃合に対抗する各地のとりくみが交流されるなど、課題の重さを痛感させられる現実をふまえた多様なレポートと議論が展開され、総合討論を通して今後に向けた大切な第一歩を踏み出すことができました。

子どもの成長と発達を信じ、一人ひとりに寄り添うていねいな実践が数多く報告され、「教育のつどい」が積み上げてきた日本の民主教育が脈々と流れていることがわかります。

集まり、語り合うことで、あらためて感じる「教育のつどい」の大切さ

いま、競争や管理で子どもをしばる学校、異常な長時間過密労働で教職員を苦しめる学校など、このままでは子どもたちも教職員もこわれてしまうと感じることが少なくありません。学校や社会を変えるには大きな力が必要ですが、一人でがんばるのではなく、なかまを増やして、みんなで立ち上がることで、変化を起こすことができます。少人数学級の前進や給食無償化の広がりは、そのことを示しています。

4年ぶりに完全対面で「教育のつどい」をおこない、顔を合わせて語り合うことで温かさや新たな気づきを得ることができました。ここで得た学びや励まし、勇気、活力など、たくさんのお土産を持ち帰り、学校で、家庭で、地域で、ともにがんばっていきましょう。

いまこそ戦争ではなく平和を世界に

ロシアによるウクライナ侵攻から1年半、戦争は終結する見通しがたっていません。そうした情勢を使って、日本政府は大軍拡予算を押し通し、「戦争できる国づくり」に突き進もうとしています。しかし、子どもたちや若者が「戦争反対」の声を上げ行動する動きが各地に見られます。〝あらたな戦前〟にしないために、ともに立ち上がることがもとめられています。

いまこそ憲法と子どもの権利条約を守りいかすとりくみを、子どもの豊かな成長・発達を保障するさまざまな運動や願いと結び、職場や地域から声を上げさらに広げていきましょう。

２０２３年８月20日

「みんなで21世紀の未来をひらく教育のつどい　教育研究全国集会２０２３」実行委員会

みんなで21世紀の未来をひらく教育のつどい―教育研究全国集会2019

2019. 8. 16～18 滋賀県

憲法と子どもの権利条約がいきて輝く教育と社会を確立しよう

■シンポジウム 「子どもの命を守ること――子どもの人権・人間の尊厳」

シンポジスト：増山均、義基祐正／コーディネーター：澤篤子、早久間学

みんなで未来をひらく教育を語るつどい

2020. 8. 23 オンライン

“コロナ”と子どもたち～見えてきたこれからの子どもと教育を語ろう～

■インタビュー・内田樹「“コロナ”危機から見える、新自由主義社会の問題と教育のあり方を問う」

※「みんなで21世紀の未来をひらく教育のつどい―教育研究全国集会2020」としては開催せず、全体企画としてのみおこなった。

みんなで21世紀の未来をひらく教育のつどい―教育研究全国集会2021

2021. 8. 19～22 オンライン

憲法と子どもの権利条約がいきて輝く教育と社会を確立しよう

■山極壽一「教育の原点とは何か」

みんなで21世紀の未来をひらく教育のつどい―教育研究全国集会2022

2022. 8. 18～21 高知県／オンライン

憲法と子どもの権利条約がいきて輝く教育と社会を確立しよう

■田中優子「多様性を包み込む社会へ」

みんなで21世紀の未来をひらく教育のつどい―教育研究全国集会2023

2023. 8.18～20 東京都

憲法と子どもの権利条約がいきて輝く教育と社会を確立しよう

■浅井春夫「子どもを大切にする教育実践と国のあり方を探究する――子どもへの無関心の政治に抗して、私ができること」

＊「教え子を再び戦場に送るな」「平和を守り真実をつらぬく民主教育の確立」は、毎回かかげているテーマです。

みんなで21世紀の未来をひらく教育のつどい―教育研究全国集会2014

2014.8.16～18 香川県

学び、語ろう、憲法
―憲法と子どもの権利条約が生きて輝く教育を

■対談・小森陽一／松本春野「いま、憲法を守り、生かす――福島、平和、子どもたちに思いを寄せて」

みんなで21世紀の未来をひらく教育のつどい―教育研究全国集会2015

2015.8.16～18 宮城県

戦後70年、手をつなごう、子どもたちに平和な未来を手わたすために

■金平茂紀「私たちは、どんな時代を生きているのか」

みんなで21世紀の未来をひらく教育のつどい―教育研究全国集会2016

2016.8.19～21 静岡県

学ぼう、語ろう、いかそう
―憲法と子どもの権利条約が生きて輝く教育を

■シンポジウム「憲法と教育を語る――立憲主義、民主主義、平和主義を尊重する社会と教育を」コーディネーター：小畑雅子／シンポジスト：清水雅彦、菅間正道、長尾詩子

みんなで21世紀の未来をひらく教育のつどい―教育研究全国集会2017

2017.8.18～20 岡山県

憲法と子どもの権利条約がいきて輝く教育と社会を確立しよう

■石川康宏「社会のしくみと子どもの育ちを考える――大学生の大人への飛躍を応援して」

みんなで21世紀の未来をひらく教育のつどい―教育研究全国集会2018

2018.8.17～19 長野県

憲法と子どもの権利条約がいきて輝く教育と社会を確立しよう

■青木理「『憲法改正』が教育をこわす！――ジャーナリズムの視点から」

みんなで21世紀の未来をひらく教育のつどい―教育研究全国集会2009

2009. 8. 21～8. 23 東京都

憲法の精神にもとづき、子どもの権利条約を生かし、どの子も大切にされる教育を
みんなで力をあわせ、貧困と格差拡大から子どもと教育を守ろう

■トーク・あさのあつこ「こども へいわ みらい」聞き手・三上 満 他

みんなで21世紀の未来をひらく教育のつどい―教育研究全国集会2010

2010. 8. 20～8. 22 和歌山県

憲法の精神にもとづき、子どもの権利条約を生かして、子どもたちの成長と発達を保障する教育を

■落合恵子「いのちの感受性――あなたへのメッセージ」

みんなで21世紀の未来をひらく教育のつどい―教育研究全国集会2011

2011. 8. 19～8. 21 千葉県

今こそ「子どもたちのいのちを慈しみ、人間として大切にする学校・地域」を！

■中西新太郎「いま、子どもとともに社会をつくる――歴史の分岐点に立って」

みんなで21世紀の未来をひらく教育のつどい―教育研究全国集会2012

2012. 8. 17～8. 19 兵庫県

子どもたちのいのちを慈しみ、人間として大切にする学校・地域・社会を

■講演・渡辺あや「作ること、学ぶこと」

■トーク・藤波 心「日本の危機を救えるのは『教育』――私からの三つのお願い」

みんなで21世紀の未来をひらく教育のつどい―教育研究全国集会2013

2013. 8. 16～8. 18 愛知県

学び、語ろう、憲法
―憲法と子どもの権利条約が生きて輝く教育を

■椎名 誠「風の中の子どもたち」

2003 年度教育研究全国集会

2004. 1. 10 ～ 1. 13 長野県

守ろう平和！　生かそう憲法・教育基本法！
すすめよう！　子ども参加・父母と教職員が力をあわせた学校づくり

■奥平康弘「憲法の想像力」

みんなで 21 世紀の未来をひらく教育のつどい―教育研究全国集会 2005

2005. 8. 18 ～ 8. 21 大阪府

すすめよう！　憲法・教育基本法・子どもの権利条約にもとづく教育を力をあわせて
築こう、核も戦争もない世界と平和の文化を

■講演・桂小米朝

■対談・窪島誠一郎×安斎育郎

みんなで 21 世紀の未来をひらく教育のつどい―教育研究全国集会 2006

2006. 8. 17 ～ 8. 20 埼玉県

すすめよう！　憲法・教育基本法・子どもの権利条約にもとづく教育を力をあわせて
「教育の格差づくり」ではなく、すべての子どもを人間として大切にする教育を

■藤本義一「人間再発見」

みんなで 21 世紀の未来をひらく教育のつどい―教育研究全国集会 2007

2007. 8. 16 ～ 8. 19 広島県

憲法の精神にもとづき、子どもの権利条約を生かし、教育をみんなの力でつくりあげよう

■渡辺えり子「未来をつくる―平和へのメッセージ」

みんなで 21 世紀の未来をひらく教育のつどい―教育研究全国集会 2008

2008. 8. 21 ～ 8. 24 京都府

憲法の精神にもとづき、子どもの権利条約を生かし、教育をみんなの力でつくりあげよう

■井上ひさし「憲法について、いま、どうしても伝えたいこと」

1996年度教育研究全国集会 1997.1.25～1.28 兵庫県

憲法・教育基本法50年、子どもたちを平和・人権・民主主義の未来をひらく担い手に

■森田俊男「子どもたちの胸の底にある《平和・非暴力、人権・人道、民主・発展》への願い、理想の灯を」

1997年度教育研究全国集会 1998.1.23～1.26 群馬県

いのちと平和をたいせつに 子どものねがい、地域に根ざした教育改革を共同の力で

―憲法・教育基本法、子どもの権利条約を教育と学校に

■永原慶二「自国史をどう見るか」

1998年度教育研究全国集会 1999.1.21～1.24 滋賀県

子どもに希望を 地域に未来を 学校にそだちあうよろこびを

―21世紀の教育をひらく共同をすすめよう

■米倉斉加年「私のメルヘン―役にたたない人間は、本当に役にたたないのか」

1999年度教育研究全国集会 2000.1.27～1.30 山口県

子どもに学ぶよろこびとたしかな学力を 学校に自由と真実を

いのちとくらし育む地域を―共同の力で

■黒田 清「○(マル)社会を目指す―21世紀の生き方と教え方」

2000年度教育研究全国集会 2001.1.11～1.14 青森県

子どものいのち輝け 憲法・教育基本法の花ひらく21世紀を参加と共同の力で

■お話・山田洋次「学校Ⅳを撮りおえて」聞き手・三上 満

2001年度教育研究全国集会 2002.1.11～1.14 高知県

きずこう平和の世紀　つくろう「参加と共同」の教育・学校を

―いま、憲法・教育基本法、子どもの権利条約を生かすとき

■澤地久枝「おとなの役割」

2002年度教育研究全国集会 2003.1.12～1.14 岐阜県/名古屋市

かがやけ憲法・教育基本法 生かそう子どもの権利条約

すべての子どもに学ぶ喜びと明日への希望を

〈教育研究全国集会 開催地・テーマ・記念講演一覧〉

1989 年度教育研究全国集会　1990. 3. 1 ～ 3. 4 京都府

子どもたちにたしかな学力と生きる力を

■藤原 彰「戦争の歴史から何を学ぶか」

1990 年度教育研究全国集会　1991. 1. 31 ～ 2. 3 埼玉県

子どもたちにたしかな学力と生きる力を

■渡辺洋三「日本社会の原点を問う—民主主義・人権・平和」

1991 年度教育研究全国集会　1992. 1. 24 ～ 1. 27 和歌山県

すべての子どもの人権・学力を保障し、生きる力を

■浅井基文「平和憲法と日本のすすむべき道」

1992 年度教育研究全国集会　1993. 1. 29 ～ 2. 1 東京都

子どもたちに「歴史を読みとり、歴史をつづる権利」を
憲法・教育基本法をいまこそ学校とすべての教育に

■弓削 達「21 世紀に、平和を切り拓くために」

1993 年度教育研究全国集会　1994. 1. 28 ～ 1. 31 長野県

父母・国民とともに、どの子にも自立と共同の力を

■堀尾輝久「地球時代の教育課題— 21 世紀を展望して」

1994 年度教育研究全国集会　1995. 1. 21 ～ 1. 23 大阪府

戦後 50 年、生かそう憲法・輝け教育基本法
—子どもの権利条約を子どもたちのものに

1995 年度教育研究全国集会　1996. 1. 14 ～ 1. 17 北海道

いのち輝け 学校を平和と希望のとりでに
—憲法と教育基本法、子どもの権利条約にもとづく教育を

■安仁屋政昭「『命どぅ宝』—沖縄から全国へ」

「みんなで21世紀の未来をひらく教育のつどい――教育研究全国集会2023」実行委員会

【実行委員会参加団体】

全日本教職員組合／全国私立学校教職員組合連合／教組共闘連絡会／子どもの権利・教育・文化　全国センター／民主教育研究所／日本母親大会連絡会／新日本婦人の会／JYCフォーラム／「非行」と向き合う全国ネット／全国障害者問題研究会／全国労働組合総連合／教育のつどい共同研究者／農民運動全国連合会／日本民主青年同盟／婦人民主クラブ／全国福祉保育労働組合／少年少女センター全国ネットワーク／日本学生支援機構労働組合／奨学金の会／登校拒否・不登校問題全国連絡会／日本子どもを守る会／ゆとりある教育をもとめ全国の教育条件を調べる会／全日本退職教職員連絡協議会（全退教）／現地実行委員会

【賛同団体】

日本出版労働組合連合会／自由法曹団／子どもと教科書全国ネット21／全国商工団体連合会／日本婦人団体連合会／建交労全国学童保育部会／長野県高等学校教育文化会議／さいたま教育文化研究所／にいがた県民教育研究所／日本自治体労働組合総連合／信州の教育と自治研究所／日本科学者会議／滋賀県民主教育研究所／全日本年金者組合／日本民間教育研究団体連絡会／日本民主主義文学会／京都教育センター／部落問題研究所／原発問題住民運動全国連絡センター／大阪教育文化センター／全国生活と健康を守る会連合会／全国地域人権運動連合／ぐんま教育文化フォーラム／一般社団法人“人間と性”教育研究協議会／みやぎ教育相談センター／生かそう1947教育基本法　子どもと教育を守る東京連絡会／子どもと教育をまもる山口県民会議

【現地実行委員会（団体・組織）】

〔参加団体〕

東京都教職員組合、東京都障害児学校教職員組合、東京私立学校教職員組合連合、東京都立大学労働組合、東京の民主教育をすすめる教育研究会議、東京総合教育センター、東京都退職教職員連絡協議会、東京都障害児学校退職教職員の会、東京私学退職教職員の会、東京教育連絡会、東京地方労働組合評議会、東京自治問題研究所、都教組弁護団、自由法曹団東京支部、東京母親大会連絡会、障害者と家族の生活と権利を守る都民連絡会、新日本婦人の会東京都本部、原水爆禁止東京協議会、革新都政をつくる会、東京商工団体連合会、文化団体連絡会、全教・教組共闘連絡会関東甲越ブロック

〔賛同団体〕

東京自治体労働組合総連合、東京憲法会議、ゆきとどいた教育を求める都民の会

（順不同、2023年8月31日現在）

日本の民主教育 2023――教育研究全国集会 2023 報告集

2024年1月19日　第1刷発行　　定価はカバーに表示してあります

編　者　教育研究全国集会2023実行委員会

発行者　中　川　　進

〒113-0033　東京都文京区本郷 2-27-16

発行所　株式会社　大　月　書　店　　印刷　三晃印刷　製本　中永製本

電話（代表）03-3813-4651（FAX）03-3813-4656
振替 00130-7-16387
http://www.otsukishoten.co.jp/

ISBN978-4-272-44108-2　C0337　Printed in Japan